超馬跑者的崛起

人類耐力與意志的極限挑戰

作者—亞德哈羅南德・芬恩　　翻譯—游淑峰

THE RISE OF THE ULTRA RUNNERS

A JOURNEY TO THE EDGE OF HUMAN ENDURANCE

author—ADHARANAND FINN

「我們應該一直奮力地去認識。然後，認識你自己。」
——吉歐夫·奧利佛（Geoff Oliver），八十五歲，在倫敦南邊的圖廳（Tooting）二十四小時跑道賽跑了七十七英里[1]之後。

We should always be struggling to know.
Know, then thyself.

——Geoff Oliver

1. 一英里＝一點六公里。七十七英里約為一百二十三公里。本書之後依作者原文，多以英里標示，不逐一換算為公里。

THE RISE OF THE ULTRA RUNNERS

目錄

【推薦序】

說馬拉松故事的人

趙心屏（南僑集團董事長特助／《運動筆記》專欄作家與馬拉松跑者）

出版社邀我為這本關於超級馬拉松的書寫推薦序，我有些訝異，我是熱愛馬拉松的跑者無誤，但，超馬!?超馬與四十二點一九五公里的標馬之間的距離，在我看來是天差地遠，然而瞭解本書作者是英國《衛報》（*Guardian*）記者後我便明白：我們都是說馬拉松故事的人。

記者有上窮碧落下黃泉的追根究柢天性，無冕王的權柄讓原本並不熟識的受訪者願意對著我們傾心吐意、甚至讓我們深入其生活中的某個領域，使執筆的我們得以窺探、體驗其間的奧秘。

本書作者最令我佩服的除了他本身就擅跑、是全馬成績在三小時內的勇腳，為了採訪超馬賽事，他自己下場跑超馬，短短十八個月之內跑了八場之多，這密度、難度之高，令人讚嘆！最後還取得著名的UTMB賽事資格，驚心動魄的參賽過程使得全書高潮迭起，讓我讀得目不轉睛。在這精采的過程中，除了一一介紹賽事，作者更採訪了無數知名與傳奇的超馬好手；他不只旁觀，還親身參與比賽，使得書中的每一場超馬賽事都敘述得極為生動真切，閱讀時彷彿跟隨著這些勇腳的步伐，讓門外漢的我們得以身歷其境似地一探超馬的世界。

曾為新聞工作者，讓我深深羨慕作者的採訪領域能與自身興趣相結合，更令我想為他鼓掌的是，他不僅跑超馬、寫超馬，觀察到非洲裔跑者稱霸全世界各種全馬、半馬和短、中程田徑賽，但卻缺席超馬的現象，試圖促成非洲菁英跑者參與超馬，雖然最後功敗垂成，但由此可見作者對於超馬的熱情與投入早已超越了報導者。事實上，他在撰寫此書之前，也曾針對肯亞和日本這兩個熱愛跑步、孕育無數菁英跑者的民族深入研究成書。

自從愛上跑步，我也開始喜歡寫自己和跑友的跑步故事，每一次賽道上的歷程，令人深有所感之處，不僅在於對體能的操練或發現自己的潛能，而在於跑步這項運動對於「心」的改變。

跑步強壯的不只身體、更包括心志，隨著肉體的鍛鍊，心志也隨之堅強專注，在馬拉松的漫長賽道上，身子疲累，心境卻是越見堅毅執著。一次次因為堅持而抵達終點線後，跑者擁有的最棒禮物不只是ＰＢ（Personal Best，個人最佳成績）或完賽的滿足感，所有的汗水與淚水都會在心中刻下無與倫比的深刻印記，讓我們無怨無悔，繼續執迷。

當你愛上跑步，你就上癮、對它真心付出。它以魔力回報你，讓所有日常中的艱難都可在它裡面紓解，心境為之轉換，如同作者寫道：「跑一段時間後，每件事都豁然開朗了」，跑步令人心更寬。

超馬是一種更深的境界。賽道的挑戰性和危險性遠遠超過標馬（除了那些在田徑場繞圈的超級馬拉松之外），肉體所承受的苦勞已經不只是凌遲，因此所獲得的果實必然更為飽滿甘甜，在「世界四大極地超級馬拉松」（4 Deserts Ultramarathon Series）中的納密比亞沙漠（Namib Race）一役，一位臺灣跑者就對我說：「越痛苦，越快樂！」個中滋味唯有親身經歷才能體會。

作者在參加ＵＴＭＢ前夕也對自己說：「只有我的心能擊敗我，而我得學習駕馭它。」這和參加七天六夜兩百五十公里自負重的納密比亞沙漠超馬的臺灣夥伴告訴我的：「只有心，才能限制你的能力」是完全一致，可見超馬深掘跑者內心的程度。

跑者閱讀此書勢必有眼界大開之感，發現原來超馬世界如此遼闊精采，超馬界的「大神」與「奇才」們的腳力竟令人如此嘆為觀止。不跑步的讀者也可以看看這些在賽程中吃盡苦頭、瀕臨崩潰，甚至出現幻覺、與心中的黑暗苦毒搏鬥的勇士們，如何幻化成終點線前的英雄。

我的超馬經驗僅只於四天三夜一百二十六公里的戈壁挑戰賽，和七天六夜兩百五十公里自負重的納密比亞沙漠站賽事（非參賽者，僅跑前十二公里），曾經，昔日超馬運動員林義傑在沙漠中望著臺灣的一群素人參賽者問我：「妳覺得這些人跟一般人到底有何不同？」這問題我想了非常久，會跑超馬的非專業素人，其實跟一般人沒什麼不同，就是普通人。可是他們離開日常舒適圈、勇敢遠赴極地參與超級馬拉松這件事，又不是普通人會做的。結果在閱讀本書時，作者的這一段話，完整地給了答案：

我們想要得到勝利，我們想完賽，我們想全力以赴，我們想找出我們的極限，我們想要人們覺得驕傲。所有這些都是。但沒有一個能好好解釋。這是一個深不可測的衝動，一種深層、原始的呼喚，在那荒野，直接面對毀滅，然後穿越到另一邊。而當我們完成這件事情時所得到的感覺，是容易上癮的。

【推薦序】

在追夢的路上

鍾易霖（超馬越野跑者）

針對超馬競賽曾經提到資料，以跑者行為動機分為四類：心理（生命意義與自尊）、成就感（個人實現與競爭）、社會感（聯繫感與認可）、身體（健康取向與體重關注）。指出超馬跑者是受到生命意義與歸屬感驅使而走上這條路的，換言之，即使已知會換來長時間的痛苦，還是毅然決然地走下去。

聽起來超馬是一件冒險、痛苦的事情，到底是怎樣的人才可以跑超馬？說真的，不需要先變成超人才可以跑超馬，「憨膽和轉念」是一路跑來我認為最需要具備的特質。本書作者的阿曼沙漠賽事也讓我回想起第一場香港超馬一百公里。當時我從沒跑超過四十二公里，也沒跑過越野，這一場越野超馬顛覆了所有我對跑步的概念，不合理的馬拉松配速、只要能前進即使跑不起來也沒關係、吃多一點補給、好好睡一覺等等，這在超馬的世界司空見慣。如何轉念，讓身體持續去跟隨，才是一個超馬選手該去面對的課題。轉念也是需要練習的，有時候轉念的契機是來自身邊的人，可能是跑者、志工，甚至可能是UTMB路上喊著號碼布上你名字的路人，他們讓你對信念有更多的承諾和堅持，只要你持續走跑下去，就會有人幫你或自己找到出路。

挑戰的重點不是要為難自己，而是釋放面對無法跨越的極限的心靈力量。一旦當我們超出了自己的心靈門檻，進步的不是身體也不是心靈、信心，而是改變自我的認知與勇氣。在書中有一段寫到了關鍵：「如果幸福不在舒適當中，難道會在不舒適當中？」的確，這幾年跑越野下來，透過這些自找的磨難，反而讓我更加感恩所擁有的，也更認識並完整了自己。當我認識越來越多的自己，承認自己的軟弱，反而讓我慢慢變得堅強。身體進步了嗎？有；心靈進步了嗎？也有。最重要的是改變的認知，不再讓我拘泥於過去的思維，也進而提升未來挑戰的勇氣。對我而言，只要可以跑下去，永遠保持著挑戰者的位子，一直去探索，就是一件幸福的事情。

ＵＴＭＢ絕對是很多超馬跑者的夢幻賽事，和作者一樣收集著點數。超馬之所以迷人是因為和人生很相似，都在摸索「The Why」，以一種跑走走跑的方式前進。面對黑暗與痛苦不見得要抗拒，融入它、了解它會帶來不同的收穫，把人生拉長回頭看，痛苦只會留在當下，帶走的都是美好的回憶，超馬也是一樣。不管是超馬還是人生，都不會是自己一個人的事情，長距離路上最美的風景永遠是人，他們反饋給你的感動和能量，讓你拿出「享受（痛苦）的勇氣」去面對挑戰，幫助你在適當的時機下轉念。希望大家不要忘記，追逐夢想很重要，但若夢想容不下你愛的人和愛你的人，那表示這個夢想還不夠大。

今年ＵＴＭＢ剛結束，越野跑神鏑木毅以五十歲重返賽道證明了這是一個充滿夢想的舞臺。每個終點，都是新的起點，希望你也在追夢的路上。

前言

垂頭喪氣地跌坐在地上，背靠著一個沙堆，透過模糊骯髒的黃色太陽眼鏡向遠處凝望。極目所見，直到天邊，都是沙。沙，和幾撮乾草。一片荒涼之地。地上隱約有車痕輾過。輪胎痕顯示文明世界距離此地不太遠。但我一動也不動。我的兩隻腿像是兩只被我拖拉好幾天的生鏽機器。把它們放下來很舒服。我的腹股溝，也就是我的左腿前側接連到我身體主幹的地方，每當我跑一步，它就咯吱磨一下；坐在這裡成了一種暈眩，又幾乎是愉悅的痛楚。

我的意識似乎存在我的身體之外。我的精髓，我的核心存在，只是坐在這裡，融進了沙裡，太疲憊而無法思考。但我腦袋裡的長官，那些負責確認我還活著的大腦組織，正熱烈討論著。

我不能整天坐在這裡。我的身體水分不斷流失。太陽太大。我跑太遠了。想想你已經跑過的所有那些距離。穿越這片消磨心靈的沙漠，數不盡的距離。你不能現在停下來。終點、沙灘、大海，再幾英里路就到了。你可以做到，只要一步一腳印。你跑了這麼遠的路，不是為了在即將到達終點的時候放棄。

我隱約回憶起到目前為止我曾經用來讓自己振作起來的策略。大約是第二天，當情況開始變困難時，我為自己打氣。「來吧，鐵漢，」我告訴自己：「你可以做到。你要做給他們看。這片沙漠也許很艱困，但阻擋不了芬恩先生。」我確實叫我自己芬恩先生。這場比賽已經使我的大腦打結了。

然而到了第五天，當我哄騙自己撐過夜晚，逞能的心態已經被溫柔取代。「沒關係，不要擔心，你會成功的。你不會有問題的，只要繼續往前。」夜晚的黑暗與寂靜包圍著我。腳底下的沙是如此柔軟。但我跑完了。用七個半小時跑完二十六英里。但我到了。

然而現在，終點就近在眼前，我的意志力乾涸了。我腦袋裡的聲音失效。我不能動了。

「你該這麼做，起來，把自己拖到終點。但是為什麼？是誰立了這些愚蠢的規則？你犯不著像那些得獎的貴賓狗一樣賣力演出。」真有趣。我移動了一下身體，地上的草不再那麼刺，然後我伸展兩腿，把雙腳伸到面前。我的鞋子裡滿是沙，彷彿比我正常的鞋子小了三號。這幾天我都這麼忍耐著跑。比起其他的事，這不算什麼。

「現在要做的真正勇敢的事，」我腦袋裡的天才繼續說：「是傾聽你自己，而不是其他人的話。其他每個人都會告訴你，你應該要完賽，沒有人會在終點前放棄。但你不同。你依照自己的遊戲規則。你不需要證明什麼。如果你想停下來，就停下來。」坐在那裡一動也不動，開始覺得這像是叛徒的最終行動。我很快地回到詹姆斯．狄恩（James Dean）的沙漠，繼續跑。終究會有人來找我的。他們會努力慫恿我跑到終點，但我不會聽他們的。我會表現給他們看。我依自己的遊戲規則。

「嗨，芬恩！」我朝上看了一眼。一對約六十多歲的年長夫妻站在我眼前。我看不出他們是微笑還是竊笑。

「你還好嗎？」古德（Gudrun）親切地問我。她驚訝地看著我。

「好啦，站起來，」漢斯馬汀（Hansmartin）大喊說：「跟著我們。」

在我回神之前，我已強迫自己起身，我們三個人成一直線走著。再次在沙丘裡奮力前進，我的腹股溝持續抽搐。每樣東西，包括我的衣服、背包、頭巾，都因為汗水而黏在我身上。連續好幾天，太陽像老虎鉗一樣夾住我，慢慢地夾緊，把我的身體和精神擰乾。但現在我已經起身，並且重新開始前進，跟隨著漢斯馬汀主導的步伐。沒有人說話。他們幾乎和我一樣累壞了，但我們仍然繼續蹣跚前進。這只是走路，雖然他們拿著手杖，而且相當認真地大步走。當漢斯馬汀用手杖一步步戳在沙裡緩步前進時，我就盯著他鬆垮的背包。最後，我終於開始恢復了。我開始感覺到回復一點點的生命力。我的腦袋開始清醒。不是有意地，但我開始小跑步。

「啊，很好，很好，」他說：「加油。我們終點線再見。」話說完，我開始跑了。現在這些起伏的沙丘就像山一樣高，比賽中最高的山，但我幾乎可以聞到海的味道了。我拿下眼鏡，把它塞進我的口袋。沙是白色的。我忖度這些巨大起伏的坡，顛簸踉蹌地從另一邊下去。我想像自己是個小孩，滿心歡喜，向大海跑去。

有幾次我以為已經到了，但沙丘又出現在我眼前。可是，現在我的腎上腺素急速分泌。我可以感覺到終點正在召喚我。然後，突然間，我到了。氣球搭起的拱門。帳棚。人們在海浪裡悠閒地或坐或躺。我幾乎是最後一個完賽的人，大部分人已經在帳棚裡休息、煮食物、清洗他們的衣物。一對丹麥跑者看見我跑過終點線，給我幾個輕輕的掌聲，看得出他們早就失去為通過終點線的人喝采的熱情。一位百無聊賴的攝影師從陰涼處的座位站起來，將攝影機對著我。他問我感覺如何。他是為了他的賽事短片問的。

我不知該說什麼。經歷了這所有的一切，我應該熱血沸騰，口若懸河，但相反地，我卻異常地說不出話。

「硬仗，」這是我唯一能吐出的話：「超級硬。」一邊說，我一邊解開我的後背包，踉蹌走下沙灘，直接走進阿曼海（Sea of Oman）的冷水裡，在海浪中跌坐下來。

我絕對絕對不會再做這種傻事了，我這麼告訴自己。

1

阿曼沙漠馬拉松（Oman Desert Marathon）是我的第一場超級馬拉松。只剛好超過一百英里（為一百六十五公里），越過燒烤的沙漠。我並不真的想跑。我來參加只是因為一位倫敦《金融時報》（*Financial Times*）的編輯聯絡我，問我想不想寫一篇關於這場賽事的文章。我第一個反應是堅決的「不」。

說到跑步，我一向自認是個純粹主義者。對於一個能夠在四分鐘之內跑完一英里的人，或是某個跑過全世界的人，我都同樣敬佩地五體投地。要跑遍全世界需要決心、超級用心、優秀的規畫技巧和很多的空閒時間。但要跑得很快，非常快，需要多年的技巧、專注，以及對於珍稀天分的細心呵護。觀看像莫．法拉[2]、大衛．魯迪沙[3]、埃利烏德．基普喬蓋[4]流暢地跑步，是見證某種詩意般的表現，同時結合了人類奮戰的深度以及令人讚嘆的優雅、平衡與力量。這是跑步運動的優美極致。

相反地，超級馬拉松是強迫跑步，跑到快要往生。背包、手杖、食物、頭燈——它們全來蹚渾水。這使跑步變成另一回事。當然，令人敬佩與勇氣當然是有的。瘋狂與不正常，也許也有一點。但這已經不再是跑步了。

每當有人問我跑多遠，而不是問我跑多快，我會暗自惱怒。對我來說，如果你不知道速度是多少，距離就變得不相關了。在我的想法裡，每個人都可以跑很遠，如果他們是慢跑，或者甚至是走路。這就沒什麼好說嘴的。

有一天，我在倫敦的辦公室喝杯茶，一位知道我有跑步習慣的同事打開了這個話題。

---

2. 莫・法拉（Mo Farah，一九八三－）：出生於索馬利亞，英國籍的長跑選手，二〇一六里約奧運一萬公尺賽金牌得主。
3. 大衛・魯迪沙（David Rudisha，一九八八－）：肯亞中距離跑者，八百公尺世界紀錄保持人。
4. 埃利烏德・基普喬蓋（Eliud Kipchoge，一九八四－）：肯亞馬拉松跑者，二〇一六里約奧運馬拉松金牌得主。

「你參加鐵人三項，對不對？」他問。

「沒有。」我回答。

「哦？那有跑超馬吧？」

「沒有。」我說。他滿臉狐疑。

「只跑馬拉松？」他說。

跑馬拉松在過去是一件了不起的事。人們通常會對你刮目相看。他們有時甚至會問你的完賽時間，如果你在三小時之內跑完，你就會得到一個令人心滿意足的表情——他們瞠目結舌的樣子。但那種想要搖頭讚嘆某些人有多瘋狂、想馬上說出「老天，太瘋狂了，還好不是我」，而不想深入細節的辦公室閒聊，已經習慣聽到更偉大、更極端的消息了。馬拉松現在已成家常便飯。我們似乎已經進入「才馬拉松」的時代了。現在，跑步必得加上一個被吹捧的前綴詞「超級」（ultra）。橫越沙漠二千英里？哇嗚。每個人可能會向你敬禮了。

除了我，似乎是。每當我觀看超級馬拉松網站的影片，看見有人在裡面走路，我的心就沉了。我讀了一個名為「超馬A到Z」（The A-Z of Ultra Running）的部落格，在W下面，它寫道：「走路（Walking）：一種很少被承認、但在超級馬拉松裡普遍用到的移動方式。我們甚至將它名為『有力的健行』，來保留一點面子。」

對我而言，在我的運動員俱樂部十公里快跑與週二練跑的世界裡，超級馬拉松——任何超過標準二十六點二英里的馬拉松——只會讓完全不懂跑步的人驚豔。但我是懂跑步的人。所以，我對阿曼的超馬任務說不。

是我的太太梅瑞爾塔（Marietta）讓我重新思考這個問題。

「去參加這種比賽不是要花很多錢嗎？」她說：「但你是被邀請的。我還以為你喜歡跑步？」

沒錯，這種大規模的比賽長達好幾天，跑起來可不便宜。然後，你需要裝備。這是一筆巨大的個人投資，還得遠離家庭和工作一段長時間。人們為什麼要這麼做？顯然不只是為了在喝茶時間讓他們的同事留下深刻印象。

對超馬牽涉的事情想得愈多，我愈加明白，也許身為一個跑者，這不是我的比賽類型，但如果單純當成一種體驗，可能會是一次驚異的冒險：跑過沙漠、睡在星空下、靠自己的力量穿越一百英里的荒涼之地。這麼想，倏忽間，這場比賽變得很有吸引力，甚至油然生起一股悲壯的情懷。我暫時甩開了那個土包跑者的自我。這是我與自然、這顆星球連結，在荒野中度過一段時間的大好機會。在炙陽下，誰知道那會像什麼樣子，我會發現什麼？也許我會變得煥然一新。而且，我「真正的」跑步並沒有讓我減重。也許我回到家時，會變成一個纖細出色的男人。這簡直是雙贏。所以，我回撥了電話給編輯。

「我知道這場比賽看起來有點瘋狂，」他說：「前後超過六天，但如果你喜歡，可以只跑兩、三天。」

才不呢，我現在想要完整的體驗。這個念頭突然抓住我，而且慢慢地把我拉進去。我想要去感受加入這種挑戰是什麼感覺，而且通過挑戰。這不會太難，我想，對像我這樣一位真正的跑者來說。

***

我和大約其他十位跑者一起搭飛機，大約凌晨一點鐘抵達阿曼的首都馬斯喀特（Muscat）——包括那對德國夫妻古德和漢斯馬汀，我在飛機上就遇過他們。我們原本期待直接被載往飯店，所以當來接我們的主辦單位說，我們要在飛機場等到早上九點時，我有點不開心。

「到咖啡店坐坐吧！」他輕鬆地說，彷彿在趕一個孩子。他的英語不是很好，所以我想也許我誤解了他的意思。

「坐在咖啡店?**八個小時?**」我問他,我的聲音揚地稍高了一點。我想他當然不是認真的。我們即將要穿越沙漠一百英里。我們需要休息。然而他只是聳聳肩,摘下他的帽子,假裝不太懂。

我差點要告訴他,我是赫赫有名的《金融時報》派來的,這樣的安排很不妥當。我轉身要尋求其他跑者來助陣,但旁邊一個人也沒有。只有空蕩蕩的入境大廳。他們都到哪裡去了?

當我暗自告退,發現在自己剛才氣急敗壞,連聲抗議的時候,其他的跑者聽到接機延遲,早就全心平氣和地各自在機場找個角落,在地板上攤開他們的睡墊和睡袋睡了。我愣在原地半晌。他們知道什麼我不知道的事嗎?或者,這也是超級馬拉松的一部分?

後來,巴士提早三個小時抵達,我們被載到位於山脈與沙丘之間,狹長谷地綠洲裡的一間舒適飯店。但其他跑者對這件小事的反應,是我在往後幾年對付一個接一個瘋狂的超馬時,經常反覆思索的。

***

飯店這裡所在的綠洲，沙丘相當高，幾乎可以租一個滑雪板滑下去，雖然當地人似乎偏愛開著他們拉風的四輪傳動車在沙丘上忽高忽低的。那天晚上，跑者們當然是用他們的雙腳走上沙丘頂看夕陽，每個參賽跑者一個個都從飯店房間裡出來了。我們站在那裡形成尷尬的一群，彼此還不太熟識，太陽又大又清晰，空氣溫暖了我們的肌膚。然後我們在黑夜裡賽跑下沙丘，一邊笑，一邊在沙裡滾著。

明天，我們就要真正上場了，六天裡需要的每樣東西都綁在我們的背上，我們將在白天的高溫下好幾個小時。

主辦單位——透過《金融時報》編輯——告訴我，這場比賽是「可應付的」第一個超級馬拉松。他們告訴我，它就像是知名的「撒哈拉沙漠馬拉松」（Marathon des Sables，簡稱ＭｄＳ）較短、較輕鬆的版本。撒哈拉沙漠馬拉松是全世界極知名的賽事之一，穿越撒哈拉沙漠一百五十六英里。它號稱是「地表上以雙腳參與的最艱苦賽事」，雖然我從幾位超馬選手的可靠權威人士得知，沒這回事。但先不管這種誇張說法，撒哈拉沙漠馬拉松確實是一項嚴肅的挑戰。這可不像是計畫去附近這種事，所以我很高興聽說這場在阿曼的比賽是個比較輕鬆容易的選項。「輕鬆版撒哈拉沙漠馬拉松」，我聽有人這麼形容它。比賽是在沙漠，當然，但我們不是跑在鬆軟的沙子上，而是在硬底的地表，主辦單位這麼告訴我。而且，六天跑一百英里也不會太難。這應該會像是一個大熱天裡的集訓營。

所以，站在畢迪亞（Bidiyah）小鎮的起跑線上時，我覺得相當放鬆。這不是一場比賽，而是一場冒險。這是我跑步生涯第一次不擔心速度問題。我只是來享受這次的經驗。這樣想減輕了我的壓力。不需要加快腳步，我可以只是慢跑，而且一方面我也似乎相信，用慢跑的，我可以跑到永遠。是真的，只要讓你的兩隻腳來回慢慢跑動會有多困難？我有點擔心高溫，但我私下有點在意比賽必備的裝備包括了一個抗蛇毒血清幫浦、一把小刀和一面信號鏡。雖然在比賽的前幾個星期，我一直洋洋得意地告訴大家我將要用跑的穿越沙漠，彷彿是某種動作明星英雄，然而，想到我也許真的必須處理某種危險情況，突然給我重重一擊。如果真的有狀況，我能處理嗎？

在鎮上的廣場，當地居民都來揮手歡送我們。他們為我們跳了一支儀式舞蹈，整個村莊洋溢歡樂的氣氛，男人們穿著白色長袍，腰帶上配著昂貴的短刀和iPhone。

喧鬧中，站在那裡的瑞典女子伊莉莎貝・巴恩斯（Elisabet Barnes）並未看著舞者，反而一幅嚴肅的樣子，彷彿正專注手邊的工作。前一晚在綠洲飯店，我認識了伊莉莎貝。她住在英格蘭，最近贏得了知名的撒哈拉沙漠馬拉松。當我們坐在坐墊上享用矮桌上的蒸粗麥粉和烤蔬菜時，我問她一些祕訣。

「你有把綁腿縫或黏到你的鞋子上嗎？」她問。伊莉莎貝在艾塞克斯郡（Essex）開了一間超馬專賣店。她對她的東西瞭若指掌。我的綁腿扣在我的鞋子上，這樣還不夠嗎？它們原本設計的樣子就是這樣。我覺得頗俐落。

「噢，」她盡量看起來不太在意地說：「你也許覺得還好。你做過多少沙地跑步？」

呃……沒有。但這場比賽大部分是在烤乾的地表，他們是這麼告訴我的。

她笑了，彷彿她不太確定。「也許。」她說：「你的袋子有多重？」

我沒概念。她深吸了一口氣。我告訴她，主辦單位想嚇唬我，叫我不要帶任何家人的照片。「你最後會落得把照片埋在沙子裡，」他們這麼說：「有人甚至修短他們的牙刷來減輕重量。」她沒說什麼，繼續吃東西。

「不是真的吧？」我說：「那太荒謬了。對不對？」但她臉上的表情告訴我，她不這麼認為。我突然感覺事態嚴重了。

「當然，這不是必要的，」她說：「比較重要的是抱著正確的心態，知道你已極盡努力地輕裝，都巨細靡遺檢查過了。這能幫助你在心理上感覺準備好了。」

所以，我沒受過沙地訓練，我的綁腿無用，我的背包可能太重。而且我也沒有削短我的牙刷。但這會有多困難呢？古德與漢斯馬汀已經六十幾歲了，選手中也有一位快六十歲的全盲法國女士。只要我控制我的步伐，持續慢跑，拖著腳步，我應該沒問題。

***

所以，我們跑著離開了畢迪亞，經過揮手道別的孩子，以及我們接下來六天最後看到的幾棵樹。我很注意要慢慢跑，跑在所有搖晃的背包中間。這不太像跑步。我看著我的影子、綁在我背包上面那個我從飛機上拿走的枕頭。那是神來一筆。它幾乎沒有重量，但能幫助我睡覺。也許我只有用扣的綁腿，但我有個枕頭。

這場比賽總共只有大約七十五位跑者，整個隊伍很快就散開了。第一個小時，我們沿著一片平坦的沙地跑，直到第一個水站，賽道轉向進入沙丘群。這裡的沙子鬆鬆軟軟的，受風吹動。走在上面都很困難，更別說跑了。這裡有《丁丁歷險記》裡描繪的沙丘，由細沙組成，這些細沙總會找到縫隙鑽進你的鞋子，不論你的綁腿綁多緊。何況我的綁腿根本不緊。

氣溫也開始上升——我們開始往上進入沙丘區時，氣溫已經接近攝氏四十度。我勉強繼續，每個沉重的腳步都陷進沙堆，愈走愈慢。我不斷期待有老經驗的跑者經過，但一個人影也沒有。他們一定也遇到類似的困境。

幾個小時的跋涉與咒罵後，我們溜下最後一座長長的沙丘，進入一塊平坦的區域，往終點前進。但第一天比我想像的困難一些。

那天下午，坐在一個柏柏樣式[5]的帳棚裡時，我設法說服自己說，主辦單位讓我們第一天就跑過沙丘，是要讓我們體驗一下沙漠的樣子，一開始就把困難的解決，剩餘的比賽大多會在說好的烤硬的地表，迂迴於沙丘之間。

其他每個人一定也這麼想，因為下午四點左右，營地傳來一陣驚呼。怎麼啦？大家從營帳裡出來，所有人指指點點，搖著頭。「這一定是開玩笑。」有人說。「不可能。」另一個人說。

對面沙丘的最高點，插著下一階段的第一個路標。我們第二天一開始就得直接跑上那裡。這可一點都不簡單。

結果就是這樣。每天我都相信就這樣了，隔天應該會有一些喘息。但每一天都比前一天更困難；無邊無際的沙漠、擰乾我老命的高溫。突然間我得到了有著力量和靈感的時刻。在第四天，我發現自己排名在前二十名，這瞬間讓我興起比賽的興致，我決定試著不要用走的結束全程。這個想法相當奏效。與其走路，當沙子真的很鬆軟的時候，我就慢下來踢踢踏踏地拖步走。這樣很慢，但比走路輕鬆而且快一點。比較不會陷進去。當沙丘滾動，我跟著它們滾動。我逐漸上手。我不會被打敗的。

我開心地慶祝完成第四天，與跑得最快的跑者坐在一起，等著其他人完成他們疲累的旅程。跑得快的好處是，你在高溫壓迫下的時間較短。從某方面來看，這樣可以跑快一點。第二天，主辦單位告訴我們路況會比較平坦，沙地會比較堅硬。不知道為什麼，雖然他每天都這麼說，這次我真的相信。我甚至在我的腦海裡想像，從這裡到終點都會是堅硬的路。我將一帆風順。

第五天是這場比賽最長的一天——確實是一場馬拉松——而且大部分是在晚上跑。前二十位跑者要等其他人出發後兩小時才出發。那天下午，我們全聚在一起，他們開始點名，念出前二十名跑者的名字。我在名單之列，第十七名。硬漢芬恩先生。不要搞錯了。當我們走回帳棚時，我努力不要看起來太得意。超馬老手談論著這場比賽有多困難。但我只準備半

5. 柏柏樣式（Berber-style）帳篷：柏柏人是住在西北非的民族，他們的帳篷樣式是低矮的尖頂形狀，下方由數根柱子撐起。

套，仍然很強。

很多人參加這些比賽的部分原因是與其他參賽者的同袍情誼。由於一起在沙漠裡跑一個星期，你們開始形成緊密的連結。我們後來被稱為「第二帳」，是以義大利人為主的一群——其中一位是英格蘭足球超級聯賽選手的母親——還有一位比利時生物科技工程師、一位充滿活力的南非女士，以及一位英國同胞羅伯（Rob），他還在服役。

第二帳另外幾對朋友也都接近三十歲，我的好麻吉迪諾（Dino）剛好錯過前二十名。但他似乎還是很開心。他不太在乎名次，他是來體驗的，來聊天、拍照。大部分的下午，他都能聚到一群人，有一次我們所有人都安頓下來休息，他告訴我們他去過的所有地方——他說，他總共拜訪超過兩百個國家，通常是因為瘋狂的超馬把這些國家列入行程的。他有一大堆在墨西哥遭遇到匪徒、在波札那（Botswana）近距離與鱷魚接觸、在冰島跌進冰隙的故事。他說故事的時候活靈活現的，而且還比手畫腳。

幾個月後，迪諾寄給我一段義大利Sky Sports電視臺報導阿曼馬拉松時他的受訪影片——這個傢伙永遠都有人採訪他。在這支短片裡，他口沫橫飛地說他這一帳裡有一位利物浦足球選手的義大利母親，以及一位來自利物浦的英國人。那個人就是我。其實我不是利物浦人，但我讀書時曾住在利物浦三年，而且我喜歡那裡的足球隊。總之，他說我們如何度過那些漫長的下午時光，緬懷利物浦足球隊的傳奇、偉大的賽事，還有利物浦隊歌，在比賽日，球迷總是會大唱〈你永遠不會獨行〉（You'll Never Walk Alone）。

然後，在比賽過程當中，他發現自己又孤獨又疲累，太陽火力全開地鞭笞他。他開始邊走邊對自己哼唱這首歌，沉醉在自己的世界裡，以致於沒發覺我已經追上他了。聽見他在哼的歌，我也加入一起哼。他透過他的鏡面太陽眼鏡看著我，咧嘴笑著，接著我們一起走，一起用最大的聲量唱起〈你永遠不會獨行〉，像是兩個歡欣鼓舞的足球迷。

「你知道嗎，」他對採訪者說：「你去瘋狂的地方，就會遇見瘋狂的人。」我不知道他指的是我還是他，或是我們兩個人，但我喜歡這一句。超級馬拉松以及它所帶你去見識的地方確實很瘋狂，而我也開始明白這會吸引某種特定的人。不太正常，也許，但同時也心胸開放、友善而且溫暖。至少，這是迪諾說的。

***

大約下午三點，我加入了前二十名跑者，精銳的超馬菁英小組，向正要先行出發的主隊伍揮手道別，迪諾跑在最前面。我們看著他們像一群在沙子上快速移動的小螞蟻。然後，我們也回到我們的帳棚裡準備。

我的背包現在愈來愈輕了，因為我一路上把補給吃了，現在覺得背起來比較輕鬆。我快可以飛起來了，我這麼告訴自己。尤其是這次可以跑在比較硬的地表上。

但比較硬的地表一直沒有出現。當夜晚降臨，無邊無際由細沙堆起來的賽道愈來愈鬆軟。我覺得自己漸漸要沉到地球裡了。我發現自己前一天太勉強，現在兩隻腿舉步維艱。一位主辦單位的醫生已經為我惡化的腹股溝纏上繃帶，但這次它真的開始痛了。我兩隻腳的跟腱也腫了，每一個步伐都刺痛。

在領先的二十名跑者中，我在這個階段是最慢的一個。我們像是狩獵隊般在黃昏出發，追趕其他人，但很快地我就一個人落隊了。我得好幾個小時跑在緊跟最後一名跑者的車子車頭燈的光線裡。聽見車子的聲音跟在後面相當惱人，因為這樣干擾了沙漠的寂靜，但至少這讓我保持前進狀態。

我終於開始追上其他跑得較慢的人，但這時，我也沒辦法跑得比他們快了。我走過他們旁邊時，會交談一下。然後，我會集結身上所有的力氣，小跑一下。

當夜晚持續，我用走的比較多，用跑的比較少。我得一直重新估算我還要多久才會到達終點。五小時，然後六小時，然後是七小時。我會抵達終點嗎？有幾次我停下來，把頭燈關掉，站在那裡仰望頭頂閃爍的星空。在這裡，我是地球邊緣飛越空間的孤獨微小存在。現在擔心比賽名次似乎是件可笑的事。誰會在乎我跑得多慢？知道沒有人會在乎，讓我紓解不少。甚至連我都不在乎。我可以只要走著，享受廣大宇宙的壯麗。

然而，另一方面，如果我不前進，我將整晚待在原地。所以，我試著再次往前拖行前進。終於，我墜入了類似昏睡狀態，耳邊傳來水壺裡的水嘩嘩晃動的聲音，跟著的步伐像是某種鼓的節奏，我的呼吸也與之同步。我前面的光圈是我唯一可以看到的東西，那是一個漫長黑暗的隧道盡頭的光。我繼續朝著光跑，再接再厲，唰，唰，唰。

終於，我到了。一場七小時又三十四分鐘的馬拉松。幾個月前，我用不到三小時跑完一場馬拉松。這是很大的落差。我那場前二十名路跑健將的比賽已經結束了。跌進了一個暗坑裡，但我盡力撐住。我跑完了。而這就是最重要的了。一直到早上。凌晨一點鐘。下一個階段，比賽的最後階段將在八小時後開始。我得補一些眠。

我一拐一拐地回到安靜的營地。那晚，我是第二帳最後入帳的人。我希望鑽進我的睡袋，然後整個消失，但我幾乎無法彎身脫鞋。所以我只能站在那裡，呆望著漆黑的帳棚，裡面睡滿了熟睡的身軀，感覺像是某種活動僵屍。羅伯和迪諾雖然已經塞進睡袋裡了，當他們發現我站在那裡，便起身幫忙，迪諾幫我解鞋帶，羅伯幫我準備恢復元氣的飲料。他們那個晚上也熬得辛苦。我們不必說任何話；我們全都經歷相同的過程。這段創傷寫在我們的臉上。

我才剛穿上羅伯給我的一件乾淨T恤躺下來——我唯一的T恤已經被汗水浸溼——便聽見一聲慘叫。很多人大聲喊叫，大多是用義大利文，多支火把來來回回地移動。我無法動彈了。我躺在我的睡袋裡，彷彿仍因跑步而顫抖，只能祈禱一切平安無事。

原來是一個可憐的傢伙在吃盡苦頭、在沙漠裡拖著疲乏的身體撐過十個鐘頭後，回到他的帳棚裡時，正好坐在一隻蠍子上。我不知道自己能否承受這種情況。

旁邊的醫護人員很快醫治他，一陣騷動後，人們在月光下快速來回移動，某處的一輛卡車發動了，那晚，他留在醫護帳裡，平安無恙。令人驚訝的是，幾個小時候當太陽升起，他還能出現在最後一階段的起跑線，加入我們比賽的行列。

我站在集合列隊的後面，太陽已然高掛。親愛的朋友們，再撐一下就到海灘了。但我已經失去鬥志了。一位荷蘭籍跑者在第二天結束時告訴我，在他停止嘗試跑步，開始用走的時候，「燈已經滅了」。他參加賽事，想用最快速度抵達終點的渴望已經死了。少了參加比賽的理由、身體裡催促自己前進的一把火，很容易失去繼續比賽的意志。我現在明白他的意思了。我的光也熄滅了。離最後階段剩不到二十步時，我認為我沒辦法跑了。我已經在步行。

我的能量水平是零，兩隻腿已經散了，每一步都讓包紮起來的腹股溝痛苦地哭嚎。而我們還要通過十四英里的軟沙，才會到達終點。

那是我一生中最漫長的艱難賽程。每一步，即使是漫步，都是一種折磨。太陽高照，發威起來像窯燒一樣。我不斷坐下來，停下來。急什麼呢，我的比賽已經結束了。但終點線在呼喚我。大海。我們的終點在大海。我幻想在海浪裡潑水和嬉戲。

就是在這段荒涼孤寂路上的某個地方，古德和漢斯馬汀遇到我。而且拯救了我。抵達終點游完泳之後，營地的氣氛不一樣了。人們很歡樂，很放鬆。前一天跑完後的緊張氣氛已經一掃而空。當我們靠在我們的睡袋上盯著遠方的大海，思緒開始飄回家庭、工作、城市裡的生活和房子；飄向熱氣、惡劣、炙人的沙漠之外的日子。是我想像出來的嗎？或者是這種快樂，完賽的輕鬆感，確實夾帶了一絲絲的傷感？

結果，這場比賽對第一場超馬來說，是很艱困的。有好幾位這場比賽的跑者也跑過撒哈拉沙漠馬拉松。他們大多認為阿曼沙漠馬拉松因為無邊無際的軟沙，其實跑起來更困難。

「撒哈拉沙漠馬拉松是排在這個之後的健康營。」古德說，她現在是這兩場比賽的老將了。

「最後這一段簡直像阿爾卑斯山，」瑞士跑者伊莉莎貝說：「除了這些山是沙子構成的。」原來，她在每一階段都是冠軍，現在又把阿曼沙漠馬拉松加入她的勝利清單裡了。自己經歷過這一段掙扎煎熬後，去參加這種比賽並且搶得名次，對我似乎是另一個世界。大約有五位男子和女子跑者是佼佼者，他們每天出發時都懷抱這樣的心情，準備好努力衝刺，想著他們的對手、取得進展、運用策略。我們其他的人只是努力讓抵達終點這個意志不死。

***

回到英國後，我繼續想著超馬的引人之處。最初，我是受到它的浪漫與冒險的吸引，用兩腳穿越沙漠；但是，要體驗這個世界的壯美，顯然有比較輕鬆的方式。例如騎駱駝徒步，或者健行，其冒險元素也不遜色，但不會這麼緊張、不會想出口咒罵，也沒有痛苦掙扎。但彷彿每個人，包括我自己，即使深陷痛苦深淵，尤其是漫長無盡的黑夜那個階段，後來回想起來仍然覺得開心與滿足。還有在最後階段之後的隔天，營地裡瀰漫的平靜祥和。我們只是突然忘記了前幾天的痛苦和磨難嗎？還是那些磨難正是我們開心的部分原因？

比賽中間的一個下午，一位荷蘭跑者說到著名超馬選手，本身也出過書的迪恩．卡納茲（Dean Karnazes）曾經說，人們經常誤把舒適當幸福。「幸福需要努力獲取。」這位荷蘭人堅決有力地說。我坐在那裡聽著，環顧營地，想著籌備這場比賽所需要的巨大人力物力，包括在如此惡劣的地方每天晚上移地重新紮營、每一位跑者所費不貲地飛到這個世界邊陲角落，每天在高溫下花好幾個小時穿越沙漠。是這些全部加總起來，我們才能感覺到獲取了我們的快樂嗎？

在比賽當中，努力想了解自己在這裡做什麼時，古德反問道：「我們為什麼做這件事？我們明明有個溫暖的家。」

站在她身邊的夫婿漢斯馬汀插進說：「**正因為**我們有個溫暖的家。」

如果幸福不在舒適當中，難道會在不舒適當中？對於大部分在生命中沒有遭遇苦難的我們，需要主動去找一些苦難嗎？是因為這樣會讓我們更加感恩我們溫暖的家和舒適的生活嗎？或者一些磨難透過某種方式使我們成為更堅強、更完整的人？

當我回想起剛到馬斯喀特、被告知得在飛機場等待八小時的那一刻，這些問題縈繞在我的腦海中。比賽結束後，我明白下次如果再遇到同樣的情況，我也很可能會很快去攤開我的睡袋，把握機會睡覺。在機場多待幾個小時似乎不再是那麼可怕的困難。花一星期跑過沙漠後，有些事不一樣了。

雖然我不是真的著迷，但我發現自己被吸引了，想要發現更多關於超級馬拉松的世界。阿曼沙漠超馬後，我再次見到伊莉莎貝。我受託為《衛報》寫一篇她的採訪文章，所以她來到位在倫敦市中心的報社辦公室和我見面，當很多人排隊買午餐三明治時，我們坐在皮沙發上，啜飲濃縮咖啡。我問她是怎麼開始她的第一場超馬。

她說，她之前是一位熱中馬拉松的跑者，她在倫敦金融區有一份薪資優渥的工作，她的跑步訓練與工作配合得很好。「我一直在進步，」她說：「但有一天我突然想到，我現在應該要做什麼？我可以把馬拉松跑得更快——當然，這是很困難、也很好的挑戰——或者我可以更進一步。而我只是想，探索更進一步的可能性也許會很有趣。」

她對於投身超馬的決定，因為某些突如其來的重大事件而加快了。在一段很短的時間內，他的父親過世、母親被診斷罹患阿茲海默症，而他的先生得了癌症。「所有這些事情，」她說：「迫使你明白人生真的非常短暫，你必須趕快行動，不能只是坐以待斃。」

所以她辭去了在城市裡的工作，啟程尋找冒險。為了資助她的夢想，她開了一間跑步裝備專賣店，然而，由於她贏得了撒哈拉沙漠馬拉松，現在又贏了阿曼的比賽，人們開始撰寫與她相關的文章，贊助機會開始找上門來。這讓她旅行去參加比賽的負擔輕鬆不少，而且也能參與更多的挑戰。曾經是一步險棋，如今似乎得到了報償。

聽完她的說法，我也感覺到一陣觸動。這使我回想起第一次決定參加馬拉松時的感覺。這個念頭懸在遙遠的地平線好幾年了，看著自己參與較短程的賽事，納悶是什麼讓自己花這麼久的時間等待。突然間，時間到了。生命向前啟動了。所以我跑了一場馬拉松。

從那時開始，在遙遠的地平線上，我一直隱約看見一條通往山上的跑徑，一條長長的、蜿蜒的路徑。我現在四十二歲。我在馬拉松有幾次不錯的表現。也許現在是更進一步探索的時候了。去探索那些參賽的人在那些路徑上發現了什麼，因而促使他們去跑這些不大可能的距離。

這一點極具吸引力，我很快打電話給我的編輯。「我想，我找到下一本書的主題了。」我說。我已經寫了去肯亞與日本探索這兩種獨特跑步文化的書。現在我很想去調查一個跨文化、全球性的現象，我剛發覺這個現象不容小覷。超級馬拉松的世界是什麼樣子？參加的是哪些人？它的內涵是什麼？我認為，去發掘這些答案的最好方法，就是去報名另一場比賽。

***

過去十年，超級馬拉松以驚人的速率成長，成為世界上成長極快的運動之一。runultra.co.uk這個網站列出了全世界大部分的最大型超馬賽。成立這個網站的史提夫．迪德瑞屈（Steve Diederich）告訴我，他在十二年前成立網站時，全球列出了一百六十場賽事。現在網站上有超過一千八百場賽事——成長比率超過百分之一千。而德國超馬網站ＤＵＶ列出許多較小型賽事的成績，它精確的資料庫可以溯至一八三七年第一場從倫敦到布萊頓（Brighton）的八十九公里賽事。在最近十年，該網站也顯示出全世界超馬賽數量將近百分之一千的成長速率。

《超馬》（*ULTRA*）雜誌的編輯安迪．納塔爾（Andy Nuttall）深入分析ＤＵＶ的統計數字，發現這項運動在英國的成長更急遽：二〇〇〇年，英國只有五百九十五人完成超馬賽；到了二〇一七年，完賽的人數成長到一八、六一一人。

我查到的每個地方，結果都大同小異。美國的《超級馬拉松》（*Ultra Marathon*）雜誌蒐集北美洲的統計數字，顯示自一九八一年起，賽事與完賽者的數量每年都增加。在亞洲亦然，超馬賽的數字呈爆炸性成長。香港的一位賽事總監尼克．提沃斯（Nic Tinworth）告訴我，十年前，當地只有六場超馬賽，現在有超過六十場。「前幾年，」他說：「你可以在香港比賽當天現身，然後加入比賽，現在大部分受歡迎的比賽通常是秒殺。」

世界上許多超額的賽事，例如「環白朗峰超級越野耐力賽」（Ultra-Trail du Mont-Blanc，簡稱ＵＴＭＢ）與美國的「西部一百英里耐力賽」（Western States 100）得經由抽籤方式，才能處理想要參賽的爆多人潮。迪德瑞屈負責撒哈拉馬拉松英國區的報名事務。他說雖然報名費高達四千兩百五十英磅，這場比賽的名額每年都在幾分鐘內售罄。

所有這些跑者追求的是什麼？我在阿曼體驗到某種蛻變，在比賽結束後很久，仍在我身上延續。但我感覺到有更多需要去發掘的。我在最後兩階段崩潰了，而且幾乎要放棄比賽。想像即使面對如此的挑戰，如果我能保持強健，該有多麼棒。

我記得曾受一幅照片的震撼，那是西班牙超馬選手雅札拉．賈西亞（Azara García）的照片，她的腿上有一段刺青，是用西班牙文寫的：

魔鬼在我耳邊私語：「你不夠強壯到足以承受這場風暴。」

我私語回嗆：「我就是風暴。」

這就是超馬的引人之處嗎？把我們自己逼到一個與魔鬼面對面的地方、困鬥的深淵，然後浴火重生、戰勝它？我能否直視風暴——不論它是什麼，不論它丟過來什麼——然後用我意志的力量擊敗它？這是個迷人的想法。與那位因為飯店巴士遲到而抱怨的《金融時報》記者大相逕庭。

我必須承認，這些全部都對我的自我很有吸引力。有一次我正在看一部關於人類演化與跑步在當中扮演的角色的紀錄片；片中一位紐約亨特學院（Hunter College）人類系教授說：「我們甚至有紀錄顯示人類可以一次跑一百英里。」他說的時候，彷彿這不太可能，彷彿這必定是某種超人。而我偷看到我的自我用一幅狂妄自信的表情打量著我說：你做得到。

正如美國喜劇演員，本身也是超馬選手的蜜雪兒．沃爾夫（Michell Wolf）在《跑者世界》（*Runner's World*）雜誌的訪談裡所說：「它確實有點讓你覺得自己超讚的。」

然而，說到其他的馬拉松，我覺得，吸引參賽者的不只是克服一項挑戰、成功抵達終點的滿足與認可，而是他們從一開始踏進風暴的迷霧、瀕臨極限邊緣所得到的毀滅感。深掘痛苦之穴，如一位超馬老將津津有味描述的。

當我開始搜尋要參加的比賽場次，我發現自己每次看著比賽簡介時，都覺得胃部一陣翻攪。似乎每一場超級馬拉松賽都必須產出一段流暢的短片，呈現戲劇性的、一網打盡的畫面和許多高潮迭起的片段。而且，屢試不爽的，在某個時間點，畫面會呈現有人看起來已經崩潰，淚水在眼眶裡打轉。裡面的跑者看起來彷彿是末日災難的倖存者，而不是運動選手。據說，這些是他們挑選來為比賽宣傳的畫面。人們想要體驗這種絕望，他們想要如此接近他們的自我毀滅。

許多超馬選手告訴我，他們參加這項運動，是受到迪恩．卡納茲的第一本書《超馬男人》（*Ultra Marathon Man*）的啟發。在這本書裡，他鉅細靡遺地記敘他參加一場一百英里賽時每一分鐘被擊潰的細節，他的身體與心智一點一滴地失去作用，直到一點不留，而最後他基本上是用兩隻手和兩邊的膝蓋在路上爬行。我讀到這裡，不禁毛骨悚然。我不想要受傷這麼重。但其他跑者說，他們讀完後心想：「這就是我要的。」

所以，雖然有點膽顫心驚，但我的自我說服自己還算硬漢，便開始搜尋能讓我全然體驗超馬的比賽，把我送進這個正蓬勃發展的運動之核心，解開當中的祕密，讓我完全了解超馬究竟是怎麼一回事。

這項比賽同時往許多方向變形，是一團大型、笨重的東西，我很難迅速弄懂。它沒有統籌的單位或組織核心，沒有賽事、利益團體與自命為超馬守護者的人相互爭奪主導權，或者想在與日俱增的金流中分一杯羹。它是一片運動的荒原，尚未被馴化，有許多最初的探勘者極力保護它，力抗「品牌」與「外行人」的包圍——那些他們認為根本不懂這項比賽價值的門外漢。對許多人而言，超級馬拉松的吸引力是它低調的那一部分，「進入荒野」的極簡主義，將自己放逐到荒野的機會，只帶一個保溫瓶的水和一件防雨外套，穿越地球上最險惡、最極端的環境。

對某些超馬老手來說，新手蜂湧而至的人數已經太多，他們正在拋棄大型比賽，尋求更與世隔絕的挑戰。這些人討厭與一大群人出發、討厭名牌背包，他們寧願在體溫過低的漫漫長夜蜷縮在一塊冰凍石塊邊，他們的出路是另一種正在成長的超馬現象，稱為「已知最快時間」（Fastest Known Times，簡稱為ＦＫＴｓ）。這是指有些人，通常是獨自一人，出發去跑一段特定的賽道，比先前任何（已知的）人都還快。有可能是從紐西蘭的一端到另一端，或者是知名的健行路線，例如美國的阿帕拉契山徑，或者是珠穆朗瑪峰山頂。

但我稍晚才會去更深入了解這一部分。現在，我只要找賽事。它們對我而言輕而易舉。多年來，我已經跑過多場比賽。我只是要跑更遠而已。

當人們討論超馬賽時，你很常聽到一個詞，叫做「可以跑的」（runnable）。有些賽事被認為是比較能跑的。這不必然指你可以全程用跑的，除非你是這種賽事的超級明星，但理論上，它的賽道夠平緩，上下坡還能應付，大部分的路段是可以跑的。當比賽太好跑時，有些選手會抱怨。這些人偏愛另一種在超馬的術語中被稱為「技術性的」比賽，在這種賽事裡，攀爬與下坡都相當陡，地面很不平，無法自在地跑。參加這種比賽，你必須小心腳步，偶爾還得用到雙手。

當然我是傾向可以跑的比賽，而不是技術性的比賽。當然，我們可以走過不好走的路段，我也可以攀岩，但即使我會，我仍然想跑。

超級馬拉松的世界是一棵很多分支的樹。最古老的，至少在英國，是高地路跑（fell running）[6]，在蘇格蘭稱為丘陵路跑（hill running），在愛爾蘭為山地跑（mountain running）。這些比賽可以是任何長度，從一英里到不固定的超長距離，在山區以及大多沒有

6. — fell指的即是荒涼的山崗、高地，尤其是英格蘭西北部的高地。

標示的路徑上舉辦，這意謂著跑者通常必須具備自我導航的能力。最早已知的高地路跑於西元一〇四〇年舉辦，當時蘇格蘭的馬爾科姆．坎莫爾國王（King Malcolm Canmore）為了要挑選一位速度快的使者，在亞伯丁郡（Aberdeenshire）的布瑞馬（Braemar）舉辦了一場賽事。

雖然歷史悠久，但高地路跑仍算是超馬比賽的一個地區分支。它的部分魅力來自地方性與低調、務實的特質，而且受到嚴格的保護。我會喜歡嘗試高地路跑，但是當我想像參加一場超級馬拉松，我真正想像的是一場比較全球性而且廣泛的概念。是助長參賽人口爆增的那一部分。

超級馬拉松的另一個支別，而且參賽人數也有顯著成長的，是多階段的比賽，例如撒哈拉沙漠馬拉松，通常在具有異國風情、環境惡劣的地方舉辦：如沙漠、叢林、北極圈。參加這類比賽所費不貲，而且需要很多的準備工作。

超馬界有些人對部分這類大型的多日賽事表示不屑。部分原因是不滿其收費與其對應的大肆炒作，例如撒哈拉沙漠馬拉松。「執行長的假期」，一位超馬選手對我這樣描述這類賽事。曾經在沙漠裡參賽，我可以知道比賽的艱辛困難，但每晚我們確實在營帳裡恢復體力，度過一段美好的時光。雖然對那場比賽毫無準備，在比賽的前面幾天我還能跑在所有選手中的前段。說是假期也許是為了宣傳，但我確信還是有更艱難、更有競爭力的賽事。

確實，超馬的另一個分支包括了一串嚴峻而且極端的比賽，每一種似乎都自成一格。這類比賽像是「中央山脊比賽」（the Spine Race），必須穿越英格蘭北部二百六十八英里的本寧步道（Pennine Way）。全程無休。在一月份舉辦。或者「惡水一三五」（Badwater 135），從加州的死谷出發，這裡地表的溫度在世界上數一數二，比賽時氣溫高達攝氏五十四度。或者是「巴克禮馬拉松」（Barkley Marathons），穿越田納西州偏遠山區一百英里無標示的路徑——這場賽事極為困難，在賽事舉辦的前二十五年，只有十個人成功完賽。或者是全世界最長的超馬賽：「三一〇〇自我超越賽」（Self Transcendence 3100），這是一場在紐約市繞跑單一城市街區的三千一百英里賽。

我尋找的是某種能把我推到極限的比賽，但我並沒有瘋。而且我仍然想跑。你不可能跑三千一百英里。巴克禮馬拉松比較與智慧、心智和生存技巧有關，甚於與跑步的關聯。我也想要那一種，但我仍希望在某種程度上，是一場跑步的比賽。

另一種你可以跑的超級馬拉松分支，是在一個大多是平的、繞圈的場地，有特定的距離，例如一百公里；或者是跑一個固定的時間，例如二十四小時。這類比賽有世界冠軍與世界紀錄，與一般的馬拉松賽最相近。

我對這種比較有興趣，但就像高地路跑，它們不是超馬崛起現象的主因。自一九八〇年代，或者一九五〇年代，甚至遠溯自這種比賽的黃金時期一八七〇年代，參賽人數一直沒有什麼變化。

值得一提的是，雖然這種固定繞圈的超馬賽在今天是最沒有光環、最不受重視的超馬分支，它們仍曾經名列世界最大賽事。

我們現在看起來覺得奇怪，但在十九世紀，超馬運動出奇地盛行，在倫敦擁擠的室內跑道，或者在紐約的麥迪遜廣場花園，六天裡會出現大批人潮為參賽者加油。換算成今天的貨幣，會有價值成百上千英磅的巨額獎金由勝利者帶回家，而當時的時尚人士與富人混雜在喧鬧的群眾裡，都前來下注、飲酒與參加社交活動。

這種運動的盛行，一部分要追溯到一位名叫愛德華．培森．魏斯頓（Edward Payson Weston）的美國人的創舉。事情是這樣的，一八六一年，他因為與朋友打賭一八六〇年總統大選的結果輸了，被迫在十天內從波士頓走四百七十八英里到華盛頓特區，以準時見證林肯總統的就職典禮。

當他的耐力創舉消息傳開，激起了住在沿途的民眾好奇，大家紛紛出門在街道兩旁看他走過他們的小鎮。他引起如此的騷動，以致於當他走到華盛頓特區時，雖然遲了幾小時，錯過了就職典禮，當晚仍然受邀到總統的大廳，與林肯總統握手。

受到這些回應的鼓舞，在接下來的幾年，魏斯頓嘗試一系列更具挑戰性的路線。據說，他是一個喜歡表演的人——他有時候會在走路時邊吹號角，或者倒退走以娛樂觀眾——到了一八七〇年代，魏斯頓身為長距離行者的名聲遠播到達高點，他決定要藉此獲利，將他的行動帶到室內，向觀眾收費。結果，他啟動了一項風行一時的六日賽——你可以走與跑的最長時間，但一星期內有一天休息，不影響聖潔的安息日。接下來的幾年，他與一位名叫丹尼爾·歐李瑞（Daniel O'leary）的愛爾蘭裔美國人舉辦了一連串勢均力敵而且廣受歡迎的比賽。

六日賽於一八七八年達到顛峰，當時一位英國貴族約翰·亞斯特雷爵士（John Astley）贊助了五場國際比賽，提供豐厚的獎金、金牌與銀牌腰帶，上面刻著「世界長距離賽冠軍」。

就人們所知，更早的走路運動表現，可以考究到十八世紀初。這些比賽往往總長達一千英里，雖然也吸引大批群眾觀看，但嚴格限制為走路的形式，規定腳跟到腳趾接觸地面，類似今天的競走比賽。相對地，一八七〇年代的六日賽比較像現代的超馬賽，變成眾所周知的「自由跑走」比賽，參賽者可以用走的、跑的，或是在任何他們想休息的時候休息。

亞斯特雷帶（Astley Belt）比賽是那個時期最盛大的運動賽事，有銅管樂隊、熱鬧的媒體報導和可觀的押注金。五次比賽中的第一場於一八七八年倫敦伊斯林頓（Islington）的農業大廳舉行，有十七位英國人對抗從美國來的愛爾蘭人歐李瑞——也就是魏斯頓的老對手。歐李瑞贏了，總共走了五百二十英里。

第二場亞斯特雷帶比賽在同一年稍晚舉辦，比賽地點移師到紐約的麥迪遜廣場花園。歐李瑞再次贏得冠軍，抱回了一萬美元的冠軍獎金（以今日幣值計算，超過二十五萬美元），加上一定比例的門票與賭金收入。

第三場比賽於一八七九年三月舉行，地點仍是在麥迪遜廣場花園，冠軍獎金超過兩萬美元。大眾對這場比賽高度關注，紐約市的酒吧間、理髮店、雜貨店和飯店都掛出每小時的比賽結果，市區報紙也刊登每天的最新報導。

直到第四場比賽，這項比賽的偉大先驅愛德華．魏斯頓終於參加了這場非正式的世界比賽。這次比賽地點回到了倫敦的伊斯林頓，這位美國人贏了世界第一，在六天裡走了五百五十英里。

可惜到了一八八〇年代，因為其他運動開始成長，與之抗衡，這種步行運動開始沒落了。《步行賽：當看人走路是美國最受歡迎的觀眾體育賽事》（*Pedestriaism: When Watching People Walk Was American's Favorite Spectator Sport*）的作者馬修．阿吉歐（Matthew Algeo）說，特別是自行車的興起，是六日步行賽沒落的主因。

「很快地，六日自行車賽取代了六日步行賽，因為自行車賽刺激許多。」他告訴我：

「比賽的速度一夕之間從每小時四英里，提升到每小時二十英里。而且摔車時更有看頭。」

雖然觀眾人數日益凋零，有些個中好手持續挑戰可能的極限。維多利亞時期最好的成績是由來自英國雪菲爾（Sheffield）的喬治．利托伍德（George Littlewood）創下的，他在一場於紐約舉行的比賽，在六天裡走了六百二十三英里。利托伍德的世界紀錄竟然保持了九十六年，直到一九八四年由希臘超馬傳奇伊安尼斯．庫洛斯（Yiannis Kouros）打破，七年後，他再次以六百六十四英里打破世界紀錄，這個紀錄保持至今。

即使曾經風光一時，在平坦跑道上繞圈的超級馬拉松，如今大多只能縮在這項運動的角落。而最受歡迎的，在超馬賽中最閃耀的分支，擁有最醒目與最有名的明星的，當屬山地超馬越野跑步世界。在這些比賽中，超馬巨人如奇里安．喬內（Kilian Jornet）與吉姆．沃斯里（Jim Walmsley）在長達一百英里賽事中正面交鋒。不像阿曼馬拉松，這些比賽是一次跑完。鳴槍起跑後，最先抵達終點的人贏。沒有午後在柏柏帳裡消磨，也沒有與迪諾的聊天時間。只有跑，不斷向前跑，直到你抵達終點。

而所有這之中間最盛大的比賽，山地超級越野賽中的超級盃，當屬環白朗峰超級越野耐力賽（UTMB）。每年在法國阿爾卑斯山的夏慕尼（Chamonix），來自超級越野界的佼佼者齊聚在此，一較高下，這是比賽中的比賽。贏了這場比賽，保證你在超馬世界留下一席傳奇寶座。

比賽路線沿著這座西歐最高峰山腳一百零五英里的健行步道，穿越義大利與瑞士。我聽到愈多關於這場賽事、看愈多超過兩千名選手在起跑線集體出發的短片、令人熱血沸騰的大會歌、日出與山峰從雲霧中顯現的動人照片，我就愈加確定，如果我要再參加一場超馬，就是這一場了。

所以，我上網試著報名。但有趣的事就從這裡開始。

UTMB受到高度歡迎，你不能直接報名，你首先要具備資格，也就是，你得跑過其他三場指定的超馬賽，作為資格門檻。即使如此，這只是讓你得到參加比賽抽籤的入場券——而你得到一個出賽席次的機會是三分之一。

UTMB有一份它認為符合資格賽事的清單。如此安排的原意，似乎是要確定只有認真而且有準備的跑者，才能參加這場比賽。但這個言之有理的目的，在經過多年後似乎迷失了，留下一個高度具爭議的制度。

很多人有意見的地方是，如果你是一位想要讓你的賽事列入清單的賽事總監，你不必通過任何特定的安全檢驗，不用證明你的路線如你所說的這麼艱巨困難，或者證明你是嚴謹與值得信賴的。都不需要，你只要付他們一些錢。

「那不再是關於確保經驗是否合適，而比較是關於賺錢，關於試圖寡占與控制歐洲的越野賽。」英國的越野賽跑協會主席林德里·詹伯斯（Lindley Chambers）說，聽起來他顯然不是ＵＴＭＢ的鐵粉。

另一位拒絕為他主辦比賽的ＵＴＭＢ點數付錢的賽事總監——而且他不願意具名——解釋這種情況怎麼產生的。「當ＵＴＭＢ最早引進點數制度時，」他說：「幾乎每個英國的超馬賽都加入了。許多很棒而且本身賣得很好的賽事，突然間變成『資格賽』，並且以資格賽為賣點銷售，而不是以他們自己的優勢。」

之後，他說，一旦那些賽事變得仰賴ＵＴＭＢ點數來吸引跑者，ＵＴＭＢ便開始收費。「這筆金額不高，各個比賽仍然會支付這筆費用，以避免失去入場門票，但是當你把全世界比賽的繳納金加總起來，這個數目就非同小可。」

當比賽單位繳費以列入點數清單，他們其實是繳費成為「國際越野跑步協會」（International Trail Running Association，簡稱ＩＴＲＡ）的成員，他們自稱為一個獨立的非營利組織，其宗旨是促進該項運動的發展。之後，「國際越野跑步協會」會授予ＵＴＭＢ的點數。

然而，在超馬的線上論壇，很少有什麼事會讓賽事總監提到ＵＴＭＢ點數制度時那麼血脈賁張。一位賽事總監曾經留言說：「我寧願用湯匙挖掉我的眼睛，也不願意為我的任何一場比賽付錢給UTMB拿點數。」

但也不是每個人都這麼認為，很多比賽說他們很樂意支付這筆費用，為有需要的跑者增加點數，也有很多人說，參加他們比賽的人數因此增加，這筆費用很容易回本。

尼克．提沃斯說，他開始為他在香港的賽事提供點數，因為大家開始詢問這件事。他說：「跑者似乎是特別為了點數而選擇他們的比賽，或者把他們的比賽排在優先順序。」

對於想要參加UTMB的跑者，他們會遇到的一個問題是，有的比賽在前幾年還名列在UTMB的資格賽名單中，但後來因為這些比賽無法繳交年費，或者拒絕繳交年費，而從名單中被除名，使得那些一心想要獲得點數的人在跑完這些比賽後，發現自己還是不符合資格。

當美國最知名的超馬賽「硬石一百英里耐力賽」（Hardrock 100）決定不再付錢，屈居一場UTMB的資格賽時，情況來到關鍵時刻。這件事特別攸關，因為這項運動的大明星奇里安．喬內，本身為UTMB的三屆冠軍，正仰賴硬石一百英里耐力賽的點數讓他順利參加UTMB。UTMB的規定明確載明，每一位選手都必須要拿到點數，即使菁英選手也不例外，所以，當他們眼看硬石賽沒付錢，國際越野跑步協會寄電郵給主辦單位，委婉地暗示他們勉強一下，讓喬內能在法國參賽。

「我們不喜歡這種制度，而且我們認為它有點令人厭惡。」硬石賽的監事主席大衛．寇柏蘭茲（David Coblentz）說：「他們不會來檢查你的比賽路線，你只要寄給他們GPX檔案（GPS交換格式），然後他們把它上傳到某個電腦演算程式，就把點數給你。這簡直就是另一種吸金方法。」

他還說，即使這條路線每年都沒有變，GPX檔案也是相同的，你仍然每年都得繳費。「這實在令人氣結。」他說。

就這樣，硬石一百聯合美國其他八場賽事共同發表了一封公開信，說明他們不打算付錢的立場，以及他們的理由。

國際越野跑步協會以他們自己的名義公開回信，澄清它是一個非營利組織，只是想要（透過醫學研究、安全建議、建立全球標準）協助這項運動的發展，還說它與UTMB是各自獨立的。但硬石賽拒絕退讓。「我們沒有再收到其他訊息了。」寇柏蘭茲說。

最後，雖然出現這場對峙，喬內仍現身在當年度的UTMB起跑線上。這項運動的最大賽事似乎少不了它最大的運動明星。在國際越野跑步協會的信上，他們說，他們已經決定，有繳費或沒繳費，都會「破例將該場比賽（硬石一百）溯及既往地加入跑者的資格賽名單。」

整場軒然大波透露了這項比賽發展如此快速時所呈現的狀況。在美麗的Instagram記錄與跑者不可思議的英勇事蹟背後，一場淘金熱正在上演，淘金者為權力與掌控權爭相卡位。就像國際越野跑步協會與各大型比賽一樣，跨國服裝與戶外運動用品品牌也進駐，透過簽下最大的賽事與明星選手的合約，擘劃出他們的疆土，製作精煉的廣告宣傳，影片呈現男女選手奔馳過絕美的風景、躍下奇岩峭壁。超級馬拉松仍是一個大多未開發、未規範的市場，而且還看不出成長減緩的跡象。因此，當跑者正深掘他們通往痛穴的道路，其他人則視之為一扇無人看管的敞開大門，通往一座金礦，而且爭先恐後搶進，要在牆上釘下他們的名牌。

儘管出現這些紛紛擾擾，我還是想跑ＵＴＭＢ。採訪伊莉莎貝後幾個月，我對超馬的興致仍然受到刺激，我發現自己在看這場賽事的線上起跑。那是一個星期五下午，我在倫敦《衛報》的辦公室。螢幕上，夏慕尼的大廣場上，當撼人的經典音樂響起，傳遍整個山谷，成百上千經過山地磨鍊的男女選手聚在一起，神情有些緊張地張望。然後，他們就出發了，隊伍跑過街道，進入山區。

在辦公室結束一天後，我穿過繁忙的倫敦街區，到帕丁頓站（Paddington）搭火車回到我在德文郡（Devon）的家。一夜好眠後，週六清晨醒來，我發現自己還想著他們仍然在遙遠的山上繼續跑著的情景。

然後，稍晚到了週六晚上，我又想起他們仍然在山區奔跑的樣子。我連上網路，發現比賽當地剛下過一場雷雨。跑了二十四小時後，這很辛苦。跑者的心裡想著什麼呢？

隔天早上是星期天，我繞著公園慢跑十英里，發覺自己仍想著他們。似乎很瘋狂，他們竟然還留在我的腦海中。而且，這樣似乎很美好，我開始感覺一種奇特的、被激怒的嫉妒。我就是得跑這場比賽。它感覺像是超級越野的震央，解開這個謎的鎖匙。而如果我想參賽，我將得依照遊戲規則，先跑幾場清單裡的資格賽。

***

在接下來的幾個星期，我在休息時間上網，安排跑步行程表、看比賽影片；選手們通常在天還沒亮時就在起跑線不安地聚在一起，然後緩緩移動進入某個草木不生或危險的環境裡。當攝影機跟隨著跑者跑過峽谷、荒涼的熱帶海灘、暴風雪，配樂也隨之高亢。畫面中最後總有筋疲力盡的選手穿過終點線時令人激動的畫面，有哭泣、擁抱、幾乎癱倒的特寫。這個時刻是喜悅的眼淚，孩子抱著他們父母沾滿泥巴的雙腳，此時攝影機鏡頭拉遠越過天際，呈現一個史詩般的世界，比賽的標誌圖樣誇張地出現在字母串的最後。

不久後，大聲讀出的數字開始變得無意義了；一百公里、兩百公里、一萬呎上坡、三十六小時的關門時間。只是數字而已。這些影片只是證明這是可能的。只要把你的名字登記下來，接著做後面其他的事情。

當我告訴其他人我報名了一場一百公里的比賽，看著他們的臉部反應很有趣。

「沒有那麼遠，」我的同事與跑友凱特（Kate）說：「開車的話！」她是對的，我在做什麼？但那支影片，再看一次那支影片。這些人看起來很正常。通常都會有幾位勇氣可嘉的長者完賽。如果他做得到……

不知不覺中，我那一年已經排滿了比賽的行程，包括去美國加州、義大利和南非等地。但這趟長征會從我們德文郡老家附近的英格蘭西南部「短短的」三十四英里超馬開始，沿著英格蘭史詩級的六百三十英里西南海岸步道（South West Coast Path）當中的一部分。這只比標準的馬拉松遠一點點。這會是一個輕鬆愉快的開始。

我給自己幾乎六個月的時間整裝待發，去挑戰南德文郡的超馬，這場比賽在二月，但是一直到聖誕節前，要建立起訓練習慣還是很困難。我還沒順利出門跑步超過兩小時。我得擁抱清晨——我在社群媒體上追蹤超馬選手，發現愈來愈多選手利用這個時段訓練，將它融入他們往後的人生。但這說來簡單。實際上，在隆冬裡，清晨六點鬧鐘響起時，你可以感覺到棉被外面的冷冽，倦意如海浪般襲來，淹沒你整個身體，把你吸回到床上……然後你很容易這麼想：**我等一下再去。那樣也行。我需要休息，睡眠也很重要。睡覺很好。**

然而一旦一天的生活開始轉動，時間就被其他的事占據了。我需要接送三個小孩萊拉（Lila）、烏瑪（Uma）和奧西恩（Ossian）上學，我的辦公室期待我準時出現上班，我需要吃早餐、梳洗，然後，我又累了。我告訴自己，明天早上我要跑今天的兩倍。我要早起，五點出門長跑。在其他人起床前，我可以跑三個小時。

但我沒有起床。日復一日。

當然，我有時候會跑。整個星期我大約總共跑四十英里。但這怎麼看都還不夠像是一個超馬跑者。

當我住在愛丁堡的弟弟向我和另一位弟弟發出一場在蘇格蘭舉辦的二十五英里越野賽的挑戰時，我所到達的訓練狀態就是如此。這場越野賽挑戰似乎是一個測試體能的好機會，練習在崎嶇的山地跑一段相當長的路。這是我參加第一場超馬前的墊腳石。但這可不是那種「讓我們一起做一件事，看看會不會順利」的友善型挑戰。比較像是跑到死的那一種。

＊＊＊

我是家裡三兄弟中的老大，我們年紀相近。這個老大角色永遠很難當，永遠要試著保持領先一步。我清楚記得在練習池的那一天，當時我五歲，我中間的弟弟吉瓦（Jiva）才三歲就開始游泳了。在一股困惑的情緒下，五分鐘內，我也學會游泳了。

我的運動生涯最羞恥的一天，是游泳俱樂部把我的兩個弟弟在我之前升到下一級。我那天就放棄了游泳。改成跑步。

我比較擅長跑步。幸運地，在這幾年裡，我們兄弟競爭的焦點大部分是圍繞著跑步。我們一起完成了無數競爭激烈的比賽。即使是訓練跑，幾乎最後都變成激戰。開跑前，我們總會協議不比賽。但在某個時間點，你知道，有個人會開始出手。我說的不是因為跑得很順而加快步伐，而是採取行動，想要「贏」，吉瓦的「出手」特別有名，有時候是在起跑那一刻，想讓我們措手不及。

我的兩個弟弟，吉瓦和最小的戈文達（Govinda）也是跑步選手。吉瓦在學生時代參加過全國賽，戈文達最好的馬拉松成績是三小時十二分。但我總是比他們略勝一籌。好吧，大部分的時候。他們贏過我的那幾次，已經變成兄弟間的傳奇了。有一次是一九九七年在北安普敦（Northampton）。先是吉瓦超過我。後來戈文達超過我們兩個。當然，那只是個輕鬆的週日跑步，但那是我第一次被他們兩個打敗。過了二十年，這件事還經常出現在家庭聚會的場合。

所以，當戈文達拋出最新的戰帖——一場在蘇格蘭高地舉辦的「大荒野挑戰」（Great Wilderness Challenge）——我知道這不是去野餐的。他最近的週末會玩票性地在山區跑步，所以我知道他夢想這個機會。我之前所有贏的比賽，都是跑在堅硬、當然也是平順的馬路上。

這場比賽——丘陵越野賽——還不是我的地盤。但如果我想成為一名超馬跑者，我還是得從某個地方開始，而一場和自己的弟弟一較長短的比賽，當然是讓我啟動的絕佳刺激。

突然間，我已經出門到附近的達特穆爾（Dartmoor）國家公園的丘陵裡訓練。我的初試並不順利。大約才跑十英里，我就舉步維艱，幾乎只能用走的。我的運動手錶告訴我，我跑的速度是我一般認為的慢跑，但在曠野裡，跑步變得困難許多。不只是丘陵，還有高低崎嶇、溼軟的地表，會使你從每一步的步伐中驚醒。我發現自己愈來愈不耐煩。有時會踢到一塊石頭，或者一隻腳撞到另一隻腳，差點摔倒，而且我發現自己開始口出穢言。**這是誰的愚蠢點子**？一旦看到一點平坦的路，我感覺像是回到自己的家一樣，回到自己熟悉的地方。回到跑步。

我已經很吃力了，吉瓦的遭遇更慘。他在倫敦的生活和他的工作、搬家，占滿了他的時間。而且我們讀到愈多關於比賽的事，它看起來愈不像是一件你可以打馬虎做完的事。吉瓦曾經在幾乎沒有任何訓練的情況下完成愛丁堡馬拉松。但在愛丁堡的海濱踢到鐵板是一回事，在高地舉步維艱是另一回事。這場比賽需要跑者攜帶防水衣、一張地圖和一個指南針，以備緊急之需。這不是跑開心的。

最後，他明白他的準備太不足，退出了，剩下一場兩人直接**對決戰**，我和山人戈文達。

***

比賽前一晚，我們從愛丁堡開往蘇格蘭高地，抵達高地區的首府伊凡尼斯（Iverness）西北邊的普勒維（Poolewe），狂風陣陣襲來，兩邊龐然的山脈安靜地待在黑暗裡。我們愈接近目的地，風呼嚎得更大聲。我們兩個都不安地望著窗外，靜默不語。

第二天早上，雨還在下，當我們抵達起跑線，傳來一則壞消息。由於天候太惡劣，主辦單位變更了路線，避開最危險的路段。然而卻有一位工作人員前一天在勘查路線時被河水沖走，現正在醫院救治。幾個星期後，我們聽說他死了。山區不是開玩笑的，當我們被告知路線更改，本來二十五英里穿越高地最崎嶇的荒野，現在縮短成十九英里來回跑的路段，也是比賽老手黯然稱為比賽路線中最無聊的路段，消息宣布時，我是唯一沒有抱怨的人。

沒有人喜歡這項改變，我跟著裝出一副失望的樣子，其實暗自竊喜。較平坦的十九英里對我比較有利。不只因為我比較不會最後落得用走的，也因為戈文達的強項是山路。他懊惱地瞪了我一眼——他知道我心裡想什麼。

「大荒野挑戰」是一場小規模的地方型比賽，所以只有我們和其他大約七十位左右的選手。當我們站在起跑線上時，我覺得精神奕奕，周圍看看，我甚至開始幻想自己整場全贏的機率。這條路看起來不特別嚇人。

戈文達試著緩和一下，深吸了幾口氣。「他壓力太大了。」我心想，自己更有信心了。我感覺已經勝利在望。

比賽的起始路段是一段狹窄的路徑，我們被告知，這一段路很難超過前面的人，所以我們兩個一開始都搶快。前面一英里左右感覺很慌亂，太快了，但戈文達在我前面，所以我決定要跟上。我不能讓他溜走。小路溼軟又崎嶇，蜿蜒上上下下的。不可能保持任何節奏。

大約兩英里時，戈文達犯了一個錯誤，他跑錯了路線。我猛衝向前，超過他了。他很快跟到我後面。我不需要回頭看，我可以聽見他啪噠、啪噠跟在後面的聲音。他跟得這麼近，促使我趕緊向前。我覺得狀況很好，所以我用力爬上丘陵、穿越樹林。他的啪噠聲開始漸離漸遠。每次我都不敢回頭瞄——我不想給他太多鼓勵——他落到更遠了。

五英里前，我簡直健步如飛。衝過引人遐思的風景。原來，「無聊的」是一個相對詞。這裡的風景原始而美麗，雖然很難好好欣賞。大部分的時間，我必須將視線專注在地上，因為這條路從頭至尾都溼濘而且不平。一失足就可能釀成悲劇。

我開始放鬆了。從某個方面，戈文達沒有更奮力相抗，真可惜。當然，我很高興他沒有，但這簡直太容易。我們已經到半路了。這場比賽輕而易舉。

下陡坡到折返點時，有幾個人追上我。我看著地面，沒注意是哪些人，但我可以看出他們早就想超越我了。我沒有擋他們的路，反而跑上路邊的草地，讓他們通過。一個、兩個、三個，他們過去了。

「加油啊，亞德。」最後一個人說。

啥？是戈文達。

他們轉了個彎，開始往回跑，戈文達連看都沒看我一眼就跑走了。當我跑過折返點，開始爬回我們跑過來的那一段路，我的兩隻腿突然變得沉重。我甚至連跟上他的力氣都沒有。只能看著他開始加速遠離，看起來非常強健，像一個充滿行動力的男人。我完了。我一無所有。

我勇敢地繼續撐下去。我隱約幻想也許他會良心發現，回來找我，雖然我知道這不太可能。而且，在我寬厚對他的時刻，如果他這麼做也太可惜了。我認輸了，開始跑自己的比賽，但到終點還有漫長的九英里。

我回到終點時，戈文達已經換好衣服，在終點線為我加油。他後來告訴我，他一直認為我會趕上來追過他，所以他一路都很拚命跑。最後，他贏了我十五分鐘。戈文達完勝。

後來回家的路上，他打電話給他太太。「結果如何？」我聽到她問。「我贏了。」他說。「你得到冠軍？」她問。不，他沒有真的拿到比賽的冠軍，但他贏了重要的比賽。他打敗了他的大哥。

所以，戈文達打了漂亮的一役，但對我卻不是一個好的開始。我明白我得更常出門到越野道上跑，學習在溼軟、泥濘的丘陵跑上跑下。背著我的背包跑。雖然這場比賽只有十九英里，但和馬拉松路跑仍相差甚遠。

幸運地，住在德文郡南邊，我擁有溼地和一百多英里的海岸步道可以練習。我只要出門到那裡，只要我能擁抱清晨。

在我的海岸超馬賽前幾個星期，我覺得狀況更好、更敏捷了，但我還沒有一口氣跑超過一場馬拉松的距離。即使在阿曼的比賽，沒有一個階段超過二十六點二英里，所以，就某方面而言，這將會是我第一場真正的超馬。我的身體撐得住嗎？只有一個方法能知道。

***

海岸超馬的前一天，有人來敲我的門。我開門看見一位帥哥：五呎十吋高、留了一把鏞橘色的鬍子、長髮紮成一條細辮子繞過前額，以及一個大大的笑臉。

是湯姆．佩恩（Tom Payn），我的好朋友*。他大老遠下到艾塞克斯郡來找我，一起去參加比賽。他也計畫去跑UTMB，正在累積點數。我們可以組成一隊。

湯姆是一位認真的跑者，而且我早知道他很可能會贏得明天的比賽。事實上，他告訴我他從來沒有輸過在英國舉辦的超馬賽。

我第一次遇到湯姆是在肯亞，當時他是英國跑第四快的馬拉松選手。二〇一一年，他放棄了一份在普茨茅斯（Portsmouth）一家淨水器公司的內勤工作，追求他成為倫敦奧運選手的夢想。他花了六個月住在肯亞位於小鎮伊頓（Iten）的訓練營裡，忍受冷水澡、地上挖個坑洞的茅廁、狹小的共用房間，還有日復一日豆類與米飯的午餐。他當時的樣貌與今天的亮眼外形相較並不遜色，但他有一張友善的臉和一種活潑大方的個性，總是願意看事情的光明面。這樣很好，因為當他在東非裂谷結束六個月的訓練回到英國時，他跑出的時間比他最好的成績整整慢了十分鐘，也錯過了奧運。

「肯亞回來後，其實我跑了有生以來最慢的一次馬拉松。」他說。他看起來顯然很失望，讓他對跑步覺得迷失。「我實在不確定接下來該怎麼辦。」

但他的人生翻到了一個新頁，他不能放棄，不想回到朝九晚五的工作。利用他在肯亞認識的人脈，他得到一份在一家運動員管理公司的工作，負責帶肯亞菁英選手到世界各地比賽，照顧他們的生活起居、和他們一起訓練、在大型比賽中配速。他在倫敦住的一間公寓甚至當成肯亞選手到歐洲比賽時的出租房。但這對他的路跑沒什麼助益，他到德文郡和我一起時，他的最佳馬拉松成績依然是兩小時十七分，這是他在普茨茅斯當內勤時跑出的成績。

但他是一位充滿活力的男人。從肯亞回來後，發生了很多事。當中最特別的，是他開始參加超級馬拉松，而且遇到了他的未婚妻瑞秋（Rachel）。這兩件事對他有著深遠的影響。

「最終，當我的人生中，跑步和訓練變成一種我必須做，而不是我想做的事的時候，把我帶到一個提早且曇花一現的退休狀態。」當我在我們的小木屋廚房煮通心麵創意料理時，他這麼告訴我：「所以當我重新跑步，我選擇了超級馬拉松。我發誓我從此只會因為喜歡跑而跑，而那份對跑步的愛，一直持續到現在。」

開始轉向超級馬拉松幾乎是在意料之外。「我『退休』後不久，」他說：「我想嘗試從我倫敦住的地方，跑回我父母位在艾塞克斯郡提普特里（Tiptree）的家。我不知道這段距離是多遠，但我知道比馬拉松的距離遠。自從我九歲第一次參加當地的選手俱樂部，我就沒有遵照任何訓練計畫，所以我知道我可以如我所想要的跑多遠，跑多快——或多慢。」

所以，一天早上他醒來，穿上球鞋，背起一個背包，裡面裝了幾支能量棒和一瓶水，就出發了。「我覺得很自由，沒有壓力；當我開心時我就輕鬆跑，如果覺得狀況好，就加一點力。我很快就跑到了馬拉松的距離，然後到了三十英里。我覺得很舒服，但腳有一點痠，到了切爾姆斯福德（Chelmsford），恰好看見一列火車，實在太誘人，所以我跳上去，結束最後的十五英里。」

然而，他一跳上車就後悔了，所以下一個星期，他又重新整裝，以七小時的時間跑回提普特里，全長五十六英里。「用腳旅行這麼長的距離感覺很棒，不久後，我就報名了我的第一個超馬賽『火環賽』（Ring O'Fire），環安格爾西島（Anglesey）全長一百三十五英里的比賽。」他贏了這場比賽，比第二名還快三個多小時。

一年後，當湯姆現身於一場愛迪達在倫敦南部贊助的活力賽事時，湯姆的重心還是放在馬拉松路跑。

起跑前，湯姆說她看見一位曾在訓練時看過的女子。「我們簡單問候了一下，然後我心想『今天最好跑快一點』。」因為急著表現，湯姆確定他要贏。「後來我走到她前面說：『我贏了！』但她似乎無動於衷。」

下一次她看見瑞秋是在一場稱為「Wings for Life 全球路跑」的淘汰賽，這次情況好多了。在這場比賽裡，跑者先出發，三十分鐘後會有一輛車以時速十五公里的速度前進，然後漸漸加快。一旦跑者被這輛車追上，他們就被淘汰，被載回起跑點，然後每個人一起看著大螢幕上繼續進行中的比賽。當然，湯姆又贏了。

「因為我是最後一個還在跑的人，每個人都在看我。」他仔細說著。他是那一天的英雄。瑞秋坐著看比賽，心裡油生仰慕。「她在臉書上寫了一些貼文，說『為湯姆．佩恩喝采』，而且標上我。比賽後，她過來給我一個大擁抱。我就這樣開始約她出門。」

瑞秋與湯姆從此互相鼓勵放棄原來的工作，買了一輛福斯金龜車，搬到法國，將全部的時間投入超級馬拉松。噢，而且他們兩位都是素食者。而且訂婚了。已經好幾年了。我大多是在社群媒體上看著事情的進展，看見湯姆的頭髮變長，笑容更燦爛，他人生的背景變得更大、更絢爛、更精采。湯姆和瑞秋甚至在歐洲超馬首府，也就是ＵＴＭＢ的基地夏慕尼買了一間公寓，他們在夏天適合跑步時住在這裡，在雪季時把公寓租出去——這時他們會到肯亞與摩洛哥跑步。

「為什麼選摩洛哥？」我問他。

「這有點是心血來潮，」他說：「我們只是跟著心走。我們想在二、三月時去某個溫暖的地方，便想著哪裡好？但是當我們到那裡時，快凍僵了。」

除了意料外的寒冷，這個跟著心走的路算是相當順暢。湯姆出現在我家門口的前幾個月，被選為「世界越野錦標賽」（World Trail Championships）的大不列顛代表選手。穿上英國背心是他從小努力的願望，終於，就在他可能以為他的黃金時間已過的時候，達成了這個目標。他的母親和瑞秋一起去葡萄牙看他比賽。

「那是我人生中最快樂的一天。」他說，他的聲音還微微顫抖著：「我在終點線哭了。」

＊＊＊

第二天清晨，我們六點離開家，開車穿過狹小的巷弄，抵達比賽的起點。我應該要帶路的，但我因為掛念著選好賽前音樂，一直走錯路。

官方安排的停車處在距離海邊好幾英里一座村莊邊緣的一處大型住宅區。當一向寧靜的街道停滿了車子，車門打開，穿著緊身褲和跑步夾克的男男女女一個個下車，就像一場安靜的拂曉突擊。不知情的住戶從窗簾後探頭探腦，一定很納悶到底發生了什麼事。路的盡頭排了一串人龍，等著接駁巴士載我們去起跑點。

有幾個人想開啟話匣子。「你看到了昨天下的雨嗎？」但沒人有心情聊天。眼前的任務如影隨形。湯姆正啃著一支水果條。六天前他跑了摩洛哥的「馬拉喀什馬拉松」（Marrakech Marathon），為菁英女選手配速到三十公里，然後「慢跑」到終點，共花費兩小時三十五分。他說他相當疲累，對這場比賽沒有規畫。

「有時候前幾英里我真的跑得很用力，然後放鬆。」他說。

「為了嚇其他人嗎？」

他笑了。「我猜是的。」

四周圍，你可以看到很多人為他打卡。他看起來是跑很快的人，即是只瞥上一眼。當然，他很瘦，而且結實，但還不止如此。他幾乎看似來自另一個世界。籠罩我們繁忙工作生活、或者會讓我們的膚色蒼白、兩眼無神的單調無聊，似乎都接近不了他。他看起來就像是卡通裡的超級英雄，有著像燃燒般的頭髮和陽光特質。

在報到處，一個手拿帶夾寫字板的人問湯姆他的姓。「佩恩。」他說。他甚至有個超人的名字——雖然不得不承認這個名字聽起來有點不吉祥[7]。

7. — 佩恩（Payn），念起來和英文的「痛苦」（pain）同音。

「這對超馬選手而言是個好名字。」手拿寫字板的人說。

由於來的時候一直轉錯彎、走錯路，我們完全沒有時間熱身，不知不覺我們就被叫到起跑點了。我跟著湯姆走到前面，他站在起跑拱門的正下方，我就站在他旁邊。有幾分鐘，我享受著狐假虎威的光環，注意到緊張的眼神投向我們這邊。我開心地輕拍了一下他的肩膀。

「我們上吧！」

時間已經開始倒數。三、二、一……就像一顆球已經準備好開始滾動。前往夏慕尼和UTMB的旅程啟動了。

***

湯姆衝進原野的速度，好像忘了家裡的瓦斯沒關一樣。每個人都讓他通過，看著他迅捷地穿過原野頂端樹籬的空隙，從此不見人影。

我慢慢來，確定一開始沒有衝太快，慢慢地跑上第一座山丘。

我們出來時是沿著一個海崖頂端，大海無垠，浪濤洶湧，海浪在我們腳下不知幾公尺處翻滾、打在岩石上碎成浪花。雖然今天無風無雨，但地面還是很溼滑。風雨已經蹂躪海岸區一整個星期，步道吸飽了水分。幾天前，氣象報告都是大雨和危險級的強風。幸好暴風雨已經吹跑了，但它摧殘後的印記還留在我們腳下。

不幸的是，我的越野鞋是為乾而硬的越野道設計的，不是為泥巴路。穿它們是因為我大部分的訓練也包括一些路跑；如果是在硬實的地表上，堅硬的越野鞋啪嗟啪嗟地很不舒服，像是足球靴一樣。所以我認為這是折衷的辦法，但是這裡到處又滑又溜。我已經決定我首要的目標是順利完賽，不要在路上撞上尖突的岩石，劃破我的膝蓋。

我用相對較慢的速度跑前十英里，這樣可以不用看地面，還能確保平穩地跑，這意謂著我還能抽空欣賞這裡的風光，筆直的海崖與小沙灣，翻騰的大海讓你的鼻子充滿了它的味道，海浪激起的飛沫有時幾乎像是一層霧，瀰漫在步道上。

在大約十英里處，第一個嚴重的疲憊感襲來。我從袋子裡拿了一顆蛋白質球，吃了幾口。在我對超馬的初步研究裡，經常聽到的一件事是，超馬基本上是「加入一些跑步的吃東西比賽」。在一場超級馬拉松裡，你會消耗掉很多能量，而你得用食物來補充。有些距離較短的超馬可以用能量果膠來解決，但太多果膠可能會讓你不舒服一陣子。比較好的方式，是吃一些真正的食物。當然，這不像聽起來這麼容易。不只因為同時跑步和吃東西是一種有難度的技巧，它也可能會讓你胃痛。所以你需要練習，找到你適合哪一種食物。然後，當我後來在一些較長距離的比賽找到了這種食物，但在跑了十小時、二十或三十小時後，光是動一動下巴要咬東西，或者產生足夠的唾液來吞食物其實都很困難。

然而此時此刻，吃東西還不成問題。蹣跚向前時，最大的擔憂是我最近的一個小煩惱可能會在某個時間點爆發。我很少在沒有感受到任何刺痛的狀態下跑步，而且我似乎預見自己最後坐在路邊，很像在阿曼馬拉松的時候，而且還有另一個人跑過時說：「加油，你可以的。」

但兩隻腿現在還可以，而且我發現自己開始超越其他人。也許我一直跑太慢了？我算算自己大約跑在第八名，為了某種原因，我決定要跑到前十名。這個念頭直接閃進我的腦袋，但一旦產生，便鑲刻在石頭上了。比賽目標：前十名。

所以，我開始賽跑了。我一度在樹叢邊停下來喘口氣，兩位跑者超過我，我很快重新跑起來，又超過他們。到了補給站，當其他跑者停下來加滿他們的水壺，或者抓幾塊餅乾時，我繼續跑，攻城掠地。

大約十四英里後，路線轉向內陸，穿越泥濘的農田、古老廢棄的馬車路和一些正常鋪設的馬路。有時候我和某個人並排跑，我們可以聊幾句。比賽時還有力氣聊天，真是奇怪。疲乏是在兩隻腿和身體從丘陵、泥巴和使用兩腳的時間，一起累積的煎熬。但是沒有短距離比賽時那種上氣不接下氣的喘。

所以我們一邊聊天，直到有個人下坡時衝得較快，或者停下來喝水，然後我又一個人了，身邊只有草地、樹木和牛隻。有一次我被一支打獵隊追過去，騎馬的人穿著紅色夾克，當我吃力地跑時，他們從馬背上鄙夷地看著我，獵犬興奮地在我四周吠叫。我希望牠們沒把我當成受傷的動物。

我只花了四個小時多一點跑到了二十四英里處，而因為某種原因，我決定我的目標不再是前十名，而是要低於六小時。我已經開始陷入艱困期，步幅愈來愈小，彷彿有隱形的繃帶綁住兩腿，而且我也不想在意超過我的人，因為我確定他們會超過。但我需要某樣東西保持我的專注力。

幾個星期前，我注意到女子紀錄是六小時六分鐘，有個人在推特上看見我貼了這場比賽的文，告訴我說，我應該要跑贏這項紀錄。我根本不認識這個人，但這則推文閃進我的腦袋。所以我把前十名的目標推開，用六小時內完賽這個新的目標取代。這是一個很好的整數。我只要在兩小時跑完最後的十英里。我當然做得到。其他人想超過我，就讓他們超過。

我究竟為什麼需要一個目標？為什麼不只顧著跑就好？完賽不就足夠了嗎？我不很確定，但是呢，光是完賽，我用走的就能做到了。我心裡知道，若我只是慢慢走完，我會對自己很失望。我需要催促我自己，這是我在這裡的原因。我需要強迫自己奮戰、競爭。否則，這只是一段長走，一天的出遊。那麼，感覺就不對了。這是一場比賽，我必須參加競逐。

最後的幾英里完全是平坦的路，沿著一片綿延的沙灘。當我咬牙前進時，遠端的村落似乎並未變得比較近。我的兩隻腿開始疼痛，我彎腰駝背、步履蹣跚。我一定看起來很悲慘。這個時候，是生理的挑戰，也是心理的挑戰。我必須不斷趕走負面的想法，像是洗滌室的守護者拿著他的掃帚，趕走討人厭的老鼠。

「也許我天生不是這種運動的料」……「我就不是那種硬漢，為什麼要假裝？」……「想想如果現在停下來有多好。」

加油！加油！呼！呼！我的身體還撐得住，這給我一些力量。沒有什麼東西斷掉或折損。事實上，在四個半小時後，我還在繼續跑，而不是走路。

跑過長長的沙灘，賽道又爬上海崖，忽上忽下的。上坡路段現在真的整慘我了，大部分的上坡迫使我忽跑忽走，像跳探戈舞似的。

殘忍的是，這場比賽在二十七英里處會路過終點線，但還得再跑一圈七英里。當我跑過終點線旁邊的海邊小村落蜂沙堡（Beesands），一股情緒湧上來。我想見到梅瑞爾塔，她說她會來看比賽的結尾。我突然很想要一個擁抱，想要有人告訴我我可以。但是我看不見她。當我看見我們的車子停在那裡，但不見梅瑞爾塔的人影時，我幾乎要哭出來了。更慘的是，也沒有人給我任何鼓勵。人們聚集觀看比賽的終點，或停車、或買炸魚薯條、調整狗鍊……我似乎變成隱形人。我很想哭。

「還不到哭的時候。」我告訴自己，重新振作起來。當我們繼續跑最後一圈，一位跑者超過我，然後是第二個。我現在真的不想要一堆人超過我，尤其是經歷所有這些之後。所以我咬緊牙根，用力跑起來。極慢速爬上高突海崖的這幾英里，開始危及我的六小時目標了。但我繼續撐住。老天爺啊，這場比賽沒完沒了嗎？突然沒有人超過我了。他們到哪裡去了？我開始害怕後面遠遠出現一個人影。我好像一個逃跑的犯人，希望沒有人追近。但每次我回過頭，幸好路上都沒人。

我的兩隻腳已經浸溼成泥漿，水也喝光了，我的兩隻腿已經不是腿，而是黏在我屁股的兩隻鐵高蹺，移動的機制失效，快卡住了。我的手臂搖動手柄，但它們不太動。

然後，在另一段泥巴路的頂端，我看到一個美麗的標誌，上面寫著：「剩下一英里。」我回頭看，還是沒有人。我幻想著在終點線癱倒，躺在草地上。

我繼續跑。從這裡開始都是下坡了。當我進入最後終點區，也就是幾個小時前起跑的地方，我發現周圍都是已經跑完全馬或半馬的跑者，我們全同時起跑的。我想要在終點時沒人擋路，所以我衝刺下了山丘，在人群中趕出一條通道。讓路給超馬選手！我這麼做了，飛過終點線，癱倒在柔軟的草地上。梅瑞爾塔在那裡。「很棒，很棒。」她在拍照，笑容滿面。結束了。「湯姆正要去領獎。」她說。

我瞄著那位有著紅色火焰頭髮，身穿鮮黃夾克的男人。

「現在介紹我們的冠軍，」廣播系統傳來聲音說：「以極大的二十三分鐘差距領先第二名的是，湯姆．佩恩。」

一陣禮貌性的掌聲。我坐了起來。我們拚成功了。

***

就這樣，跑完這場比賽，我正式成為一位超馬跑者了。最後我達成了兩項隨機訂下的目標：以五小時五十一分的成績，拿到第十名。這是一個很好的開始。我的身體雖然疼痛，但還很完整。我們一拐一拐地走到了海邊，拿了一些薯條，然後爬進車裡開車回家。當我們離開停車場，我瞥見一位馬拉松選手迎面而來。我記得經過這裡的時候，沒有人加油打氣，而且還有七英里要跑。

「加油，」我從車窗喊著：「你可以的。」

這個人抬起頭看了一下，從我臉上疲憊的表情、脖子上的獎牌和薯條的袋子，也許猜想我已經完賽，正要回家。他笑了。

「討厭鬼。」他說。

* 詳見《我在肯亞跑步的日子》和《跑者之道》。

我的海岸超馬結束後幾個星期，我再次與伊莉莎貝・巴恩斯會面，這次是為了訓練跑。我需要看一位超馬選手如何跑一個「長」跑。這個計畫是探勘一場名為「鄉村到首都」（Country to Capital）超馬的其中一段路，這場超馬賽是從白金漢郡（Buckinghamshire）到倫敦中心的小威尼斯（Little Venice）。

從我們一降落到阿曼，伊莉莎貝就在一群興奮慌忙的跑者中顯得與眾不同。她很明顯是要去拿冠軍的。伊莉莎貝不像我們其他人，用觀光客的眼光四處張望，飽覽風景，心虛地笑她和我們一樣缺乏訓練，相反地，伊莉莎貝對每件事都很嚴謹認真，詢問比賽單位問題、專心地點頭聽回答。

比賽當中，每一個階段結束時，我們其他每個人都忙著互相握手，不敢相信自己完成了今天的賽事，成群癱倒在地上，但是像伊莉莎貝這樣認真的選手則面無表情，完全不苟合，立刻開始準備跑完後的飲水、食物，已經專注於恢復體力、為隔天做好準備。

伊莉莎貝意外發現自己被分配到一個大部分是年輕阿曼男子的營帳。她只顧著把自己安置在營帳的一個角落，不管誰會和她一起。我們其他人則會找志同道合的朋友同帳，或者找前幾個小時裡我們已經認識的人。之後，我們在整場六天的賽事裡，都會和這些同帳的夥伴在一起。我主要和比賽中的另一位英國男士熟悉，而且加入了他的營帳。結果這個決定是對的。每個下午，我們坐在一起談天說笑。而在伊莉莎貝的那一帳，當其他男人一起聊天時，她單獨坐著，準備她的食物、睡覺、凝視著沙漠。

如果你在她身邊停下來，她並不完全反社交，而且也很高興聊天，但她極少主動出營帳找同伴。她似乎很喜歡她的空間。當然，她也正在儲存能量。

比賽前，我得知那一年我們都參加了倫敦馬拉松，而且完賽成績剛好相同——都是兩小時五十分鐘。所以我認為她會是我跟著一起跑的好同伴。部分原因是我想要避免自己跑太快。很多研究顯示，在比賽中，女子選手比男子選手擅長配速。這類研究大多只猜測當中的原因，認為是男子選手容易高估他們的能力，出發時跑太快；而女子選手對她們的能力較保守。一項對休士頓馬拉松完賽者的研究比較了跑者自己預估的完賽時間和最後的成績資料，確認了這個理論。研究結論說，男子選手較差的配速能力「部分可以用（他們的）過分自信來解釋」。

我經常為此感到罪惡。一旦比賽開始，我似乎就以為自己是超人，以為我只要保守一點，就可以成功。我最近在「大荒野挑戰」的崩盤，即是這一論點的最新例證，當時我甚至以為自己可以大贏。

所以，在阿曼的每一天，我出發時都跑在伊莉莎貝旁邊，讓自己慢下來。這會持續數分鐘，然後我開始落後，沙子讓我的兩腳陷進去，吸走了任何跑步該有的姿態，而伊莉莎貝則加足馬力跑走了，義無反顧地，她敏捷快速的腳步犁過沙丘，像是某種小型的牽引機。她每天都以很大的差距贏過我，有時候相差數小時。我們相似的馬拉松能力，在沙漠裡完全無法相提並論。

當我們為了訓練跑在倫敦的馬里波恩（Marylebone）車站見面，期間已相隔好幾個月。在全部穿著黑色與灰色西裝和夾克的人群中，她穿著亮橘色的跑步上衣、頭綁著亮橘色的頭帶，不難辨認出來。我們搭火車離開倫敦，前往下個星期就要舉行的鄉村到首都賽路線起點。幾年前伊莉莎貝參加過這場比賽，打破了紀錄，但今年她只想利用這場比賽作為一場較難的練習，因為她在前面設定了更大的挑戰。雖然她是一位沙地賽專家，坦言討厭丘陵和泥路，伊莉莎貝也將目標瞄準在白朗峰的比賽——ＵＴＭＢ。當你開始成為一位認真的超馬選手，便很難避免這場賽事。它堂而皇之地坐落在那裡，像是這一季的偉大決賽、冠軍賽。為了幫助準備工作，她在這一年稍晚也安排了一個在尼泊爾舉辦的較小型一百英里階段賽，稱為「珠峰越野賽」（Everest Trail Race）。

發現我對她正在計畫一些山地比賽感到驚訝，她告訴我，她頭幾場超級馬拉松中的其中一場就是「里昂長征」（Petite Trotte à Léon，簡稱ＰＴＬ），是ＵＴＭＢ賽事中最長的比賽——技術性較高、繞著白朗峰的三百公里賽事。她說那較像是登山賽，而不是跑步賽。那也是一場團體競賽，她和她先生一起報名，比較是為了獲取經驗，而不是想要參與競賽。

「我們應該不要嘗試的。」她說。他們沒有完賽。「以後見之明來看，我們應該可以完賽，但在經過四天只有兩小時的睡眠和幻覺後，我們做了一些不理性的決定。」

聽了她對比賽的描述，似乎他們能活著離開就是一件幸運的事。原來有一晚在黑夜中，一群在他們上方碎石堆的人踩到一個石塊，石塊滾下了山。「我們什麼都不能做，彷彿你在那裡走太快，就會滑下去，很可能丟了半條命。」她說：「我們兩個站的地方只相隔幾呎，而這塊石頭正落在我們兩個中間。」

她參加山地越野賽很久了，但她對於參加ＵＴＭＢ念念不忘。「突破你的界限永遠是件有趣的事，」她說：「如果你一直成功，你便不知道你的極限在哪裡。」

自從我上次看到伊莉莎貝，中間她已經跑了撒哈拉沙漠馬拉松，但這次她只得到第四名。她說她很在意另外一位選手的行為，她的袋子太輕了，有其他人當她的「騾子」，在他們的袋子裡幫她扛東西——例如額外的食物。她說這種行為很令人不悅，對她來說，也是不道德的；但只要跑者背著必要物品，技術上就不算違規。

我在阿曼時也有這種疑惑。當然，這對我不重要，但每天男子比賽前幾名的選手站在一起時，他們迷你背包的大小只有我的背包的四分之一。但每天晚上他們和朋友坐在一起分享食物，而且他們似乎吃得不錯。當然，他們沒有帶不需要的蛋白質棒和枕頭——但他們的背包看起來仍不可思議地小。

伊莉莎貝在贏了二〇一五年的撒哈拉沙漠馬拉松後，人生發生了變化。突然間，她有了贊助商，她被邀請到世界各地參賽，她的名字響亮了，成了名人。而隨著在這項新興運動的比賽獎金一年一年的增加，也日益產生改變或打破規則的刺激。

其中一個惡名昭彰的例子是倫敦人羅伯・楊（Rob Young）的墮落。二〇一四年，在看了莫・法拉跑倫敦馬拉松後，他和妻子打賭二十英磅，說他可以跑五十場馬拉松。妻子回說，他這麼懶，一場都不可能跑；在楊的書裡他坦承他沒有訓練過，而且根本不擅長跑步。但第二天早上天剛亮，他就去當地的公園跑了一場馬拉松。然後，同一天下午，在辦公室待了整天後，他又在同一座公園完成了另一場馬拉松，這次跑得更快。第二天早上，在距離他第一次馬拉松不到二十四小時，他說他跑了他的第三場馬拉松，而且這次的成績亮眼，只用了三小時十九分。

發現自己意外高超的跑步技能，他衝了。結果他在一年內跑了三百七十場馬拉松，然後又打破迪恩・卡納茲的世界紀錄，一口氣跑完三百七十三英里，不眠不休。電視新聞排隊採訪他，他的書《馬拉松男人》（*Marathon Man*）大受歡迎，《泰晤士報》（*The Times*）稱之為「一則驚人的故事」。

因為急欲從事更瘋狂的跑步活動，楊於二〇一六年宣布，他的下一個目標是計畫穿越美國，打破一九八〇年建立的穿越美洲紀錄。在他不可思議的豐功偉績後，人們都興奮期待看他還能做出什麼驚人之舉。然而，在他出發後不久，網路上開始出現懷疑的聲音，討論他跑步進展的真實性。仔細研究他在臉書上貼的GPS手錶螢幕截取畫面，批評的人說，他每天跑得速度和距離都令人難以置信，尤其是他在照片裡看起來如此精神奕奕。

有個名叫亞許・戴爾莫特（Asher Delmott）的人一直關注網路上楊的即時追蹤紀錄。一天晚上，他發現楊正要經過他位於堪薩斯州的小鎮樂波（Lebo），這時情況真的開始炒熱起來了。根據戴爾莫特貼在letsrun.com網站上的說法，他心想楊可能很孤單，所以他開車出門，想要跟著他跑幾英里。然而，他到的時候只看到楊的保母車以跑步的速度在路上開著，但看不見楊的人影。他說他前前後後、上坡下坡開來開去，都沒有看到任何人在跑步。

戴爾莫特的陳述貼上網後，事情開始變糟了。楊在他的書裡提到他小時候曾受到父親極度的虐待，包括用釘子釘過他的腳。他說，這些經歷教會他把痛苦隔離起來，也幫助他挺過不可思議的超馬成就。而且，他做的每件事都是為了幫兒童慈善募款。對許多人而言，他是一位英雄與靈感來源，他們想要相信他。

為了追根究柢，一群自稱為「怪老頭」（The Geezers）的超馬選手決定，即使有這些指控，他們仍然要在楊繼續跑的時候，親自開車追蹤楊，看他跑過美國。他們由傳奇賽事總監蓋瑞．「拉札魯斯．雷克」．康崔爾（Gary "Lazarus Lake" Cantrell）領軍，看著楊在路上跑著、走著，但是情況急速變壞，他的速度比謠言剛起那幾天的神速緩慢許多。五天後，康崔爾說，他對楊的努力非常敬佩，但是他不相信他有能力完成他先前所宣稱的跑步成績。有一度「怪老頭」看見楊臉正面朝下倒在路上，他的額頭受傷了。當他的團隊到他身邊時，他的臉上都是血，而且也睡著了。但是他爬起來，繼續跑。

最終，經過三十四天後，楊不得不放棄他這個爭議不斷、想要破紀錄的嘗試，不是因為指控，而是由於腳趾骨折，以及蜂窩性組織炎——一種痛苦而且潛在的嚴重皮膚感染。

事情原本可以這樣結束，但因為譴責聲浪甚囂塵上，楊穿越美國計畫的贊助商，壓力衣公司Skins決定展開調查。他們聘請了兩位有名望的運動科學家分析楊的GPS資料，這兩位分別是科羅拉多大學波德分校（University of Colorado Boulder）的小羅傑．皮爾克（Roger Pielke Jr.），以及南非自由邦大學（University of the Free State）的羅斯．塔克（Ross Tucker）。他們爬梳所有的資料，訪問幾位目擊者，最後做出一份長達一百一十頁的報告。它們得出的結果指證歷歷，說楊毫無疑問地欺騙了大眾，他接受了「未經授可的協助——最可能的是在這次計畫大部分的旅途上騎乘或搭載某種交通工具。」

他說，最直接的證據是他的踩踏資料（cadence data），計算他每分鐘踏了幾步。最開始前幾天，也就是戴爾莫特在letsrun.com貼文之前，楊的運動手錶記錄了不可思議的時間和數字，例如有時候一個步幅達四十公尺長。在letsrun.com的貼文以及隨之而來的關注後，他的速度與步幅就回到正常了。他們說，這項改變與突然的大眾檢驗若合符節，消去了純粹是運動手錶出錯的可能性。

楊仍堅持他是清白的，但他沒有對踩踏資料提出任何解釋。Skins公司全盤接受皮爾克與塔克的報告結果，後來切斷了與楊的所有連結，表示他們「極度失望」。

這是一則令人難過的故事，然而，吹噓不可能與完全無法讓人置信的超馬功績，楊不是唯一的一個人。二〇一八年，來自麻薩諸塞州的前選美皇后莫德．戈爾曼（Maude Gorman）甚至一路欺騙，跑進了高山越野超級錦標賽的美國隊。這次又是網路鄉民發現她成績裡的前後不一，顯示她在某些比賽裡抄了捷徑。她被迫繳回許多獎項，而且從國家隊中除名。

另一個最近的案例是凱利．阿紐（Kelly Agnew），他之所以引人疑竇，是因為他在美國的一連串超級馬拉松獲得驚人的成績，包括在一場四十八小時的比賽中，大贏五十五英里，而且在終點前還停下來休息。

由於對他的傲人成績感到懷疑，在另一場於亞歷桑納州舉辦的四十八小時賽事中，主辦單位決定注意觀察他的動作。其中一人目睹阿紐在夜深人靜時，穿過圈末的計時墊，然後跑進跑道旁邊的一間流動廁所，在那裡等了七分鐘，然後出來，再跑過計時墊一次——就這樣記錄下一圈，但實際上他哪也沒去。

當每個人聽到這類故事時都會問：怎麼會有人做這種事？超馬社群瀰漫的氛圍是不可置信。超馬界喜歡將自己想成是一個都是善良好人參加的運動，這些人願意不計報酬地用好幾小時、好幾天的時間，將自己推向盡頭。他們這麼做，因為他們想要知道自己的限度、發現自己的某些特質、體驗一個充分活過的人生。怎麼會有人在這裡面作弊？你只是自欺而已。

你將如何面對自己？在大部分的比賽裡，沒有獎金，沒有電視報導，沒有把你捧上天的粉絲。這沒有道理啊。

「這聽起來像是豆豆先生會做的事。」當我把阿紐躲進流動廁所的花招告訴梅瑞爾塔，她這麼說。沒錯，我可以想像豆豆先生做出這種事。也許對一些人來說，在豆豆先生心裡，想要抄近路的精心渴望、即使在最不起眼與不重要的比賽中拿到冠軍，即使只是要討一個剛好探出頭來看比賽的人和他的狗歡心，都構成他們作弊的充分理由。

當然，如今我們不會真的為身邊的人做任何事。我們會為我們想像中坐在筆電前面、耐心等待我們下一個花招的虛擬觀眾做些事，當我們做了讓他們覺得了不起的事情時，期待他們為我們拍手或按讚。跑一場超級馬拉松肯定是在社群媒體使人印象深刻的方法。贏一場比賽、得到前幾名，或者跑出一個很快的時間，聲望確實會迅速攀升。

一年跑三百七十場馬拉松、跑步穿越美洲，當人們開始登入張貼訊息，說你是他們的靈感、你改變了他們的生命，你會開始發現獎勵迅速地大幅增加。

為了了解為什麼有人在小比賽裡作弊，《跑者世界》的記者鄧肯．克雷格（Duncan Craig）決定要在一場五公里的公園比賽中作弊，抄一段小路。這是小規模作弊中的最小動作，但是他很快就承認作弊，他的比賽成績也緊接著被宣告無效。在他的文章裡，他簡潔地捕捉了他在比賽前的感覺，當時他想到他即將能夠宣稱的新紀錄：「我的社群媒體網路都是跑者，很快的跑者。等著看他們看到這些訊息的反應。」

作弊背後的科學很吸引人，多年來許多研究發現，如果遇到適當的情境，而且不會被發現的機會自然出現，大部分的人會作弊。許多科學家說，會讓我們較可能作弊的情境包括在黑暗裡、疲憊或睡眠被剝奪，這些對超馬跑者都是司空見慣的事。比起其他大部分的比賽，在許多較小型的超馬賽裡，缺乏指標、指揮人員和嚴格的比賽管理，都使得在超馬裡作弊比較不容易被發現。

北卡羅萊納州杜克大學（Duke University）的丹・亞瑞里博士（Dan Ariely）說，如果我們能自圓其說，我們就會作弊。在他的書《不誠實的真相》（*The Truth About Dishonesty*）裡，他說，人類天生就是說故事的生物，我們會告訴自己一個又一個的故事，直到我們想到一個聽起來合理又可信的解釋。

心理學家說，當你營造一個自己是某種不公平情況的受害者的情境時，欺騙行為特別容易辯護。然後，它就變成一個把分數打平的問題；你不是作弊，你只是恢復公平性。

優秀的田徑教練史提夫・麥格內斯（Steve Magness）在他的「跑步的科學」（*The Science of Running*）部落格裡寫道：「我們都會作弊。只是我們在多少程度不被發現，而仍然可以告訴自己我們是善良、守規矩的人。很少人活在世界上但腦袋裡覺得自己是個大壞蛋。」

「想一想像自行車選手蘭斯．阿姆斯壯（Lance Armstrong）作弊的故事。最後，他並不真的覺得自己作弊。他將之合理化，說每個人都這麼做，所以界線模糊。這是每個人都會遇到的事。」

我聯絡亞瑞里博士，問他為什麼有人會在超級馬拉松裡作弊，畢竟這項比賽的獎金不多，即使在高等級的比賽裡也一樣，超馬賽主要是與個人成就和尋找自己的極限有關，而不是任何實質的獎賞。

「一般而言，人們不是為了實質的收穫而作弊，」他說：「我們作弊是希望對自己有不同的想法，對自己更驕傲……是關於想要在現實中看見某種形象，看見自己更成功、更快，之類的。」

他說，大部分被抓到作弊的人，真的相信他們沒有騙人。「人們會找到一種方式合理化，所以他們可以說他們沒有作弊。『我在這裡損失兩分鐘，所以我在那裡扳回兩分鐘』或者『在黑暗裡本來就很難找到方向』。」

亞瑞里博士沒有聽過羅伯．楊的案例，但有趣的是，即使在Skins公司充滿譴責的報告發表後，楊繼續強調不論是哪裡出錯，他都沒有騙人。「我當然做了錯事，」在他從此消失在公眾目光前針對此事發表的最後聲明裡，他說：「但我沒有騙人。」

嘲笑或揶揄低層次的作弊行為是很容易的，但也許我們應該更同理。和羅伯．楊一樣，莫德．戈爾曼也說她曾經是受虐兒。也許這種事追根究柢，是對愛與關注的需求。人們也許會說，他們永遠不會作弊，但也許他們在他們的人生中擁有足夠的安穩與愛的支持。也許他們在充滿愛的家庭中成長。Skins公司在切斷與楊的關係時，也急切地指出這項事實。「這些發現很明顯確鑿，而且我們絕對接受。」Skins公司的總執行長傑米．福勒（Jamie Fuller）說：「但我們必須記住，（楊）除了是跑者，他也是人。在我看來，他的成長背景意謂他的情況特殊。」

他是人，他是會犯錯的，而且在這件事情上，他並不孤單。號稱是「人類終極比賽」的南非「同志超級馬拉松賽」（Comrades Marathon，又稱戰友超級馬拉松賽）每年會在跑道上的保密地點放置計時墊，以抓出那些宣稱自己完成這項知名比賽，其實跳上了一輛轎車或摩托車，然後在比賽後面重新加入的一堆人。

當然，在運動中運用惡劣招術取得勝利，最普遍的方法是服用禁藥。直到最近，禁藥的恐怖陰影尚未伸進超級馬拉松這個快樂而低調的小世界，但這可能只是時間早晚的問題。人們以為超馬只會吸引意圖最單純的人，而且對同行跑者懷抱尊重與友善，但這個印象被打破了。一位英國超馬跑者羅比．布里頓（Robbie Britton）發現有一位最近剛在UTMB獲得第五名的選手，來自厄瓜多的貢札洛．卡里斯多（Gonzalo Calisto）出現在國際田徑總會（IAAF）的禁賽選手名單裡。

布里頓將這條資訊貼上社群媒體後，UTMB才發現這件事，然後取消了卡里斯多的參賽資格，修改了比賽結果。雖然UTMB確實會進行禁藥檢測，在一種堪稱一團亂的情況下，比賽單位從來沒有被通知卡里斯多的樣本中被檢驗出紅血球生成素（簡稱EPO）。

「整個卡里斯多事件有點荒謬，」當我詢問布里頓時，他這麼說：「因為在比賽時檢驗EPO陽性是相當愚蠢的。如果有人在比賽當天因為EPO被抓到，那麼，一定有更多比較聰明一點的人。」

布里頓是世界二十四小時跑步賽的銅牌得主，他住在夏慕尼，本身是教練，也是選手。他是這項運動裡對於反禁藥敢直言的人之一。我問他，他認為禁藥在超馬運動裡有多嚴重。

「所有的運動大都有一些作弊行為，超馬也不例外。我們有選手抄捷徑、不背強制規定的救護包，各式各樣的違規。不一定是服用禁藥。在同志超級馬拉松賽裡，甚至有兩個雙胞胎在中途交換他們的計時晶片。

「說超馬沒有什麼錢，為什麼出現作弊的人，想得還不夠周延。參加我們這種運動的人，很多是來自還算不錯的家庭。是自我的問題，以及某種形式的偷懶和缺乏耐心。」

他說，作弊問題未來只會更嚴重。「更多的獎金、更多的『名聲』、社群媒體的生活方式、來自贊助商的壓力等。這些都在成長。超馬選手愈跑愈快，所以較弱的人會找藉口。有人之前被禁賽，但似乎已經被遺忘了。」

但即使是從來不怕叫別人出局的布里頓，他說他還不認為禁藥問題已經成為超馬賽的普遍問題。

「我把它歸結到選手的個性與開放程度，」他說：「你真的可以相信很多人。有些人也許會認為這很天真，但我們確實沒有其他反禁藥的基礎架構。」

當我們搭火車去跑步起點的路上，我問伊莉沙貝對使用禁藥的看法。她是否認為在這項比賽中，這是嚴重的問題？

「我確定嚴格的檢測會檢出更多的案例。」她說：「為什麼不會有？這種事在每一項比賽裡都存在，又不是說參加超馬賽的人是不同種的人。當然，這項比賽沒有大筆獎金，但還是有贊助商、名聲、榮耀……如果你嘗到了甜頭，你會想要更多，而且總是會有那些願意走極端路線來得到它的人。」

她是否曾經受到誘惑，覺得自己不太可能被抓到？

「我喜歡把自己想成是有強烈道德感的人，」她說：「這是我被養大的方式。作弊從來不會吸引我。當一個好人，好事就會發生在你身上。這道理很簡單。」

***

在一個毛毛細雨的潮溼清晨，我們抵達起跑點所在的小鎮丹頓（Denton）。空氣裡飄著灰色的毛毛雨，把世界裡所有的顏色都排光了。火車站周邊平淡的郊區街道也無法讓心情繽紛起來，但我們很快跑過屋舍群，進入了林子裡。

伊莉莎貝是一位不尋常的超馬跑者，她不常跑在步道上。「我討厭泥巴。」她說，當我們啪啪踏過溼黏的步道時，她這麼說：「但出來在林子裡換個地方跑一下也很好。」她住在艾塞克斯郡的西海崖（Westcliff-on-Sea），她平常踩踏的地方是小鎮的海濱步道。如果她想在UTMB留名，她得習慣這種事。

這趟跑步對她即將到來的比賽是很有用的牛刀小試，因為跑者將會需要自己導航路線。她的手錶上有一個應用程式，能夠指出大致的方向。雖然如此，我們仍然好幾次走錯路。「有的人很喜歡找方向、看地圖，」她說：「我討厭這種事。」

超級馬拉松是一個分支寬廣的教會。它是跑步，當然，但它也可以是健行、登山、看地圖。但我同意伊莉莎貝的見解，當路線有標示時，我最開心了——很幸運地，在UTMB和大部分我排隊參加的比賽，都是如此。

我們在三個多小時裡，用悠閒的速度慢慢前進，偶爾聊天或停下來吃點東西。今天我試吃裹上巧克力的榛果和芒果乾。跑了幾個小時後，這兩種食物吃起來都很可口。我們往倫敦方向跑完二十一英里到下一個火車站時，在一間迷你超市停下來。我覺得我可以吃下這間店裡的每樣東西，但只讓自己買了一罐汽泡飲料和一片煎餅。它吃起來簡直人間美味。也許，超級馬拉松吸引人處的其中一點，就是跑完後會變得極度饑餓，然後手裡拿著五英磅鈔票走進一家全是包裝精美的食物的店裡。伊莉莎貝無法抗拒超大杯的百事可樂。「不要告訴任何人。」她說。顯然這不是她的超馬餐的一部分，但在跑完二十一英里後，每樣東西都好吃。選你最不能吃、最有罪惡感的食物，然後開心地塞進嘴裡。我決定不管它，好好放肆一下，拿了一支巧克力棒。不要告訴任何人，好嗎？

***

接下來的幾個月，我慢慢增加我的運動量。我找了一位教練，他的名字是湯姆．克雷格（Tom Craggs），他幫我擬定了一份進度表。然而，雖然是一番好意，但我很難完全遵照上面的進度。湯姆很能理解，每當我寫訊息告訴他我不太能跟上他為我訂定的所有跑步行程，他不斷地做微幅調整。我似乎總是在找藉口，答應要跟上，不知不覺中，下一個比賽就要到了。

這場比賽是在加州的一百公里賽——「米沃克一百公里越野賽」（Miwok 100）——這場比賽可以拿到四個UTMB的點數，為了要拿到入場資格，我需要在三場比賽中累積十五點。

在我搭上前往美國的班機之前，我最長的跑步訓練還是和伊莉莎貝一起跑的那一次，而跑最長的比賽是在德文郡的那場三十四英里超馬。所以，加州這場比賽將是前往未知的旅程，幾乎是我先前跑最遠的距離的兩倍。而且全是在舊金山灣北部的沿海山區。

但是在我前往加州之前，我收到一份邀請，要去拜訪一位住在科羅拉多州的頂尖超馬選手。我正想藉美國行之便找人採訪，便透過臉書與他聯絡。

「來住幾天啊。」他回覆說，他提議讓我在他的住處住幾天，還邀我一起訓練。我說我很樂意，所以我問他住在哪裡。

「我住在前往派克峰（Pikes Peak）半山腰上一間沒有公共水電的小木屋，」他回答說：「這裡沒有路，所以你得沿著步道跑步或健行六英里上來找我們。」這聽起來很瘋狂。我告訴他，我會去那裡找他。

蓋上出租汽車後面的行李箱，我站著仰望這裡的群山。越過馬尼溫泉（Manitou）錯落有致的木屋，以及明信片一般美麗的露臺，可以看見嶙角崢嶸的山峰。較下方的山坡為柏樹所覆蓋，而在遠方的山頂還披著白雪。從丹佛開車過來的路上，收音機不斷提醒一場暴風雨即將到來，會在山區降下四英尺深的雪。那就是我正要前往的地方——往上六英里，去一間樹林裡的小木屋，也是世界頂尖超馬好手之一札克．米勒（Zach Miller）的家。

廣義來說，精銳的超級越野賽主要分布在兩個地區：歐洲和美國。在歐洲，賽道被認為是崎嶇、技術性的，而且由阿爾卑斯山區的選手稱霸，如奇里安．喬內和法蘭西瓦．達安（François D'Haene）。在美國，賽道比較平坦，較好跑，而且這裡的選手漸漸被一群具備田徑或路跑背景的年輕明星所取代，例如吉姆．沃斯里以及前美國馬拉松奧運女將瑪格達．布里特（Magda Boulet）。

札克今年二十九歲，以一位超馬選手而言算年輕的，他在大學時曾經是田徑選手。他會進入超馬運動有一段不尋常的故事，但在他告訴我詳細情形之前，我得先找到他。

穿過火車站後面的停車場，我找到他說的步道登山口。一張指路的告示牌附加了一句警語：「山上如冬季。請著保暖衣物。」此刻，在五月的陽光下走過小鎮後，我正脫去身上的羊毛套頭衫，把它綁在我的腰間。很難想像幾個小時後，天氣就會變得寒冷。往上的這條步道一開始很乾燥，都是塵土。

三個小時後，通往巴爾營地（Barr Camp）前搖搖晃晃的木板道路出現在眼前時，幾乎要黃昏了。這裡剛好在雪線上，但新雪有一陣子沒有降下，這條小徑還很好走。

巴爾營地是前往派克峰的健行者中途的小屋，札克告訴我，派克峰是一座「十四級峰」（fourteener），意思是它的山頂超過一萬四千英尺（四、二六七公尺）。札克住在這裡的小屋，海拔是一萬零兩百英尺（三、一〇〇公尺），與他同住的還有她的姊姊艾許莉（Ashley）和姊夫納坦（Nathan）。他們三個一起分攤營地管理員的工作，每天煮早餐和晚餐、為爐火添柴，滿足訪客所需的各式工作。他們也是山區救難隊，如果有人在那裡失蹤或受傷，他們是第一個前往營救的人。

我到的時候，札克正獨自在小木屋後面的小廚房裡無所事事。小木屋是一間溫暖、舒適的屋子，有一張桌子，在燃木壁爐邊擺了幾張扶手椅。廚房就位在幾根木柱圍成的木頭柵欄後面。牆邊是一些你可以購買的點心，如M&Ms、能量棒之類的，也有印著巴爾營地懷舊式標誌的T恤和帽子。後面往臥鋪房間的門上方有一塊牌子，上面寫著「*Karibu*」，在斯瓦西里語[8]裡的意思是「歡迎」。

「噢，嗨！」我先自我介紹後，札克說：「很高興認識你。」

我第一次聽到札克的名字，是前一年上網觀看UTMB直播的時候。我觀看整場比賽的大部分時間，這位年輕的美國人總是單獨一人在前面開路，把其他人甩在後面。他最後獲得第六名，但對我與許多其他人而言，札克從一開始就勇往直前，令人聞風喪膽的精神，是這場比賽極度令人印象深刻的事之一。

每次我轉過去看直播，就看到他，當他向前衝時，他向後戴的帽子上下跳動，經過補給站時，他不花時間停下來，他不時回頭，像是一個正在逃命的人。當然，對於超級馬拉松，大家普遍接受的觀念是，一開始要沉穩、保持體力，這樣才是明智的。要長期抗戰。這是超級馬拉松，不是衝刺賽。但札克跑起來無所畏懼，毫無保留，不斷奮力向前，直到九十二英里處才屈服，第一次將第一名的位置拱手讓人。

當年稍晚，札克又出現在我的臉書信息流的一支短片，這支短片在跑步界廣為流傳。這是在舊金山附近舉行的另一場競爭激烈的賽事 North Face 50（英里），札克一路領先。他大勝其他對手，而且，他再次以他拚命三郎的精神，扭轉了傳統的觀念。

在超馬賽裡，大部分的選手，甚至是冠軍選手，通常是以慢跑方式通過終點線，享受比賽的最後一段，向朋友、群眾揮手，而且經常在終點線前與他們的家人擁抱，然後一起通過終點線。畢竟跑了這麼長的比賽後，有什麼好急的呢？

但是在North Face 50賽事中，札克大幅領先其他人，即將獲得驚人的勝利，但他還是跑得像逃命一樣快，他的雙臂上下擺動，他的呼吸很用力，有重濁的喉音。他抬頭挺胸地跑到終點後，才癱倒在女友的懷裡。

---

8. 斯瓦西里語（Swahili）：非洲語種之一，常見於肯亞、坦尚尼亞、莫三比克、剛果等中非及東非國家。

就是札克在比賽中這種義無反顧的精神，以及他獲得的勝利，使他成為超馬界受人景仰的人物，而我想像會遇見一位驕傲、活力充沛的體育高手，以及超人的握手。一位滔滔不絕，不時走動的人。相反地，札克說話慢條斯理，而且似乎有一點害羞。他說他正在煮墨西哥玉米粉捲餅，問我要不要一些。

他在煮餐的時候，我坐在吧臺上喝茶，他一邊告訴我他是怎麼進入這項瘋狂運動的。大學時他參加過田徑與越野賽，畢業後，他在一艘大型郵輪瑪莉皇后二號上的照片沖洗店工作。大部分的跑者如果找到這種工作，應該都會認為他們的跑步生涯結束了，但札克沒有這麼容易放棄。

「離開那個工作之前，我全都調整好了。」他說：「我可以寫一本書，告訴大家如何在一艘郵輪上保持健美身材。」

每當船一靠岸，他就會下船跑步。「所以，我們會去像是智利、巴塔戈尼亞這些地方，而我會下船去山區跑步。我們所到之處，我都去找最高的地方，或者最冷的山區，然後設法在船離港之前跑到那裡再跑回來。」

「有時候，我真的得跑很快才趕得及。如果你錯過這艘船期，你得自己想辦法到下一個港口，而當你到那裡的時候，你不一定還保得住那份工作。」他從來沒有錯過。

在海上的日子，他發現最好跑的地方，是在船員的樓梯井跑上跑下。「不是漂亮的那一種樓梯井，是他們用來上下輸送補給品的樓梯井。」他解釋。在這裡上下跑大約一小時後，他會直接到健身中心的跑步機上跑。

「我最後一天在海上的日子，爬了樓梯井上下七十分鐘，然後上跑步機跑二十英里。我的同事以為我快瘋了。他們寧願待在酒吧，探聽小道消息，他們經常醉醺醺的，向我大叫不要再跑了。」

有一次在船期中的休假期間，他決定去參加人生中的第一場超級馬拉松，那是一場在馬里蘭州舉辦，名為「JFK 50」[9]的五十英里賽。他的高中教練以前就一直跟他說，他應該嘗試跑長距離的比賽，他這方面很厲害，但札克不確定。

9. ── JFK 50是以第三十五任美國總統約翰・F・甘迺迪（John F. Kennedy）為名的五十英里賽。

「我的家人認為我去跑這麼長的距離是件瘋狂的事。」他一邊說，一邊對這段回憶咧著嘴笑。我猜想，五十英里對最近的他來說，似乎不算長距離。「我祖母覺得我應該會死掉或之類的事。而我也不知道我在做什麼，我只是出現在比賽現場，而且前一天去店裡買了幾瓶水。」

大約比賽中途，他發現自己和另一個傢伙跑在前面。

「我們一起同步跑在一起，經過一段時間，我覺得我應該要知道他是誰。我說：『我的名字是札克，你的名字是？』他回答說：『羅伯。』我說：『姓什麼？』他說：『羅伯·克拉爾（Rob Krar）。』」

羅伯·克拉爾這名字在當時的超馬界如雷貫耳，他剛贏了美國最重要的超級馬拉松——西部一百英里耐力賽。札克說，他當時感覺自己像個傻瓜。「我是說，我對超級馬拉松不太認識，但我知道羅伯·克拉爾是誰。」他們一起跑到大約三十八英里處，札克開始往前跑。

「在下一個補給站時，我比羅伯早到，很明顯地每個人都有點激動。每個人開始掏出手機，想知道我是誰，但其實沒有什麼可以搜尋。我曾經是大學的跑者，但成績不怎麼樣。我的意思是，我為一間三級學校跑，十公里跑三十一分二十三秒，這在菁英世界算是很普通的成績，所以他們開始問我的朋友：『他的馬拉松個人紀錄是多少？』他告訴他們，我沒有跑過馬拉松。」

札克贏得了冠軍，跑出這場比賽歷史上第三快的成績，而且這是美國歷史最悠久的超級馬拉松。他獲勝的消息在超馬界是一大震撼，在專門的媒體中被大幅報導。「在我根本不知道我在做什麼的情況下，這算是非常快。」他說。也就是在這個時候，他拿到了耐吉（Nike）的合約。

「我本來要回到船上，而且我真的回去了，但耐吉與我聯絡，所以我還在船上時，就和耐吉簽了約。我好像是在百慕達或那附近簽下名字，然後寄出。我在船上繼續工作了三個月，然後就下船了。」

「我一直夢想成為一位專業跑者，」他說：「然後，它真的發生了。只是不是像我期待的那樣。」

墨西哥玉米粉捲餅做好了。札克直接吃，沒有包外皮，所以我也學他——只有一大盤的豆子、飯和青菜——他在盤子裡加了美乃滋和芥茉醬。這讓我想起肯亞馬拉松跑者的食物，他們也吃很多的豆類和米飯。有趣的是，札克是在肯亞的奈洛比出生的，雙親是傳教士。他在那裡住到三或四歲，才搬回賓州。也許，嬰幼兒時在那裡出生、長大，對他造成一些影響，使他的肺更大、更強壯，適合長距離賽跑。也許他吃了一些神奇的烏咖哩（ugali），這是一種玉米粉食物，肯亞人常說，這道食物幫助他們跑更快。

我問札克他的贊助合約。就在我抵達美國之前，他在社群媒體的頁面上宣布，他已經從耐吉轉到North Face了。這怎麼做到的？他有經紀人嗎？

「是的，」他幾乎是有點遲疑地承認：「說來好笑，五年前，如果你告訴別人你是一個有經紀人的越野跑者，他們可能會取笑你。」但這項運動正蓬勃發展，對知道如何與賞金搭上線的人，他們的金錢獎勵也會來愈多。

「我的經紀人說，你的價值相當於你可以讓一家公司願意付給你的錢。就是這麼一回事。在其他的工作，或甚至其他運動，你通常知道你的價值是多少。如果你贏了某一場錦標賽或某一場比賽，會得到這麼多。但在超馬賽裡，沒有訂定的規範，沒有訂定的表單說，你贏了這場或那場比賽，我們會付你多少錢。」

在這個正在演進的運動裡，對贊助商的價值很不容易界定，但是因為你大膽的跑步風格而在網路上爆紅，自然是有幫助的。札克說，有了這份新合約，這是他第一次除了跑步之外，不需要從事其他工作來過生活。但因為他熱愛巴爾營地，他仍打算在可見的未來，繼續擔任這裡的看管人。

他說，在山上生活的每件事，都對當一位超馬跑者有利。當他不在訓練時，幾乎都在收集木柴、砍柴，或者清雪。

「我花很多時間在山上做勞動工作，」他說：「我喜歡這樣。那支（在網路上爆紅的）影片裡的The North Face 50比賽時間在秋末，而我整個秋天都在砍柴，把它們集中到營地裡。我可是相當強壯的。」

***

隔天早上天亮時，天朗氣清，沒有任何暴風雪的跡象。札克早起在燒木頭的火爐上準備豐盛的燕麥粥。他切進了香蕉、海棗和核桃，然後又舀了兩大匙的花生醬。這道燕麥粥吃起來像水泥，但我相信這是你花整天跑上一座四千公尺高山時所需要的。

我坐在札克對面，努力吃這一盤燕麥粥，吃到一半時，大門突然打開，一位年約五十歲，臉色紅潤的男人踏進來。他站著看我們，臉上堆滿笑容。

「早安，」過一會兒後，札克說：「需要幫忙嗎？」

「我不敢相信你在這裡，」這個人對著札克微笑說：「你激勵我開始跑步，老弟。」

札克也報以微笑。「你好早就上到這裡了。」他說。

「是啊。」這個人回答說，對於能站在他的英雄面前，和他講話，顯然滿懷敬畏。「老弟！昨天晚上我把一些YouTube短片給我太太看，我告訴她我要上來這裡，她瞠目結舌了。」他現在看著我。「我的朋友笑我，說我愛上一個男人了。他們不懂。這個傢伙擁有上帝賦予與人們連結的的天才。他超級鼓舞人心的。」

札克對此淡然處之，詢問他跑步的情況，讓他放輕鬆。但他可靜不下來。他脫下他的手套，在屋子裡走來走去。札克倒了一杯水給他。

「你知道嗎，我戒酒了。我不抽菸。所以我跑步。我知道這令人難過，但我晚上熬夜看YouTube上的比賽影片。你知道怎樣嗎？這個傢伙與眾不同。從比賽拱門開始他就衝了，沒有藉口，他就是全心投入。」

他突然看了一下他的手錶。「我該走了。」他說。他告訴他太太早上八點前要回家。所以，和他的英雄自拍後，他就走了。札克開始收拾餐碗。

「這種事經常發生嗎？」我問。

札克不置可否，邊搖頭，又邊點頭。「不知道耶。有時候吧，我想。」

他的姊姊當天下山去拜訪某人，回來後告訴我，這種事經常會發生。

***

早餐後不久，札克穿著跑步短褲和夾克再次從他的臥室出來，他的臥室其實就是廚房上面一塊高出的平臺。太陽已經不見了，一片灰色的冷峻吹進整座山區。氣象預報的大雪就要來了。札克戴上了一條Buff的頭巾。仍然穿著短褲。他開始綁鞋帶。我來之前，他曾提過如果我想，可以和他一起跑，但也許他是開玩笑的。

「你要去跑步嗎？」我問。

「當然。你要一起來嗎？」我點頭。好啊，當然。

我很幸運，札克不久前才受傷。他說那沒什麼，只是有一天出門在步道上滑了一跤，扭到了背，所以他得休息幾個星期，不能跑步。他才正要回復平常的練習。所以，他不打算跑得太瘋狂。我告訴他，我會試著跟上。

五分鐘後，我們準備好出發了。我們朝著山下的柏樹森林跑。札克一邊跑，一邊輕鬆地聊天，由於全是下坡，我開心地跟在他後面，從林隙間可以窺見周圍的山峰。札克告訴我一年一度從馬尼溫泉爬上派克峰頂來回的馬拉松。這是一場大賽，每年吸引全世界最頂尖的山地跑者。

隨著超馬運動的成長，更年輕、跑得更快的選手陸續加入，全世界大部分比賽的賽道紀錄經常被打破。人們一度認為牢不可破的時間，不斷被基里安．喬內與吉姆．沃斯里之流的選手擊破。然而派克峰的紀錄是一項罕見的例外。一九九三年，當地的跑者麥特．卡本特（Matt Carpenter）用三小時十六分鐘跑上山頂又跑下山。那是他獲得十二次冠軍中的第三次，此賽道紀錄保持至今。

「他是這座山的山王。」札克說。去年，世界山地跑步冠軍喬瑟夫．葛雷（Joseph Gray）只跑出上山部分有史以來最接近卡本特的派克峰紀錄，但仍慢了四分鐘。二〇一二年，喬內也參加了這場馬拉松，但是比卡本特多了二十五分鐘。

「他（卡本特）現在住在山下的馬尼溫泉，開了一間冰淇淋店，」札克告訴我：「店名是『科羅拉多蛋奶凍公司』（Colorado Custard Company）。如果你走進去，櫃臺後方那個矮個子的傢伙就是他。」

我問札克是否曾經停下來拜訪他。「啊，我不知道耶，」札克說：「我不想打擾他。」

札克顯然很尊敬卡本特，而且想到這位有史以來最偉大的山地跑者——他也是著名的「萊德維爾一百英里」（Leadville 100）超級馬拉松的紀錄保持人——在科羅拉多一間小店賣冰淇淋，不覺莞爾。

我們仍然慢慢地在樹林間往下跑。然而，愈往下跑，我愈擔心。往回跑上山時，將會是一段漫漫長路。

當然，在爬上第一個小斜坡時，札克就先走一步。他在上面等我，在前面不到一百公尺處，但是當我到的時候，我感覺肺部像是被擠扁了。札克似乎沒聽見我的喘息，因為我一趕上他，他立刻就轉身繼續跑了。最後，在多次跑跑停停後，我得讓他先走了。

「你繼續跑，」我說：「我會從這裡沿著步道往上直接走回去。」因為想用他自己平常的速度跑，他沒有提出異議，很快點了個頭離開，溜進了樹林裡，留下我一個人，我覺得鬆了一口氣，慢慢走最後的幾英里路回到營地。

***

那天下午稍晚，雪下下來了。大且重的雪花在屋外靜靜地降下。整個下午，大門都是開的，身上覆滿雪的登山客從嚴寒中踏進屋裡。這一天是星期六，山上很忙，整天大約有十五個人進到屋裡。他們大部分打算今晚在這裡過夜。有一群人全部是男生，沒有女伴，但他們在九點前都睡著了。

札克去屋外搬薪柴來回的中間，我有機會和他多說幾句話。雖然有些害羞，他說他很高興見到上山來的人，和他們聊天。

「人們以為在山上很孤單，」他一邊添柴薪，一邊說：「但比起在鎮上，我在這裡與人們的互動比較多。如果你在自己鎮上的家裡，不會有人像今天這樣闖進門來。」

我問他有沒有女朋友，他苦笑了一下。「我單身，」他說：「住在山上要約會很難。」

有一段時間，札克與超馬跑者希拉蕊．艾倫（Hillary Allen）交往。在North Face 50的短片最後，他就是癱倒在她的懷裡。他沒有說這段感情為什麼結束，或者是否與住在要走六英里路的山上有關。

「我第一次要去找希拉蕊約會的時候，」他說：「走到半途剛好遇見一位女登山客的背受傷。我協助她下山，但這讓我約會遲到了。我的意思是，希望這件事聽起來很英勇，但我不確定。」

如果希拉蕊想要見他，她得健行上來巴爾營地。「幸好我似乎都和跑者交往。」他說：「其他人很關心我。他們說：『老兄，你單身，還住在山上樹林裡的小木屋。』但我喜歡這裡。我相信我總會想出辦法的。」

現在天色漸黑，札克的姊姊和姊夫為客人煮了一大鍋的義大利麵。他們當中有幾位決定在外面的雪地裡搭帳與煮食，但也進來在火邊坐一下取暖。他們看起來快凍僵了。我不確定他們是否成功在外面的風雪中煮食。當我問他們的時候，他們只是擠出一個苦笑。

九點整，每個人都被請出主木屋，不是回去他們搭在外面的營帳，就是回去臥鋪房。因為這裡是札克與他姊姊的家，現在是他們的私人時間了。他們除了上床睡覺，也沒有做太多事。札克不時地踏出門外查看雪情，期待明天早上好好跑一段路。我的床位就在火爐旁邊的地板上，算是很幸運，因為其他客人睡的臥鋪房沒有暖氣，氣溫應該在零下幾度。札克也給我一件溫暖的夾克——他現在不再穿的耐吉羽絨夾克——還借我一個很不錯的睡袋。冬天真的來到山上了，就像山下步道口的標誌上警告的。我縮進溫暖的床鋪裡，睡了一晚的好覺。

***

醒來時，外面的新雪有四呎深。札克已經忙著將他的運動鞋鎖上一種特製的雪地跑鞋。它們長得像是兩支滑板，但是沒有輪子，可以讓他跑在雪面，而不會每一步都讓腳踝以下陷進雪裡。他問我還要和他一起跑嗎？然而，我在堅硬的地表上都很難跟上他，自然不妄想在雪地裡有機會跟上了。

札克的姊夫建議我沿著步道往上方爬一段。他說，在這種情況下用走的就夠難了。他幫我找到一雙普通的雪鞋。

所以，我穿上外套出門了，獨自進入寧靜的森林裡。真的不好走，我走了大約兩英里，到了森林線，這裡是森林結束、一望無際的山脈視野開展之處，然後我決定返回。在樹林中很適合沉思，雪花依舊輕柔地落下，每一步都一樣。就像走在夢裡。

當我回到營地時，札克還在外面跑步。他還會再跑個幾個小時。看來他已經重新啟動嚴謹的訓練。幾個月後，他計畫在UTMB再次大放異采。從來沒有美國人贏過這場比賽，所以這對他是一項很大的目標。這對美國的超馬界將意義重大。毫無疑問地，會有大筆的贊助紅利，以及世界最佳山地超級越野跑者的非官方頭銜。很難想像許多他的對手過的生活和他一樣專注在訓練上。

他告訴我，有一次營地忙碌的旺季裡，他無法將他的跑步訓練安插進來，所以他決定在半夜兩點跑步上派克峰頂。他說他很喜歡這樣，第二天晚上又跑上去。然後隔天也去。「最後我這樣連續跑了七個晚上，」他說：「我不知道為什麼，但我就是喜歡。」

那天稍晚，我要離開巴爾營地，回到文明世界之前，我問札克，促使他跑步的動機是什麼。這對任何一位跑者都是一個很難回答的問題。「這是我們最接近飛行的事。」他說：

「這句話不是我說的，某個人說的，但我喜歡這種說法。我喜愛跑步的感覺。」

但還不僅於如此。我感覺到札克更利他的那一部分，彷彿他的跑步是某件更重要的事的一部分。「沒錯，」他說：「我相信人們會認同看見一個真正竭盡所能的人，一個正努力掙扎，但依然極力奮鬥不懈的人。」

超級馬拉松可以是人生的隱喻，有著同樣的起起伏伏、困鬥與重生。而當有某些人擅長跑步，而且他們用他們的真心、他們寫在臉上的汗水和努力來跑，我們其他人便能與之連結。這會讓我們震撼感動。

「只要全心全力投入，生命中有很多可以談的。」札克說：「我認為在運動裡展現這一點非常酷，因為人們能受到鼓舞，不論他們被鼓舞去跑步，或者出門從事辦公室的工作時非常努力，這都是人們可以連結的人性。也就是盡己所能。」

札克是超馬界誠實勞動的化身。他住在樹林裡的一間小木屋裡，每天砍柴，而不是上健身房。他不使用Strava健身應用程式或者佩戴時髦的GPS，手上只戴了一支在葡萄牙市場上買的五美元卡西歐手錶。在此之前，他跑步時只看巴爾營地牆上的時鐘。他出門跑，回來的時候才看時間。如果牆上的鐘說只過了兩小時，他會出門再跑一陣子。當他參加比賽，他不用戰術或策略，他只是使盡渾身的力量，能跑多遠有多遠。這樣很魯莽，可能會受傷，即使他得了冠軍。但這樣很勵志。這是真心勝過大腦。而有鑑於此，每個在所有那些Youtube影片中看過他跑的人，都會發現自己為他加油。

＊＊＊

我覺得全身都被激勵了，一等雪停，我便準備回到山下，通過厚厚的積雪，從岩石伸出、長得像恐龍牙齒的冰柱下方經過，回到樸實溫暖的馬尼溫泉，回到我的租車上。

在我趕搭往舊金山參加米沃克一百公里耐力賽的班機之前，我還有一個緊湊的下午，可以拜訪科羅拉多的跑步小鎮：波德（Boulder）。這座明亮、獨特的大學城是數十位世界頂尖長距離跑者的故鄉；不只是超馬選手，也有田徑與馬拉松明星。

我第一個停留點是距離市中心大約二十個街區的安靜郊區，這是那種孩子們下課後會騎腳踏車閒晃或在前院打籃球的地方。在一條條綿長、夾道行道樹的盡頭，洛磯山脈拔地而起，就像是海報店裡販售的烈日下的洛磯山脈海報一樣。

我來到一位人造義肢專家的房子，他正在為當地的超馬選手戴夫．馬凱（Dave Mackay）修正一隻新的義肢。我在已經被改成工作室的車庫裡找到他們兩位。

「請進。」人造義肢專家說，在成堆備用的義肢裡，他拉出一張椅子。「你要坐嗎？」他們兩位都站著，所以我婉拒了：「不用了。」

戴夫現年四十七歲，二十年來是美國超馬界的巨人，贏過的頂尖賽事有一卡車這麼多。二〇〇四年與二〇〇五年，他是美國年度田徑與越野超馬跑者，二〇一一年，《超級馬拉松》（*Ultrarunning*）雜誌封他為北美年度超馬跑者。然而，二〇一五年他在道路盡頭的那座山脈中跑步時，他腳下的路基塌陷，他從一個山脊跌落。

經過一年半的手術、反覆的感染與不斷的疼痛，他左腳膝蓋以下截肢了。他說，截肢是他的決定。他的小腿已經經過十三次不同的手術，不斷受感染的困擾，而且骨骼和肌肉的移植也不成功。掃描顯示打進脛骨的一根鋼釘會滑動，他仍然需要拐杖才能走路。

「截肢不會是一位骨療醫師的首選，」他說著，臉上帶著一半的苦笑：「但身為醫師的助理，我知道另一種選擇牽涉的問題：那基本上是經年累月痛苦的重建工作，而且不太可能成功。」

戴夫亟欲回到跑道上，他認為截肢是實現這個願望最快、最保險的方法。「我知道有截肢者爬上珠穆朗瑪峰，」他說：「所以我知道活躍起來的機會很高。」

當戴夫試穿那隻較緊而合身的新義肢在房子外面的馬路上小心翼翼地前後跑時，他的骨療醫師告訴我，她主要的工作是讓他慢下來。

「大部分像他這種情況的人會比較沉默寡言，比較謹慎。」她說：「手術後來幾個月，他已經在步道上跑步了。超馬跑者的心態一定很特別，讓他們可以超越疼痛。」

「沒錯。」戴夫經過時說。他的決心開始動搖了。適應義肢的時間一樣漫長，他似乎很沮喪。

「這比我想的還困難，」他說：「我想像幾個星期後就可以出門慢跑了，但其實花了更長的時間治療，而且我得找回我的肌肉記憶……我甚至有六個星期都沒有讓身體承重。」

「我還在想滑雪下坡的事，」他說，彷彿他還沒滑過極困難的滑雪道，令他感到很驚訝。「但這應該不會是個問題。」

對於跑步，戴夫仍然有他的目標。他說，他想要跑萊德維爾系列賽——一系列共六場比賽，以著名的萊德維爾一百英里耐力賽為最高點。「不是為了得冠軍。」他傷感地補充說，彷彿這需要說明。他還在重新適應中。

我問他是什麼驅使他繼續跑步，即使在他發生意外之後。

「我喜歡戶外活動，在丘陵裡，」他說：「這為我帶來很多的能量與成就感。」對一個在失去一隻腳後仍然嚮往繼續跑步的人而言，出門跑步的吸引力必然非常強大。他曾經是受到競賽的驅使，努力要贏得比賽。但是對戴夫來說，就像札克一樣，跑步顯然超越了只是移動、比賽、流動狀態的動作。「冒險占了很大的一部分，」他補充說：「探索與體驗山裡每一天的變化。還有和朋友一起出門。我想，跑步的獎賞仍然太大，我無法停下來。」

***

在抵達波德的前幾天，我很快寫了訊息，發送給所有我可以在線上找到的住在這座城市裡的超馬跑者。當中的幾位，因為我免費咖啡的吸引，答應來和我碰面。所以，處理好義肢問題後，戴夫與我進了「笑笑羊咖啡店」（The Laughing Goat），裡面坐滿了帶著筆電、用一杯咖啡消磨整個早上的年輕人。

我們第一位見到的跑者，我早已久仰大名。當人們告訴我，近來超馬界最大的改變，是這些年輕、跑很快、先前即為大學選手的跑者全加入了這項運動時，他們總會提到「像薩奇・卡那代（Sage Canaday）這樣的年輕人」。

「我沒那麼年輕。」薩奇一邊坐下來，一邊笑著說。他今年三十一歲。也許因為有一些日本血統，加上吃素，讓他看起來比實際年齡年輕一點。他剛贏了「索諾瑪五十」（Sonoma 50），這是一場在加州舉辦的五十英里大型超級越野賽事。

薩奇一畢業就成為一位職業跑者，在三年內都是參加路跑，二〇一一年時創下他的個人馬拉松最佳成績兩小時十六分。但他說，他從小就跑山路，而且一直嚮往要比馬拉松跑得更遠。

「我大學後訓練計畫的教練不讓我跑超過二十英里。」他說：「我常看雜誌，讀到North Face 50的冠軍、美國西部一百英里耐力賽的文章，看奇里安在《跑步時代》（*Running Time*）雜誌封面上的照片，我就想，這種跑步是怎麼一回事？

「比起在大城市鋪好的馬路上跑，在山裡跑步似乎有趣多了。我不會成為馬拉松的奧運選手隊員。跑馬拉松路跑也很有趣，但要把它當成一種志業更困難。」

薩奇年輕、迅捷、帥氣，在社群媒體上一炮而紅，有一大群人追蹤他的影片部落格，他會在影片裡談他的訓練、比賽、飲食，並且分享祕訣與建議。這些對贊助商而言，全是很大的吸引，因而薩奇以他的專業教練方法，成功讓超馬成為他的志業。

雖然贏得比賽，他說獎金其實不多，不像馬拉松。「美國西部耐力賽沒有獎金，」他說：「但贏一場比賽可能價值成千上萬美元的獎勵以及新的贊助，足以改變你整個生涯。」

和ＵＴＭＢ一樣，他說：「第一個贏得ＵＴＭＢ的美國人，嗯，可能值得一個很優渥的合約延長、加碼的薪水，也許還有一萬美元的獎金。」

我們的話鋒一轉，談到了尷尬的禁藥主題。薩奇在超馬運動中，以大聲疾呼反對禁藥出名。

「在超馬界，我們從來不曾接受檢測，」他說：「我們很容易躲進山裡訓練，永遠不接受檢測。」

他說，他至今只被檢測過一次，是在ＵＴＭＢ，但他說那不是抽檢，因為他們檢測所有的菁英跑者。「麥可．瓦迪恩（Mike Wardian，一位超馬跑者）告訴我，『他們會在ＵＴＭＢ的前一天抽你的血，所以你事先就知道。』」他解釋說：「每個人都曉得檢測時間到了。但ＥＰＯ是你在比賽前好幾個月就在服用的藥，這段期間正在做重要訓練，然後比賽前一個星期，你只要停藥，就不會被抓到。只有白癡才會全身都是ＥＰＯ的去參賽。」

薩奇說，和缺乏檢測一樣，還有很多刺激會助長禁藥。「對頂尖跑者來說，這是數萬美元的賭注。你會獲得到世界各地旅行的預算，你能讓跑步成為志業，這些對頂尖跑者而言可說是獲利豐厚。」

「一般的美國超級越野跑者、成績中段跑者，都認為不會有人在超馬運動中服用禁藥，因為沒有足夠的金錢誘因；但他們不知道，當中的金錢誘因很大。」

戴夫一直聽著，靜靜地跟著點頭。「這也是一種上癮……保持優秀的表現、得到社群媒體關注、名聲，尤其是現在，社群媒體可能是最強勢的力量。」

薩奇同意。「回到你的自我問題。的確有對金錢貪婪的部分，但還有自我、社群媒體的追蹤、文章報導……加總起來，讓人很容易偷嘗禁藥。」

講到超級馬拉松時，社群媒體出現的次數就會增加，這一點很有趣。這似乎有點不協調。超級馬拉松是一種會帶你進入痛苦煎熬深淵的運動，以致於你必須號召一股很大的集氣力量與堅定信念，讓你撐下去，繼續努力到終點。當然，如果只是為了線上的榮耀，當你第一眼看見麻煩的徵兆時，很可能就打退堂鼓了。或者，也許這是為什麼很多超馬賽事中途退賽的比例很高，很多比賽通常有將近一半的人沒有抵達終點。

為了了解社群媒體的重要性，我想最合適的作法就是在一個很大的臉書超馬社團張貼一則訊息。我立刻發現自己淹沒在連珠炮似的回應裡，很多人說，雖然社群媒體與Strava——能公開分享訓練結果的GPS檔案的應用程式——扮演一部分的角色，他們跑超馬的真正原因，是為了挑戰自己，找到自己的極限。有些人說，他們在網路上的貼文不是為了炫耀，而是要鼓勵其他人，向他們展現可能性。

一位住在新墨西哥州的人說：「如果我可以從一個肥胖的酒鬼變成一個健美的耐力跑者，任何人也可以。但我不騙你，從我朋友和家人說出的『很讚』，絕對很有鼓舞作用。」

賽事總監史提夫·迪德瑞屈說，他認為在運動裡，社群媒體的角色是正向的，它會激發人們的想像。「人們看到朋友的照片，他們會想，『哇，我也要做這件事。』」他說。他相信，人們傳播這類的話，互相鼓舞，至少部分助長了過去十年超馬運動的興盛，這與同一時期裡社群媒體力量的蓬勃發展正好互相呼應。

許多對我的臉書貼文的回應，提到他們第一次受到激勵去跑超馬，就是在社群媒體上看到的故事。一則典型的貼文說：「最初就是社群網站讓我掉進這整個黑洞。我跑了第一場超馬，因為我在臉書上看到，覺得它似乎很有趣。」

對一些人來說，社群媒體甚至幫助他們在比賽中繼續跑下去。來自英國的海倫·詹姆斯（Helen James）說，雖然她不是只為了在網路上吹噓而去參賽，但有幾次在比賽中想要退賽，但一想到「這在臉書上給人什麼觀感？」她便繼續撐下去。

超馬教練雷恩·納波（Ryan Knapp）相信，網路炫耀對這項運動的普及扮演「巨大的」角色。「超馬是一種新型態的馬拉松，」他說：「人們喜歡當烈士。他們想要出門，吹噓這有多麼『史詩級』，或者他們怎麼完賽的，即使斷了腿、脊椎散了。比起『我跑得很好，順利完賽』，曲折的故事比較好聽。」

對某些人來說，這些可能太超過了。一位來自康瓦爾郡（Cornwall）的人說：「過去我因為社群媒體，在自己身上加了太多的壓力。我以為貼文會讓人們想，『哇，看看她做了什麼』，但相反地，大部分我渴望成為的人，根本都不在乎。我已經不再於賽前或訓練時在社群媒體貼文，我已經看到當中的好處了。我在星期天參加比賽，享受當中的每一分鐘。沒有壓力，沒有社群媒體的貼文。」

雖然有這些陷阱，社群仍然幫助一些像薩奇・卡那代這樣的頂尖跑者從這項運動中開創出一項事業。「當我從路跑轉向超馬，」他說：「我的社群媒體頻道呈指數型成長。當你從事超馬，你的利益大很多。如果你在美國只是一位兩小時十六分的路跑跑者，沒有人會真的在乎你。」

即使是札克，雖然他對這項運動採取低技術策略，也會固定在Instagram上貼文。

「超馬迷喜歡那些山區的照片，」薩奇說：「如果我在一座山頂上自拍，會比一張在跑道上跑步的照片多很多讚，即使跑道上的訓練可能一樣辛苦，或者一樣重要。」

薩奇正計畫幾個月後在UTMB上大顯身手。我問他的目標是什麼。

「首先是完賽。上次我在領先群裡，但摔了一跤，需要縫線。我試著服用一些抗生素，但下山時非常痛。」因為沒有馬路通達，他們得叫一臺直升機來救他。「真是很難堪。」他說。

「所以，第一個目標是不要跌倒，不要縫針。然後，是要贏。這是最終的目標。這是全世界史上競爭最激烈的超級越野賽，而且沒有美國人贏過。那場面真是盛大，是最大型的比賽……我的意思是，你會在這裡參加像是西部耐力賽的一百英里賽事，但是在UTMB，那裡有更多更多的觀眾、媒體、跑者——澈底完勝。」

＊＊＊

在波德，飛往我的第一場資格賽、排隊參加著名的UTMB之前，我還有最後一位受訪者。她的名字是希拉蕊．艾倫。喝了太多咖啡，我有點發抖，但希拉蕊精力充沛，活力十足，臉上一直帶著微笑，對每件事都很感興趣，我想她沒發現我有點不對勁。

希拉蕊是二〇一五年美國高山越野超級錦標賽（Skyrunning Ultra Champion）的冠軍，目前也在高山越野世界系列賽中領先。她恰好也是札克．米勒的前女友。我沒去探聽他們分手的原因，或者是否是因為札克住在遙遠的山腰。相反地，我第一個問題是她是如何開始跑超級馬拉松。

她之前是網球選手，跑步只是她維持身材的方法，這時，一位她認識的超馬跑者開始注意到她在山區的耐力很強，因此收她在門下。「我只是剛好有這方面的本事。」她說。

與札克和薩奇談話，知道他們如何從超馬運動賺錢養家後，我也很想知道希拉蕊是否也認為這對女性的超馬跑者很容易。雖然她在世界的排名很前面，她在波德一間小型學院還有一份教職工作。

「噢，那是一份很好的工作。」她一邊說，眼睛瞇了起來：「今年我擔任一個有趣的職位——而且，這是一個敏感話題，因為運動員不被允許揭露他們拿到多少錢——但是我今年前三個月沒有合約在身，所以我可以跟不同的贊助商與不同的人討論，了解目前的狀況，所以下面我要說的不是我的想像，而是確有其事：如果你認真比較我的成績和一個成績與我相仿的男性運動員，十次有九次，他會拿到比我多很多的比例——甚至是來自同一個贊助廠商。」

她這麼說，部分是因為男性超馬運動員較多，但她指出，如果女性運動員較少，那不就表示女性市場有更多的成長潛力？我也發現很奇怪的一點，男性似乎不受女性超馬跑者的鼓舞。希拉蕊點頭，幾乎發出嘟囔聲，還把咖啡放下來。

「還有一件有趣的現象：當我參加比賽跑進前二十名，有時前十名，也曾經在一場超馬賽中奪得整體的第三名。我的意思是，史蒂凡妮．侯威（Stephanie Howe），她屬於North Face團隊，她剛一舉贏了一場比賽。然後還有……噢我忘了她的名字，但她贏了硬石耐力賽，那是全世界數一數二困難的超級馬拉松。」我想她指的是硬石一百耐力賽女子跑道的紀錄保持人黛安娜．芬克爾（Diana Finkel），她於二〇一〇年拿到總體名次的第二名。其實還有許許多多女子選手贏得大型超級馬拉松總體名次前幾名的案例。例如潘．里德（Pam Reed）於二〇〇二年和二〇〇三年贏了兩屆的一百三十五英里「惡水」超馬，跑過加州的死谷。最近住在丹佛的柯特妮．島瓦特（Courtney Dauwalter）硬是贏了「莫阿布二四〇」（Moab 240）超馬賽，以十小時的差距擊敗男子選手的第一名。二〇一九年一月，賈絲敏．巴利斯（Jasmin Paris）在二百六十八英里的中央山脊比賽——英國極艱困的超馬賽之一——以十二小時的差距打破男子選手創下的紀錄，因而登上英國報紙的頭版；途中她還在補給站停下來為她十四個月大的小女嬰擠奶。在完賽後二十四小時裡，她回到家、睡了一覺，完成ＢＢＣ的電視專訪，這時第三位男子完賽者——全部有一百二十六位參賽——才跑過終點線。

超級馬拉松絕對是女子選手與男子選手最能參與平等激烈競爭的運動項目之一——她們的努力未能得到平等的獎勵，更令人覺得百思不解。

在我的美國行之前幾個星期，超馬網站irunfar.com發表了一項針對這個主題的調查。作者吉娜．魯奎茲（Gina Lucrezi）將一份問卷寄給美國與西歐上百位頂尖的男子與女子超馬跑者，確認兩種性別的受試者的成績、社群媒體號召力與比賽型態都相近。這些跑者以匿名的方式回覆問卷。

調查的結果即使不算令人意外，也夠驚人。受試的女子選手中，只有百分之三十每年從跑步賺得一萬美元，而相較之下男子選手則有百分之七十。

另一位波德的頂尖超馬跑者克萊兒．加拉佛（Clare Gallagher），也是著名的萊德維爾一百耐力賽先前的冠軍，當我在笑笑羊咖啡店喝了太多咖啡時，她剛好出遠門，但她寄電子郵件給我，分享她對這些事的想法。她直言不諱地說：「整個支付差距就是胡搞，因為這是這項產業長期的歧視，他們的腦袋裡缺乏前例，以至於只知道設下一個愚蠢的、充滿性別歧視的前例。這對這項運動來說，是件丟臉的事。」

她是對的。超馬世界沒有不平等的歷史需要克服。作為一項年輕的運動項目——至少從任何商業價值的角度來看，是年輕的——它有機會從踏出正確的一步開始。但這個機會錯過了。

有趣的是，這份問卷也問選手他們想要拿到多少酬勞。結果只有百分之五十一的女子選手說她們希望每年能超過一萬美元，而男子選手則有百分之八十五。這回到札克的觀點，這個超馬的新領域似乎沒有人主導，而薪酬的規則也不明確，你的價值就純粹是一位贊助商能支付給你的代價。男人在協商方面比較強勢嗎？他們是否傾向高估自己的價值？

希拉蕊點點頭。她得回去教一堂課了，但她很快地回答說：「這回到性別角色與我們如何被教養的問題；男生被教導要強勢，知道要求……我的意思是，我的合約拿到較多的酬勞，是因為我要求這樣，而且我請一位律師全程幫我爭取。但我認為較少女性願意這麼做。」

說完，這位世界頂尖的超馬好手得趕回去工作了。這時，我收拾好我的袋子，付了錢，慢慢穿過波德市中心陽光普照的街道，經過穿著連身背心褲、唱著鄉村與西部歌謠的一家子街頭藝人，素食的炸豆泥點心店，回到我的租車上。我的下一站是另一個超級馬拉松聖地：舊金山灣區，以及我的第一場一百公里賽。

班機降落在舊金山，一位有著濃密深色頭髮、戴著眼鏡的男人來機場接我，他的T恤塞進牛仔褲裡，握手相當有力。這位是蓋瑞．吉林（Gary Gellin），一位加州的頂尖超馬好手，也是米沃克一百公里耐力賽之前的冠軍。他和他的太太荷莉（Holly）一起來，她說話很輕柔，而且聽起來覺得蓋瑞很會搞笑。他們同意讓我在加州的這段時間住在他們家裡，蓋瑞似乎很樂意協助我做這本書的調查。

我們開車返回馬林郡（Marin County），進入加州北部沿岸山脈的山腳時，荷莉讓我坐在前座。蓋瑞與荷莉住在米爾谷（Mill Valley），這裡有著大露臺的木屋錯落在紅木樹林的山丘上。

這裡是另一個跑步國度。美國歷史最悠久的越野賽——迪普西越野賽（Dipsea Trail race）

——就是從米爾谷的大廣場開始的。這是一場長七點五英里的讓分比賽，跑最慢的跑者可以先跑，雖然比賽是沿著一條崎嶇陡峭的固定路線，但容許抄小路，使得整場比賽既混亂，又刺激。這場比賽最早是於一九〇五年舉行，終點是附近的史坦森海灘（Stinson Beach），也是幾天後即將舉行的米沃克一百公里耐力賽的起點。

從他們房子的後窗，蓋瑞與荷莉兩人用餐的小餐桌處，可以看見遠方的金門大橋。視野很好，蓋瑞對此相當引以為傲，經常指給我看。

我們一到家，蓋瑞套上他的圍裙，迅速煮出了晚餐。他的廚藝相當好，對於自己對每件事有一套精準的系統十分得意。

除了一大碗羽衣甘藍、藜麥配堅果、奶酪，以及其他數不清的食材——最後我們一連吃了三天才吃完——他捏製了一批他的「蓋瑞知名能量棒」（Gary's Famous Energy Bars™）。這是他自己精心研發的食譜，每樣食材都有精確的分量，從南瓜籽、杏仁片，到櫻桃乾、黑巧克力片和花生醬。

「花生醬必須夠油。」他一邊說，一邊用他的手腕以誇張的手勢轉開了一個新的超大罐頭。「有時候，如果不夠油，我得自己添加一些花生油。」

接下來的幾天，每個來家裡的人都會帶走一些這種活力滿點的能量食物磚。

蓋瑞一面煮飯，一面告訴我所有住在這一帶他認為我應該去拜訪的跑者。「吉帝米納斯．葛林尼亞斯（Gedimina Grinius），」他說：「現在這個傢伙很危險又令人期待。去年他在ＵＴＭＢ跑出第二名。他之前是伊拉克的獸醫，他用跑超馬來撫平創傷後症候群。明年我要協助他參加『太浩湖岸ＦＫＴ賽』（Tahoe Rim FKT）。我有他的電子郵件信箱。」

「葛林尼亞斯？」荷莉抬起頭來說：「沒錯，你應該訪問他。」

「荷莉，說到與惡魔打交道的人，我得帶他去見卡特拉（Catra）。她以前是一個藥頭，被逮捕過之類的，全身是刺青、藍色的頭髮、只吃水果，在Instagram有上百萬名追隨者。她似乎每隔兩星期跑一百英里。她沒有跑贏過比賽，她也跑不快，但她鼓舞了很多的人。」

他愈講愈興奮。

「還有，你得去拜訪亞當．坎培爾（Adam Campbell）。」他說話的時候，想起一件往事，咧嘴笑了起來。「這個傢伙在參加硬石賽時被閃電擊中，最後還得到第二名，落在奇里安後面。厲害。我有他的電子郵件信箱，我寫個訊息給他。」

似乎這項比賽裡的每一個人背後都有一個瘋狂的故事。有時候我懷疑，一個創傷的過去是否是加入超馬世界的先決條件。也許，跑步的疼痛有助於麻木過往的痛苦。在步道上逼迫自己全力衝刺的時光裡，也許，絕望、失落、被拒絕等，不管是什麼不好的感受，都開始軟化，被放到不同的角度觀看。有著艱困過去的超馬跑者比比皆是。目前美國跑最快的超馬選手吉姆．沃斯里是在被軍隊釋出後開始跑步，他服役時，是在一個地下堡壘的核子導彈部隊裡二十四小時輪值。雖然他在大學時代就是一位實力堅強的跑者，但他在被軍隊釋出後才重新開始跑步，以此來化解當時的低潮。當我後來在UTMB找到他，他笑著回想這段往事。他現在是超馬冠軍選手，有贊助商和粉絲，總是給人帥氣、放鬆的感覺。「回想起來，被軍隊釋出是發生在我身上最好的一件事。」他說。

蓋瑞的好朋友吉帝米納斯．葛林尼亞斯的故事，大家都知道，他本來是立陶宛人。在一次《南華早報》的訪問中，他說他離開伊拉克後可以選擇「要伏特加還是毒品，或者其他東西。所以，我開始跑步。我從來沒有計算過里程。只覺得跑起來很舒服。你穿上你的跑鞋，跑一段時間後，每件事都豁然開朗了。」

也許我的過去沒有足夠的惡魔，或是足夠的問題要克服，所以不能當一位優秀的超馬跑者。也許，當關鍵時刻到來，我不會有足夠堅強的欲望，讓自己衝進火焰裡，冀望消除我的過去、從另一邊浴火重生，以獲得全新開始，和嶄新的眼界。

舊金山灣區原來是超馬跑者的窩巢，接下來的幾天，蓋瑞把時間都留給我了，要帶我四處拜訪他所有能聯絡到的跑者，就從先前是毒癮者的卡特拉．寇爾貝（Catra Corbet）開始。

***

蓋瑞開車的時候，不斷對著他的手機語音輸入。照道理手機應該聽得出他的聲音，但它就像一隻訓練不好的狗，顯示出來的字總是和它該顯示的不同。蓋瑞不斷拿下眼鏡，瞇眼看這些字，想看清楚他剛才寄出了什麼胡言亂語，因此無法好好看路。

他寄出的訊息裡，很多似乎是為了向來自他的自行車友的一連串羞辱，捍衛他那臺新的電動腳踏車。蓋瑞是個完全行動派的英雄。除了是超馬冠軍選手，他也為大約四十人籌辦一場年度一千英里、穿越美國與加拿大西部的自行車之旅。他最近的新玩具是一臺電動腳踏車，他努力地解釋說，這臺車不是為了取代他原來的自行車，而是取代他的汽車。他現在要騎兩倍的距離。但似乎沒有人聽懂這一點。

「噢，老兄，聽聽這個。」他說完，讀出Strava上的另一則羞辱訊息，告訴他他已經把車子賣掉，否則他就是在Strava上面騙人。

「老兄。句點。空白鍵。我已經把這一段標示為電動腳踏車。句點。」他看著我，搖搖頭。「你會喜歡卡特拉的，」他說：「她很瘋狂。」

我們停在舊金山某個路邊不起眼的星巴克旁，大步穿過停車場。她不難發現。她端坐在路邊，穿著醒目藍色迷你裙、閃亮的綠色田徑上衣、綁著兩束紅髮。她的藍色太陽眼鏡與她的裙子和夾克很搭配，還有一隻小狗窩在她的大腿上。她有力的兩隻腿上刺滿了刺青，她的臉上穿戴了好幾個珠環。她看起來約二十八歲，雖然蓋瑞向我保證她已經五十二歲了。

蓋瑞告訴她我的工作，說我正在採訪超馬跑者，但她似乎很害羞，和蓋瑞說了一陣子她跑步的事，後來我終於可以問她問題。她告訴我，她曾經是喜愛黑色和黑暗事物的人，而且她喜歡參加派對。很喜歡。在她因為販毒被逮捕後，她開始跑超級馬拉松。

「跑步拯救了我的人生，真的是這樣，」她說：「人們會去匿名戒酒會（Alcoholics Anonymous，簡稱ＡＡ）之類的，我不去。我復原的方法是去跑步。」

卡特拉已經（一口氣）跑一百英里超過一百三十次了。「我喜歡每個月去跑一或兩次一百英里。」她說，彷彿這是去海邊玩。而且，她並不認為這是輕鬆的事。她曾經因為嚴重脫水，幾乎無法站起來，而被拉出比賽。她也曾經因為在比賽中服用抗發炎的止痛劑而得到胃潰瘍。

「我只是比較固執，」她說：「當我決心要做一件事，我就做。像戒毒一樣。」

她說，她當時的男友把販毒的事歸咎給他自己。她躲過了牢獄之災，因為她有一份工作，而且有一臺車。第二天，她上了健身房，開始在跑步機上走路。一切就從這裡開始。

「每次我在步道上時，總覺得心情亢奮，」她說：「我喜歡自己跑。我喜歡獨處。」

她出門時身上會帶一把刀，以防遇見山獅。「這把刀主要是為楚門（Truman，她的狗）準備的，以避免牠遭到攻擊。」楚門是一隻迷你的臘腸狗，有時候會跟著她跑，但大部分是背在她的背包裡。從她開始跑步至今，她說她曾遇過十一隻山獅。「但我們從來沒有被攻擊。」

坐在這座城市郊區不起眼的路邊星巴克，她看起來像是從另一個世界來的。在她全身上下都是極端的，她的風格、她的故事，以及她眼中的世俗外表。事實上，這種態度其實正是以她最喜愛的引言，以刺青的方式刺在她大腿上的頭骨與蝴蝶翅膀之間。它寫的是：「只有願意冒險走更遠的人，才可能發現他可以走多遠。」

蓋瑞看著他的手錶。我們的行程很趕，得在這個郡裡東奔西走，拜訪超馬選手，同時也要進行蓋瑞的慈善工作。他全都仔細規畫好了。我們就像兩列日本火車，一秒不差地準時離站和到站。然而，當我要向卡特拉告別，繼續我們的行程時，我不禁又懷疑起我是否具有一位超馬跑者的特質。

「我們到了。」蓋瑞說，這時我們把車子停進一間大型超商的員工停車場。現在差不多是中午，太陽正火力全開地照在大地上，把每樣東西都染成加州的白色。我們跳出車外，從後面的貨物入口進到店裡。蓋瑞急忙走過盒裝或盤裝的蛋糕區，向人們點頭，在走道上邊走邊揮手。我試著追上他。

我們找到了經理，一位穿著白色實驗袍，看起來有點疲累的女士。

「嗨，」她說：「你來拿過期的東西嗎？」

蓋瑞來搬已經超過銷售期限的食物，把它們送到慈善機構，機構再把它們交給需要或無家可歸的人。這是一件很有價值但頗累人的工作，尤其是在一場超馬賽的前兩天。

這家店今天能提供的食物超乎平常的大量，所以我們推著滿載的推車出去，蓋瑞把它們放進車子裡。餐包、蛋糕、起司。更多的蛋糕。在太陽底下快要融化了。

蓋瑞塞進最後一批物品，費了一點力氣把後車廂關上。接下來，我們要去見一位名叫史考特・丹拉普（Scott Dunlap）的傢伙。我們看見他的時候，他正坐在一間感覺像是這座城市新潮區的咖啡店外面。

到現在，我已經習慣聽見超馬跑者有著瘋狂的過去，尤其是在美國這個地方。所以，當他開始告訴我，有一次比賽的前一天，他在洛杉磯一場饒舌歌手傑斯（Jay-Z）演唱會的後臺把大麻交給小賈斯汀（Justin Bieber）和凱蒂・佩芮（Katy Perry），我只是點點頭。顯然，大麻在加州是合法的，它對超馬跑者是很好的復原工具，而丹拉普曾經以提供大麻為業。

「要從一次超馬中恢復，最好的方式就是躺在沙發上放鬆，拿一些吃的東西，然後把全部六集的《星際大戰》電影看完。」他說，他笑得很開，我看不出來他是不是跟我胡謅。我不覺得是胡謅。

「這技術上不是服用興奮劑嗎？」

「當然，這在檢測時會顯示出來。但我知道有些頂尖選手在比賽時，每兩小時就服用一次布洛芬（Ibuprofen）。這是服用興奮劑。我吸大麻有任何道德上的內疚不安嗎？我要參加的下一場比賽，主辦單位從五十英里處開始提供大麻。所以，這要看比賽總監的態度，我是這麼看的。如果這是一場符合『世界反運動禁藥機構』（World Anti-Doping Agency，簡稱WADA）規定的比賽，我會遵守規則。」

他往後躺在椅背上，啜飲他的咖啡——喝咖啡也曾經被認為是強化興奮劑，直到二〇〇四年之前，WADA才將禁令解除。「你知道嘛，跑者的亢奮感覺就像是吸食大麻的正面亢奮，不同的是，跑者的亢奮會持續到第二天。但你刺激的化學反應是一樣的。」

也許這是我們跑步時全都在追求的：亢奮。有些人服用禁藥，有些人在超馬中競賽。有些人兩者都做。

我問的每一個問題都會帶出另一個瘋狂的故事。即使是他如何踏進超馬這個最簡單的問題，最後都以一個九一一的故事和一宗恐怖的謀殺案做結。

「我最早是在二〇〇一年開始參加越野跑步，」他說：「當時我在矽谷的工作沒日沒夜地，而因為某種因緣，我與紐約雙塔的恐怖攻擊擦身而過。事情是這樣的，我通常會飛往紐約世貿中心與投資者開會，但就在事件的前一個星期，我辭職了。我本來應該在那間辦公室裡的。我們所有的投資人都死了。我太震撼了，所以休息了一段時間，找一段時間沉澱自己。我是在這時候開始參加越野跑，目的是重新找回健康，並且從事某種能滿足靈魂的事。」

丹拉普四十歲時，他的第一個小孩出生，這時他才開始正式的訓練。幾年後，他就被封為美國年度超馬選手專家。他最近在全國五十英里錦標賽中贏了他那個年齡組的冠軍。他說，他偏愛較短距離的超馬，而且仍定期跑馬拉松路跑。「我恨死一百英里賽了，」他說：「但我每年跑一場。為了旅行。」

他又向後躺在椅背上，午後的陽光把整條街浸在淺黃色的陽光裡。

「跟他說那個英國人的事。」蓋瑞說。史考特點點頭，好像他剛聽懂了。

「我最後獲得了Inov-8運動鞋公司的贊助。是透過一位英國人羅伯·布朗（Robert

Brown）介紹的，他是一位有天分的高地路跑者，也是英國航空的一位機師。他飛倫敦－舊金山航線，經常來參加本地的越野賽，讓我們吃敗仗。我邀請他來睡我們家的沙發。他有這些很棒的跑鞋，所以他買一雙給我，我很喜歡。後來Inov-8來到美國，他們看我已經在穿他們的鞋，便把我加入他們的菁英隊。沒想到，後來羅伯．布朗被判刑，罪名是謀殺妻子並把她埋在後院裡。」

***

兩天後……

我坐在蓋瑞家的前庭。街道上靜得像一幅照片。現在是凌晨三點三十分。一輛車緩緩開過來，停在我坐的地方的前面。我走過去，開了車門。蓋瑞的另一位跑友哈爾（Hal）正躺著低低的，小聲地聽著「金屬製品樂團」（Metallica）的專輯。他不安地點點頭，一臉嚴肅。我進了車。

車子上坡，繞過陸岬，到比賽的起點史坦森海灘。我們一到，哈爾就下車走了，自己前往比賽地點。我則跟著熙攘的人群，摸黑來到一個木造社區中心外面的起跑區。

半個小時後，在我大約重綁鞋帶六次後，我們聚集在標示著米沃克一百公里耐力賽正式起跑點的拱門下方。大約有四百人擠在那裡，到處都是頭燈晃來晃去的，等著出發。比賽總監站上一把椅子，跑者的尖叫歡呼聲稀稀落落。我們此刻可沒什麼心情歡呼。

「好的，剩下二十秒，」她說：「好好享受吧。準備倒數了嗎？十、九、八……二、一，出發！」

我先拖著步伐。我的主要任務，尤其是起跑的時候，是保持體力。這場比賽的距離幾乎是我曾經跑過最長距離的兩倍，所以我不知道會遇到什麼情況。可能哪裡會折斷，或者痙攣，或者可能會被折磨到不得不停下來。保持體力是關鍵，所以從起跑後，即使是只有一點陡的地方，我都是用走的。我們幾乎是成一縱隊爬上著名的迪普西步道，我們的頭燈形成一條長長的燈串，串接在群山間。我聽見附近的人說話。「傑克？是你嗎？還好嗎，老兄？」我繼續專心在步道上。這裡已經很多上坡了。大部分是在丘陵地上切出的臺階。

到山頂時，天幾乎亮了。當我們一個一個靜靜通過，有個男子站在那裡，用他的風笛迎接這一天，這時步道開始向下蜿蜒，我們加快腳步，振作起來。

我們到達第一個補給站，比我預期的時間還早。西瓜吃起來很香甜。我吃了幾片，然後繼續。又到了上坡，我們以之字形爬上陸岬頂，可以俯瞰金門大橋和舊金山市區的摩天大樓。伴著早晨的雲霧，景致真的很美，但我幾乎無暇欣賞。這裡的下坡布滿岩塊，需要我全神貫注。

第二個補給站是在十八英里處。我輕鬆地抵達那裡，拿了更多的食物來吃，這次我休息了一會兒。我覺得還好。當然，很疲累，但還覺得相當有力。我的胃有點作怪，我希望不會變得更糟。我真的很需要練習邊跑步邊吃東西。

我也在下坡時著實感覺到石頭和堅硬地表。我的鞋子相當薄，而那些其他人穿的加墊Hoka鞋看起來令人嫉妒地舒服。也許最後不行的可能是我的腳。選錯鞋。

我發現自己在野外上上下下，忽快忽慢，在和緩的上坡和下坡中超越其他人，但在任何一個走路區段裡，似乎都是比賽中最慢的人。我和一位來自加拿大的傢伙聊了一下，他也是第一次參加一百公里賽。「我知道我的身體可以完成這場比賽，」他說：「我只是希望我的大腦也可以。」

在大約三十英里處，我們遇到比賽中最長的上坡之一，名副其實地叫做「心血管丘」（Cardiac Hill），突出於太平洋四百一十三公尺高。我開始跑一分鐘，然後休息一分鐘，但才跑一半，所有的生命力都被吸乾了。我起初並未發覺，只是想用走路的方式休息。這似乎很合理，應該要保留體力。在我的想法裡，這是一種防範措施。

過了一陣子，一位站在步道邊的傢伙大聲喊：「再轉一個彎，這個要命的山丘就過了。」我不禁苦笑。他很懂。轉角處，補給站就到了。噢，天啊，這西瓜吃起來簡直人間美味。我抓了更多片，把它們蘸在一盤鹽巴上吃，如蓋瑞建議的。嘿，蓋瑞來了。

「芬恩！」他看起來又像驚訝，又像不太驚訝。「還好嗎？」

我搖搖頭。「累死人了。」我說。

現在是三十二英里。想想這個距離，我現在還好。蓋瑞總是熱心地想介紹這一帶的超馬選手讓我認識，他呼叫一個男子幫忙拿些食物來。他的名字是派迪．歐里瑞（Paddy O'Leary）。

「派迪，這位是芬恩，他是英國人，你們兩個會合得來。」

「啊，我不確定耶，」派迪用他濃重的愛爾蘭腔說：「四百年的鎮壓和一堆爛帳。」但他笑著。我告訴他我的母親來自都柏林。我的父親同樣來自愛爾蘭的高威（Galway）。他只是友善地微笑著──這裡每個人都是愛爾蘭人。

沒錯，我最好趕快出發。然而，接下來的賽道又是綿延的丘陵，開滿了野花，我遭遇到瀕死的地步。現在每一個路段都感覺很艱難，即使是平坦的路段。下坡讓我的腳痛，我覺得自己快要跌倒了。即使是單純走路也很累。我之前有過這種感覺，是在馬拉松快到終點的時候。情況不妙。你整個身體都在拜託你停下來。你的兩隻腿、兩隻腳、你的背……全身都在抱怨。連我的兩隻手臂都發痛。

但我還不曾在距離終點還有二十八英里時出現這種感覺。而且現在已經接近中午，天氣愈來愈熱。野草如茵的山坡上有濃厚的花粉，陽光像利刃一樣尖銳。

超馬跑者經常說他們多麼喜愛這一部分，多麼期待痛苦潛入的那一刻，當風暴降臨來挑戰他們。他們全瘋了，我想。你怎麼可能想要這種感覺？當思緒一來一往，準備決一死戰，我開始搖擺：**我天生不適合這個，我為什麼做這件事？我應該就這樣停下來。整件事根本沒有意義。**問題是，這些想法很有道理。此刻，確實感覺毫無意義。我試著想起我為什麼要在意。

超馬跑者也喜歡講到征服山脈。他們說，這是你和山脈的競爭。我看著山。但是山屹立不搖。當我在它綠草如茵的步道上掙扎前進的時候，它矗立在那裡，寧靜而且冷漠。山脈沒有回擊，而且我和這座山也沒有瓜葛。我們可以一起輕鬆地躺下來，當好朋友。

如果要對抗，是我和比賽單位的對抗。為什麼他們讓我們跑這麼陡的小徑？該死的他們，他們像是故意挑了最難跑的路線，好讓他們可以宣揚他們的比賽有多難。就為了他們吹噓的權利，我來這裡要我的命。

當然，首先是我選擇參加這場比賽。前一天晚上，我送了一則WhatsApp訊息給我的家人，附上我的比賽號碼牌和簡單的圖說：「救命！」我的大女兒萊拉回應說：「哈哈，是你自己的錯。」這不是我期待要聽到的，但她說得對。這是我和我自己，而不是和任何人的對抗。但現在我在這裡，不知怎地忘記了，我必須要完賽。

慢慢地，痛苦地慢慢地，一英里一英里地過了，陸陸續續有人從我身邊跑過。如果還可以，在我咬緊牙關再次開始龜速前進之前，我試著跟上每個從身邊跑過的人幾分鐘。有些人似乎已經對這個世界無法聞問了，像僵屍一樣經過我身邊，就連表現友善的一句招呼語都敷衍帶過。有些人很沉穩，自顧自地跑步，也給我一些鼓勵。有些人一起邊跑邊聊天，彷彿他們是假日出來晃一晃，正討論著房貸或是假期。在我的狀態幾乎整個慘到不行時，兩位超過我的女子選手正在討論威尼斯的飯店價格，聽起來格外刺耳。

四十六英里時，路線沿著一個大山丘下坡，然後得再直接往回爬上去。下坡很痛苦，但至少會比較快一點。往回爬上去的人大多用走的，我也已經決定要如法泡製。

「很棒，很棒。」他們經過我身邊時這麼說。每個人都這麼說。我知道我是一個愛抱怨的壞脾氣老頭，但這開始惹惱我了。他們不能想一些別的話說嗎？「很棒，很棒。」我沒有跑得很棒。我已經千鈞一髮，岌岌可危了。

山坡下是另一個補給站。米沃克一百公里耐力賽和很多超馬賽一樣，會請參賽者自備杯子。這是為了減少垃圾，所以你要在補給站重覆使用你的杯子，而不是抓一個拋棄式的杯子。我的跑步背包裡有一只簡潔、折疊式的塑膠杯，所以，我已有備而來——或者說我是這麼認為的。結果，它用起來很不方便，而且有點太小，但我還是在每個補給站把它拿出來，很有耐心地裝一杯水、一杯能量飲料和一杯可樂。但是在這山腳下的補給站，一位志工看見我辛苦地把水裝進這個小杯子。

「那不是杯子，」他說：「這才是杯子！」他抓了一只容量大約五百西西的不鏽鋼杯，裝滿了Tailwind（一種能量飲料）遞給我。

「謝謝。」我說，然後咕嚕嚕把它喝下肚。

***

我按計畫走回上坡。就在我的GPS手錶超過五十英里前不久。這似乎很瘋狂。我很少在一星期內跑這麼遠。我站在那裡，真的用兩隻手抱緊頭。「該死。」我慢慢吐出咒罵的話，深吸一口氣，然後繼續走。

爬了一個長坡後，我們又進了森林，這條越野道在山頂上起起伏伏的。自從我大約在三十英里處見到蓋瑞後，我經過每個上坡都是用走的，平地和下坡時則痛苦地跑一下。但現在，即使是在一小塊平地上跑都很難。我開始計算如果從現在走到終點，要花多少時間。其實，即使是這樣，仍令人感覺是場折磨——四小時，這是我算出的答案。我受不了了，我得極盡可能地繼續咬緊牙關。

然後，當我一擺一擺走著時，突然靈光一閃；在濃密、令人窒息的枝葉中，一小道光線打在一朵花上。我的眼睛剛好看見它。我看著眼前即將要到的山丘——就像我已經走過的上百個山丘中的一個，我開始想：**這其實不算什麼山丘，為什麼不試著跑一下呢**？我只剩十多英里就跑完了。雖然此刻是我一生中覺得最無力、最疲累的時候，但沒有哪裡骨折。我沒有受傷或生病。我可以為一座小山丘賭一把，只是試一下。瘋狂一下。

所以，我開始跑。一步，兩步……很好，感覺還好，我可以多跑幾步，到下一塊岩石出現時。嘿，我已經到山頂了，開始下到丘陵的另一側。

我跑下坡，很快又有另一個上坡，但我繼續跑。跑完一個山丘，繼續啊！我上坡時像一陣微風，翻過山頂，大步踏下另一邊。嘿，這樣很有趣。再次往上……

我的腿、我的腳，身體的每個部位都不再痛了。這真是瘋了。我覺得好像才剛起跑。我加足馬力，輕快地上了另一個山丘。我感覺到十六歲的自己，那時我會以全速跑過當地的樹林。不同的是，現在是一百公里賽尾聲的加州紅木林。我忍不住仰天大笑了幾聲。我正飛快地超越其他人。之前超過我的人也為我加油，但也許他們心想，天啊，那個傢伙正硬撐著，在痛穴深處。

「很棒！」我經過時他們叫著，但這次是帶著情感的。「你打敗它了！」他們叫喊著：「你過關斬將了！」

很快地，我到了最後一個補給站。原先計算至少得花八十分鐘的路程，只花了四十分鐘。

「還剩六英里，你看起來狀況非常好。」一位志工說。

「我覺得身上打了EPO。」我開玩笑說。

「你需要什麼嗎？」

只剩六英里，狀況這麼好，誰需要補給呢？六英里，從這裡，我可以用四十分鐘跑完，尤其往終點是下坡。我很好，謝謝。所以我繼續跑，沒有吃或喝任何東西。

結果這是個錯誤。大約還剩兩英里時，我再次崩潰了。最後一英里全是陡斜、樹木盤根錯節的路段，是我整場比賽速度最慢的一英里，我得爬過一棵棵的倒木，每跨出一步，我的股四頭肌就嗚咽一次。但沒有人超過我，所以我猜想每個人現在都一樣感到站不穩了。

就這樣，我撐過了，從森林出來，看見前方道路不遠處的終點。一小群人在那裡，他們一見到我的人影就開始歡呼。我勉力跑過終點線。我成功了。一百公里。我的身體曾經不聽使喚，我的心智幾乎要放棄，但一步一步地，我們重新振作起來。而且，快到終點前的八英里，我竟然健步如飛。那到底是怎麼一回事？

***

我坐在終點線，享受傍晚幾個小時的甜美時光，為其他跑過終點線的跑者喝采，與每位恰好坐在我身邊的人開心閒聊，像是一場婚禮上微醉的賓客。我心中洋溢著快樂的溫暖感覺。最後，我以十二小時多一點的時間，在這場比賽的三百七十五位參賽者中，得到第七十七名。

我找不到蓋瑞，但他已經安排他的朋友瑪格達·布里特在我準備好離開時，載我回家。瑪格達是美國前奧運選手，後來轉進超馬。回程的車上，我告訴她我那段不可思議的復原經歷。「在諸事不順的二十英里後，我覺得像一朵雛菊一樣新鮮。好奇怪。」她報以微笑，但看起來並不太驚訝，尤其是當我告訴她我在山腳下灌下的一大杯Tailwind能量飲。

但我不僅僅體力恢復，在注射腎上腺素後，我從身心俱疲變成快如閃電，從死亡變成跳起來的賽馬。查看比賽結束後所有人上傳的Strava片段，我是該路段中跑第二快的選手。

***

這全真的要歸因於那杯超大杯飲料嗎？當我看見終點時，我想到這一點。一旦剩下十英里，我便進入我能預測的範圍。我知道跑十英里是什麼感覺。在那個時間點，是否僅是我的心決定放手一搏？

我想起那位加拿大的跑者說，但願他的大腦可以做到。我知道大腦可以拒絕你，以它的負面想法為你製造問題，但是，有沒有可能是生理上的疼痛、密集的掙扎才是部分讓我的心拒絕我的原因？它有那麼強大嗎？或者，只是因為我脫水了，體能在低檔徘徊，直到我灌下那超級大杯的Tailwind？可以確定的是，每位聽我說這件事的超馬選手，沒有一個表現出驚訝的樣子。似乎這是在這種比賽裡常發生的事。

比賽完的隔天，我接到史考特．丹拉普的電話，問我情況如何。我告訴他我還剩十英里時，發生的神奇重生故事。我開始跟他說那杯Tailwind，大杯的，但他只是笑著。「這全關乎一心，」他說：「關乎一心。」

不管那是怎麼一回事，我現在已有四個UTMB點數入袋。還需要十一點。這場遊戲已經開始。我UTMB點數賽道的下一站是在威爾斯舉行的一百三十五英里環安格爾西島賽事。但是在我參加這個將再次把我推向未知領域的比賽之前，我要暫停一下我的追點之旅，去一個不把超馬視為極限或瘋狂運動的國家。在那裡，他們認為超馬根本就很普通，只是跑步而已。

「比賽從這裡開始，沿著這條路。」當我們沿著一條三線道的公路，開車離開隱約向外延伸的德爾班（Durban）市中心時，克雷格（Craig）指著車窗外說。這裡看起來不像是一個最能鼓舞人跑步的地方。現在開始進入夜晚，尖峰交通已經減緩，所以我們很快就抵達綠意盎然的郊區城市克魯夫（Kloof），克雷格把他的車子停在一個有門的私人車道前面。他對著對講機說話，之後大門開始緩緩打開。裡面是一幢寬大的殖民式房子，大樹成蔭。當我開車進去，兩隻狗從屋裡跳出來，不停地狂吠。

我來南非參加同志超級馬拉松賽，這是全世界最大型而且歷史最悠久的超級馬拉松。雖然號稱是最偉大的人類比賽，同志超級馬拉松賽卻無法納入任何主要超馬的選項。儘管是一場五十六英里的路跑，至少在南非這個地方，它的吸引力遠超過任何其他的超馬賽。即使是UTMB也無法與同志超級馬拉松賽的歷史、規模與重要性匹敵。

克雷格是同志超級馬拉松賽協會理事會的一員，他告訴我他參加這場比賽二十七次了，雖然他今年因為對報名過程有意見而沒有參加。他帶我走上幾個階梯，進入他一塵不染的整潔屋子裡，並打開了電視，轉到體育臺，然後把搖控器交給我。「如果你想轉臺，請隨意。」他說。

之後他進了廚房。我跟著他，盡可能地當一位好客人。克雷格答應我在南非期間，讓我在他家住幾天。他打開冰箱，探頭看了一下。

「你餓了嗎？」

「一點。」我說，我不確定他是否記得我吃素。我不想造成他的麻煩。他拿出幾碗他太太用保鮮膜包好，留給他的食物。

「你喜歡義大利麵嗎？」他問。

***

同志超級馬拉松賽最早是在一九二一年開始，由第一次世界大戰退伍軍人維克．克拉范（Vic Clapham）發起的。在努力重新適應從戰爭歸來的日子，而且想念軍中同袍的同時，克拉范突發奇想要辦一場比賽，從他位於彼得馬里茨堡（Pietermaritzburg）的家跑到濱海城市德爾班，這段距離大約是五十六英里。

這個想法起初遭遇不少抗拒，批評者說，如果有人嘗試跑這種距離，可能會死在半路上。但克拉范駁斥說，比起戰爭期間他的軍隊在東非行軍時的距離，五十六英里根本不算什麼，而且他認為，這種對耐力與意志力的考驗，是懷念那些死去同袍的合宜方式。

最後，一九二一年，他終於如願以償，三十四位男性在黎明時從彼得馬里茨堡的市政廳出發。九小時後第一位抵達德爾班終點線的人，名叫比爾．羅文（Bill Rowan）。我不久後會對這個名字熟悉許多。

雖然這場比賽從一九二一年起，除了第二次大戰期間的那幾年，幾乎每年都會舉辦，但是在南非種族隔離時期的晚期，當這個國家被國際社會排除在外時，同志超級馬拉松賽的規模卻呈指數型成長。由於南非國內的運動領域在這段期間既沒有奧運隊伍可以加油，也沒有國際比賽可以觀看，這場年度於納塔爾（Natal）谷舉辦的年度狂奔，便被賦予了更大的重要性。

第一位完成這項比賽的黑人跑者是一九三五年的羅伯．米查里（Robert Mtshali），但正式讓黑人選手參賽，並且納入官方成績，則遲至一九七五年才開始。雖然有人在這之前即呼籲對黑人選手更廣泛地包容但未獲採納，這項紀錄比起一九九〇年代早期才結束的種族隔離，仍早了許多。

「即使在一九七五年，我們還是得違反政府的法律，允許黑人參賽。」當時的同志超級馬拉松賽籌辦委員會主席米克・韋因（Mick Winn）說，他自己也前後參賽過十二次。「比賽經過的某一個地區拒絕讓我們路過，說是交通因素。我們把黑人跑者稱為國際跑者才解決問題。」

我和米克、他的妻子雪麗兒（Cheryl）坐在一間賣場的咖啡店裡，雪麗兒是前同志超級馬拉松賽冠軍，也是現任同志超級馬拉松賽委員會的主席。克雷格安排了這場會面，他很熱心地希望我能認識與完全理解這項比賽的歷史。和我們坐在一起的還有戴夫・羅傑斯（Dave Rogers），他年約七十，身體硬朗、活力十足，曾經跑過這項比賽四十五次，是最高紀錄。

「同志超級馬拉松賽總是能展現出這個國家最美好的那一面，以及這個國家的可能性。」雪麗兒說。一九七五年也是女性選手第一次正式被允許參加比賽，雖然第一位完賽的女性是一九二三年的法蘭西絲・黑沃德（Frances Hayward）。雪麗兒是在一九八二年贏了比賽。

回顧那些年，雖然官方禁止，但黑人與女性選手仍從大部分的同儕跑者與夾道歡迎的觀眾那裡，得到熱情的支持。鮑伯・德拉默特（Bob de la Motte）曾經三度贏得同志超級馬拉松賽第二名，也是發言反對種族隔離政策的批判者，他回憶起文森・拉卡巴爾（Vincent

Rakabaele）的故事；拉卡巴爾是一九七五年第一位正式完賽的黑人跑者。然而，德拉默特說，他於一九七四年非正式地參賽，可能才是影響力最大的。

那一年，與惠茲大學（Wits University）的白人學生一起訓練完，他們也載拉卡巴爾去參賽，而且從頭到尾當他們的隊員，他有一度還跑在最前面。「那是南非體育界與種族隔離歷史當中意義深遠的一刻。」德拉默特說：「他違法參賽，沒有比賽號碼牌，但是他跑在最前面，而且照理有機會獲得冠軍。」雖然他在終點線時落後了四十秒，德拉默特說：「他從頭到尾都受到大家的鼓勵和掌聲，而且完全沒有任何干預他出賽的行動。這項比賽的官方歷史證實，那天獲得最多加油聲的前三名分別是冠軍選手德瑞克．普利斯（Derek Preiss）、年紀最長的完賽者李．布勒（Leighe Boulle）和拉卡巴爾。」

在他的書 *Runaway Comrade* 裡，德拉默特描述了同志超級馬拉松賽在一九八〇年代的南非所扮演的角色：「一天結束後，黑人選手必須回到他們的黑人城鎮生活，回到沒有尊嚴的種族隔離，但是在十一小時的光榮時刻，每個人都受到相同對待，以尊嚴與同等的同志感離開終點線，不論種族、年齡或性別。在那個變動的時代裡，它緩解了族群緊張，而且在無意間成為社會與政治變革的黏著劑與催化劑。」

德拉默特告訴我，黑人跑者大量參賽的情況打破了許多其他的種族隔離規定，諸如分開的淋浴設施、餐廳和海灘。「當時的高爾夫俱樂部、橄欖球俱樂部、板球俱樂部和網球俱樂部都沒有黑人會員，」他說：「而跑步成為開路先鋒的成功故事。在同志超級馬拉松賽與其他週末路跑，跑步社群展現了南非社會可以如何和平運作。這一點並非無人注意到。」

一位當時與德拉默特一起受訓的伙伴與對手，黑人跑者圖拉尼．西比西（Thulani Sibisi）說，他的社群很感謝來自白人跑者的協助。「白人總是給我們支援，讓我們搭便車，因為我們沒有交通工具。」他告訴我：「跑者們通常都歡迎我們，雖然不是全部，尤其是一些南非荷蘭人，他們對我們很不友善。」

雖然能夠正式參賽是一大突破，但南非黑人跑者的命運在一九七五年之後，仍然受到種族隔離政策的干擾。西比西說，一九八〇年他就曾經在跑步時或跑步結束後被逮捕九次，只因為他身上沒有攜帶身分文件。「你想想，你跑步的時候怎麼攜帶文件？這件事非常令人受傷，我現在還會想起來。」

一九八五年一天晚上，西比西又因為在一場頒獎典禮後留在白人區而被捕，而那場比賽他跑在德拉默特後面，得到第二名。他正與他的女朋友等人來接他們，但警察把他帶走了，讓他的女友一個人留在街上。由於西比西這時候已經是一位知名的跑者，這件事在媒體上激起一陣狂怒，德拉默特在當地的《星報》（*The Star*）上寫了一篇文章中痛批警察執法過當，稱這次的逮捕事件「完全令人作嘔」。米克．韋因說他記得這個事件。他當時是南非路跑協會的主席，他說，在報紙報導後的幾天內，他接到一通來自內閣高層長官的電話，向他保證類似這種事件不會再發生。

德拉默特說，這些歷史正描繪出跑步如何發揮影響力。「跑步是黑人朋友能夠向這個國家展現他們和白人一樣優秀，而且大多時更為優秀的時刻。他們在勝利中獲得無比的榮耀，如同在路跑中從事曼德拉的志業。」

***

克雷格站在商場主要的通衢上講電話。他的電話整天響個不停。隨著比賽的日子接近，他似乎得參與每一件事，從豎立標示牌到解決賽事展覽的後勤補給問題。他得向每個打電話來的人以戲劇化的停頓與誇張的手勢，解釋他今年為什麼沒有參賽。因為在這裡，沒參賽比參賽有問題。

然而，在咖啡廳角落的餐桌邊，戴夫．羅傑斯正在跟我說他於一九六一年第一次參賽的情形。

「在那個時候，如果你可以參加同志超級馬拉松賽，你就是精神病一族。」他說：「我穿著一雙輕便的網球鞋。天啊，它讓你起一堆水泡。較年長的人說，你要帶著一支刮鬍刀片，包在你的手帕裡。這樣當你開始長水泡時，你可以把鞋子的那部分割掉。」

他印象最深的是觀眾。雖然那一年只有九十八人完賽，卻有成千上萬人出門為選手加油。

「我曾經參加過大型足球賽，現場有上萬名觀眾，」他說：「但跑到終點時，那是我從沒看過的一大群人。我以為一定發生了意外或什麼大事。冠軍選手早就過了，但觀眾仍然在那裡。我跑過一個站成漏斗形狀的圍觀群眾，愈接近終點愈窄。我感覺就像自己贏了世界盃。太神奇了。」

聽了其他以前的故事、討論他們認識的完賽者，克雷格回來了。他付了帳單，我們與戴夫・羅傑斯道別，克雷格接著很快把我戴回他家，另一位他拜託來跟我聊天的同志超級馬拉松賽傳奇，正在烈日當頭的私人車道上等我們。巴瑞・法爾提（Barry Varty）今年七十八歲，他將是今年比賽中年紀最長的人。巴瑞是另一位同志超級馬拉松賽委員會的前任主席，他已參賽三十六場，完賽二十八場。「我還需要再兩場才能得到綠色的ＤＮＦ。」他說。

「開玩笑的啦。」他看我一頭霧水，補了這一句。在同志超級馬拉松賽，當你成功完賽十次，你會被贈予一個備受尊崇的綠色號碼，並且成為「綠色數字成員俱樂部」。這是一項受到高度尊敬的成就，而這些綠色數字成員在賽事展場甚至有他們自己的貴賓區。他的笑話指的是，他還差兩場就可以得到一個「綠色」數字的DNF（Did Not Finish，意指「未完賽」）。

「巴瑞是同志超級馬拉松賽史先生。」克雷格說，他請我們坐下來，桌上的兩杯水放在同志超級馬拉松賽紀念杯墊上。巴瑞在桌上放了一大疊文件和檔案夾。他在展覽會上設置了一個歷史展，而且被現任的同志超級馬拉松賽委員會指示為這項賽事史的守護者，他顯然對此洋洋得意。

「同志超級馬拉松賽是一種懷念的表現。」他說：「有時候某項比賽的原因會稍微被遺忘，而我們希望提醒人們這一點。人們會被吸引過來，是因為它的氛圍、因為它的挑戰，但我們認為，懷念那些殞落的同袍是很重要的。這是紀念人類終極犧牲的『人類終極賽事』。」

***

這場賽事在一九八〇年代的大幅成長，部分要歸功於一九七六年開始的電視報導，以及一位留著長髮、英勇無畏的年輕跑者布魯斯．弗戴斯（Bruce Fordyce），他從一九八一年到一九九〇年間，創下了連拿九次冠軍的紀錄。

弗戴斯年復一年追上領先群、以他典型的完賽姿態全力衝向勝利的畫面，以及他在午後陽光下飄動的紅髮，抓住了成千上百萬粉絲的想像，助長這個時期的參賽規模成長了百分之一百六十四。

比賽前的週五，我在展場上走動，見到如今已白髮蒼蒼的弗戴斯坐在主要贊助商之一的工作人員區。他撥了一段時間與粉絲會面，他們大排長龍，只為了與他們心目中的英雄見個面、得到一句建議，或者一起照張相。他看起來很疲累，但還是邀我一起坐下來。

我問他受歡迎程度歷久不衰的事情。在他跑步顛峰的那幾年，必然留下相當深遠的影響。

「每個人都喜歡勝利者，」他說：「就像溫布頓網球賽。觀眾總是會為冠軍選手加油，對新選手不太友善。我在一九八一年第一次拿到冠軍時，就被大家討厭。」

那一年，他在手臂上綁了一條黑色帶子，抗議種族隔離政策。「那一年我是新手，是留著長頭髮的學生，而且我抗議隔離政策。當時還有番茄丟到我身上。」看來似乎不是每個人都認為這項比賽是種族和諧的火炬。那一年，同志超級馬拉松賽被白人政府選為南非共和國建國二十年的紀念活動。其他很多學生抵制這場比賽作為抗議，但弗戴斯認為，如果他贏了這場比賽，也許可以發揮更大的影響力。

在這個贊助商的攤位外面，排隊要見他的人愈來愈多。我應該離開了。我起身要走時，他給了我一個他整天不斷給出的建議。「開始的時候要慢，更慢一點。」他說。這是我一直聽到的。這是一場長距離比賽，慢慢來。但這可不是弗戴斯跑步時的作法。即使到了今天，有許許多多專業的隊伍和他們的支援團隊、賽前訓練營，國際間有成千上萬名選手，弗戴斯仍然是一位強勁對手。

「去年，只用時間來比較，我還可以拿到第二名。」他說。

在世界其他地方，前超馬選手在退休後可能就要回歸寂寂無名的生活，就像在科羅拉多州冰淇淋店裡的麥特・卡本特。儘管超級馬拉松在全世界成長幅度驚人，仍然是一種少數人的運動。但是在南非就不一樣了，在這裡，這場超級馬拉松幾乎是年度最大運動賽事。這場賽事的參賽人數高峰是在二〇〇〇年的千禧年特別版，當時關門時間從十一小時延長到十二小時，有超過兩萬名跑者參加。今天，南非主要的電視頻道還會播出十三小時連續不斷的比賽報導，收視觀眾約有六百萬人。

這項賽事的奇怪傳統之一，是它每年的比賽路線會在「由下向上跑」（up run）和「由上向下跑」（down run）之間轉換，在濱海的德爾班和位於內陸海拔六百公尺的彼德馬里茨堡之間對向而行。這一年是由下向上跑。

我應該要離開，讓腿休息了，但我覺得展場熱鬧的氣氛很吸引人。昨天晚上，也就是比賽前一天，我搬離克雷格的家，住進起跑點附近的飯店。我很快要回飯店小憩一下。我在從倫敦往南非的飛機上染上了感冒，從下飛機開始，就一直和感冒奮戰。睡個午覺很合理。但首先，我得先去第一次參賽者區看一下，這裡也是克雷格負責安排設置的環節之一。我在那裡找到他，他身上穿著同志超級馬拉松賽的上衣外套，正四處閒逛。

「芬恩。」他一邊說一邊與我握手，很高興我過來看看。他向我介紹每個人，包括已經參賽四十多次的長者，還有幫忙發送裝滿企業傳單、飲品和能量棒的漂亮袋子的女士。我想起自己從早餐後還沒吃東西，便試了一支黏黏的燕麥棒。

「對了，」克雷格說，他一隻手輕放在我的肩膀上，指給我看：「我想向你介紹一位你的同胞。」他輕拍一位坐著的人的背，他轉過頭來，咧嘴笑了。是史提夫．魏（Steve Way）。

「嗨。」他說。

史提夫在英國的跑步界相當有名，他在中年時從一個過重的辦公室員工與一天二十根菸的癮君子，蛻變成一位國際菁英運動員。二〇〇六年，三十三歲的史提夫有點超重，約一〇五公斤，他開始參加某個當地的比賽來減重。之後，經過短短三個星期的訓練，他在倫敦馬拉松跑出三小時七分鐘的成績。

「即使在我抽菸、喝酒、飲食不正常的情況下，我就發現自己還是能跑。」他說：「我看看四周，發現自己雖然是胖子，還能和俱樂部跑者並肩蹦蹦跳跳。」

第一場馬拉松後十八個月，他決定開始跟著他找到的一本書裡的進度表，進行正規的訓練。兩年後他又跑了一次倫敦馬拉松，這次他的完賽時間是兩小時三十五分。又過了兩年，他的成績縮短至兩小時十九分。這是驚人的進步速度，報導他的文章開始出現在跑步的刊物裡。後來是在二〇一四年倫敦馬拉松，當時年已四十的史提夫在起跑時依然跟著一大群人，跑在菁英跑者群後；他比賽前一晚睡在自己的露營車裡，最後以新的最佳成績兩小時十六分，成為英國跑者中的第三名。

更不可思議的是，他說他那一年沒有期望跑這麼快，因為他當時剛開始跑超馬，只把馬拉松當成平常的訓練，要為幾個月後打破英國一百公里紀錄做準備——後來他贏了當年的英國錦標賽。

不知不覺中，他又代表英格蘭參加大英國協運動會（Commonwealth Games），並且再次以個人最佳馬拉松成績兩小時十五分獲得第十名。

「真的很可笑，」他說：「我在學校時，是會在越野賽時和同學躲在樹叢裡的那種人。」他有很多他稱之為「胖子」的故事，琢磨得很好，這幾年不知說了幾次，最有名的一次是他參加大英國協運動會那一晚，先後由ＢＢＣ電視臺的蓋瑞．林克爾（Gary Lineker）與克萊兒．伯汀（Clare Balding）採訪他，他當時坐在攝影棚的沙發上，笑得合不攏嘴，像是一個剛贏得樂透的傢伙。

時間快轉幾年，在一次受傷與挫折後，史提夫不太能重新回到他二〇一四年的顛峰體態。但由於他在超馬運動中的耐力與他偏好路跑勝於山地越野，同志超級馬拉松賽似乎是個完美的選擇。所以，他來了，他第一次以知名而且實力堅強的萊利銀行（Nedbank）職業隊成員身分，參加這項賽事。

不幸的是，史提夫和我一樣，在前往南非的飛機上得了感冒，我們說話的時候，一直不安地吞著舒立效潤喉糖。他說，他的訓練很順利，這次的目標是在六小內完賽。他但願能跑到前十名就很滿意了。

「如果我能在這裡得到前十名，將會是我跑步生涯最大的成就。」他說。

「比大英國協運動會的成就還大嗎？」

「是的，當然。」

雖然風險很高，史提夫仍打算以一種新的實驗方法來對付這場比賽。與其擔心時間或步伐，他將嚴格地依據他的心率來跑。

「我的錶甚至不會顯示時間，」他說：「只顯示心率。我的計畫是讓它全程維持在一四五以下。」他說他從來沒有這麼做過，但覺得這樣能避免他在前段跑太快。

開始時要慢，開始時要慢，這是我不斷聽到的訊息。這不是我的強項，但也許這次我可以這麼做。畢竟，我不真的在意我跑多快。我只想要享受這個經驗，順利抵達終點。至少，這是我祝史提夫好運，自己返回飯店時的想法。

***

那天晚上，在不熟悉的飯店床上很難睡著。我的感冒似乎變嚴重了，現在咳得呼嚕嚕響，像個老人一樣。我輾轉翻來覆去。之後把兩個枕頭墊在背下。都無濟於事。

最後，我的悲慘夜晚被床邊桌上手錶的鈴鈴聲響完結了。我坐起身，關掉鬧鐘。時間是凌晨三點半。現在我感覺整個人完全病了，我拖著腳步到浴室，打開燈。照見橫跨整面牆的鏡子裡的我，那幅景象真是不妙。我的眼睛布滿血絲，看起來累壞了。**也許這不是一個好主意。也許我不該跑**。但這個想法很快就溜走了。我不能就此放棄。

我在床邊的地板上放了我的跑步袋。我慢慢穿好衣服，在我背心上的號碼上，也印上了我長長的名字，雖然我不期待會有很多人想努力把它念出來。名字下方是號碼「0」，表示這是我第一次參加同志超級馬拉松賽。外面等著我的是五十六英里的路。大部分是上坡。

飯店提早了自助早餐時間，所以我一穿好衣服，便踏出走廊，往樓下的餐廳走去。走沒幾步，一位女子從她的房間驚慌失措地跑出來，開始說一串我聽不懂的語言。她的年紀大約五十歲，身上穿著跑步裝。她示意我進去她的房間，顯然有什麼事困擾她。

我在門口猶豫了一下。房裡漆黑一片。「不好意思，」我用英語說：「我聽不懂妳說什麼。」

「噢，抱歉，」她改用英語說：「我無法將名牌扣上我的袋子。」

就這樣？她仍然心煩意亂的，所以我進去幫忙扣上名牌。輕鬆搞定了。

「好了嗎？」她問，彷彿我剛施展了奇蹟。我點點頭。

「抱歉，」她說：「我想是我太緊張了。」

我繼續前去吃早餐時，忍不住自己笑了。我不是唯一一大早就遇見小惡魔的人。

***

這場比賽從德爾班一條主要的通衢大道開始。天色還是暗的，街道感覺有些骯髒，但氣氛很緊繃。穿著跑步裝的人們跟著人群來往穿梭，試著找到他們的起跑區。人們彼此認識，互相說笑、拍背。他們大部分的人之前都參賽過。

我找到了B區，是速度第二快的區，這是給參加過合格馬拉松、成績在三小時到三小時二十分鐘的跑者。

同志超級馬拉松賽是統計學者的夢想，每個元素都經過仔細量測、量化、分析，從新手的年齡分布到最常出現的職業等等。賽前的展覽到處可見列出這些資料的看板。但最主要數字是你完成同志超級馬拉松賽的次數，以及你當天的完賽時間。時間很重要，因為這會決定你會得到哪一種獎牌，而這個，我很快發現，當中大有學問。

克雷格之前就在他的廚房桌臺上展示他所謂可能是少數僅存的整組獎牌。當我站著看它們，試著想像它們的重要性——在我看來，它們只是一排比一般尺寸還小的獎牌——克雷格問了我三次，想不想照張相？最後，發現他對我反應之平淡感覺受到冒犯，我趕緊掏出我的手機。

這些獎牌是這樣的：比賽前十名可以得到金牌。這些獎牌顯然是菁英跑者最嚮往的——也因為前十名也會有一筆相當優渥的獎金。任何得到這個獎牌的人，都是一位重量級的認真跑者。

然而，這還不是最稀有的獎牌。這份稀有的榮耀是「瓦利．黑沃德」（Wally Hayward）獎牌，這是頒給在六小時內完賽，但不在前十名的跑者。通常這個獎無人獲得，因為跑進六小時通常可以得到前十名。這是它為什麼這麼稀有的原因。

瓦利．黑沃德是同志超級馬拉松賽傳說中的一個傳奇，被認為是史上最偉大的同志超級馬拉松賽跑者。他贏了五次冠軍，第一次是在一九三〇年，正值青春年齡二十一歲的時候，這使他成為史上最年輕的冠軍。他後來又分別打破由下往上跑和由上往下跑的最快紀錄，在過程中成為第一個在六小時內完賽的人。後來在一九五四年，他四十五歲的時候，成為年紀最大的冠軍選手。之後，他就被禁賽了。

雖然他是一位奧運馬拉松選手，在他接受一筆資助他去倫敦參加比賽的捐款後，依規範他就成為職業運動員了。同志超級馬拉松賽和當時大部分的運動賽事一樣，嚴格限定只有業餘選手才能參加。

這項禁令在一九七四年終於解禁，一九八八年，瓦利．黑沃德以七十九高齡回到這場比賽，打敗了一半的人，以九小時四十四分完賽。克雷格說，那年他剛好跑在黑沃德前面，他一直很後悔沒有慢下來和這位偉大的運動員一起跑過終點線。

「十年後，他同意親自頒給我綠色號碼，」克雷格說：「只要我在午茶時間前完賽，因為他說他會去午睡。我最感驕傲的跑步回憶，就是瓦利頒贈給我綠色號碼的時刻。」

一九八九年，黑沃德成為史上年紀最長的完賽者。雖然他只在關門前兩分鐘跑過終點線。

顯然，有這樣的事蹟，瓦利．黑沃德值得被賦予了一個以他為名的獎牌，而且是很稀有的。

接下來的是銀牌，頒贈給在六小時到七個半小時之間完賽的人。在賽事展上，有多位專家和老手能協助你評估你的標的，決定你應該把目標瞄準哪一種獎牌。

我問了他們當中幾位我在比賽中的希望，每次的對話基本上是像這樣：

賽事專家：你的馬拉松最佳成績是多少？

我：兩小時五十分。

賽事專家（看起來相當激賞）：今年嗎？

我：不是。今年是三小時八分。

賽事專家（看起來沒那麼激賞）：你應該能輕鬆得到銀牌。你訓練時跑幾公里？

我：從一月開始，大約每星期七十公里。

賽事專家（看起來感覺一般）：嗯，如果我要得銀牌，可能會想多跑一點。全要看當天的情況了。

所以，看起來我值得在銀牌邊緣。這對我真的沒這麼重要，我只是來盡力跑。銀牌之後，下一個獎牌被稱為「比爾．羅文」，是頒贈給跑進九小時的跑者。比爾．羅文是第一屆的同志超級馬拉松賽冠軍。他拿到冠軍的時間是八小時五十九分。跑進十一個小時的跑者可以得到銅牌，而任何在十一到十二小時之間完賽的人，可以得到以這項賽事的創辦人命名的「維克．克拉范」獎牌。

然後是什麼獎呢？嗯，沒有然後了。十二小時的鐘聲一響，他們就關閉終點，比賽就結束了。任何還在跑的人都沒有資格獲獎，成為未完賽者，即使當時距離終點線只有幾步之遙也一樣。

在辛苦跑了十二個小時後，還被拒於門外，這似乎有點殘忍，但我遇到幾位以前的計時員就爭論過，十二小時的關門時限是否太寬鬆了。每年超過一半的人在最後一小時內完賽，而當中又有一大部分是在最後十分鐘跑過終點線。這項比賽從舉辦以來，大多都是以十一小時為關門時間。但是在二〇〇〇年，為了增加參賽人數以及慶祝千禧年，他們才改了這項規定。

克雷格就是對這項更動不滿的人之一。他指出，這對過去因為十一小時必須退場的人很不好受——這大約相當於接連跑兩場四小時四十五分的馬拉松，然後再用三十分鐘跑五公里，全程沒有停下來，而且是山路。

「這真的不是很公平，」克雷格說：「現在你有很多人累積三十或四十次完賽紀錄，但他們在二〇〇〇年之前是不可能完賽的。」

我了解他指的是什麼，但我很難為這項改變生氣。當然，你能累積的比賽次數的確令人印象深刻，但是似乎獨獨對同志超級馬拉松賽而言才這麼重要。在賽事展的初次參賽者區，克雷格安排了幾位擁有最多完賽紀錄的比賽老手來和新人交流。我問了當中幾位他們一次又一次回來跑這項比賽的原因。

已經跑過四十四次的巴瑞．霍蘭德（Barry Holland）簡單地說：「我是德爾班人。同志超級馬拉松賽就在我們的ＤＮＡ裡。」

同時間，已跑過四十一次的戴夫．威廉斯（Dave Williams）說：「我把它當成是打一輪高爾夫。我慢慢來。」我很好奇世界上是否有其他任何地方的人認為超級馬拉松和打一輪高爾夫很像。

另一位我在展場看到的一位來自開普敦的女性新跑者，她告訴我，她的俱樂部裡有六十七位跑者已經跑過同志超級馬拉松賽，所以她認為她也該來參賽了。她竟然知道「六十七位」這個確切的人數，滿有趣的。

對跑同志超級馬拉松賽的共識似乎是：如果你是南非的跑者，那麼，這就是你要做的事。同志超級馬拉松賽是南非跑步界的基石。這是一個起點，其他的都從這裡往後推。這個國家其他大部分代表性的賽事，如「雙洋馬拉松」（Two Oceans marathon）即是同志超級馬拉松賽的熱身賽。這是為什麼它們全比超馬的距離短一點。因為同志超級馬拉松賽的關係，在南非，超馬被認為是尋常，而且是主流，這在世界其他地方並非如此。就像其他地方的人說到有一天要去跑馬拉松，在南非，與之相當的挑戰就是同志超級馬拉松賽。不幸的是，他們的珠穆朗瑪峰是其他人的兩倍。或者也許應該說幸運的是，如我將要去發掘的，同志超級馬拉松賽硬是讓世界上任何其他眾多人數參與的比賽相形見絀。

我到的時候，起跑區已經人山人海了。我得像是走進足球觀眾群一樣地擠過人牆，才能到達我的起跑區。音響系統播放出一九八〇年代慷慨激昂的流行經典，播報員聽起來像是灌了一加侖的咖啡，把每個人都振奮起來，不斷地告訴我們距離起跑時間還有多久，讓每個人喊出他們現在有多麼蓄勢待發，另一方面，大型投影照亮了整座城市的辦公室街區與公寓大樓。現在才清晨五點鐘。今晚的德爾班徹夜不眠。

然後，活動開始了。我擔心自己被過度推銷同志超級馬拉松賽的賽前儀式。數不清有多少人告訴我，他們如何站在那裡感動到熱淚盈眶，在最後的那幾分鐘起了雞皮疙瘩。我期望太高了。當然，如果不是油然而生的，就不會有這種反應。你無法預約情緒，為它設定時間。而當然，當第一幕開始，隨著南非國歌的樂聲揚起，我特別注意會不會起雞皮疙瘩，我警覺的憤世精神把它們趕走了。我沒有那麼容易被操弄。何況我身邊的人還繼續聊天，沒有理會音樂。

但接著是同志超級馬拉松賽序幕的第二部，我開始身不由己地被感動起來了。這是由一個彌撒合唱團演唱的傳統歌謠，充滿了深沉、靈魂的人聲。跑者開始跟著哼唱、搖擺……「*Shosholoza*」……它的意思是前進，而且這是帶著幾個世代的人奮戰的傷痛與鮮血。當歌聲揚起，似乎把每個人團結在一個巨大的聲音與能量之中，彷彿這個國家多災多難的歷史瞬間被一萬七千個人聲給擊潰了。

但這不是沉緬過去的時刻；現在是情緒流動的時刻，起起伏伏，全夾雜在一起。電影《火戰車》（*Chariots of Fire*）的第一段旋律響起，激起群眾的歡呼聲。這本來應該感覺很老套的，但我們現在已經浸淫其中，而著名的范吉利斯（Vangelis）音樂讓我們昇華到奧運選手的高度，即將踏上我們最偉大的挑戰。我不禁發出微笑，握緊我的拳頭，準備好出發了。

最後一個歡送選手的節目是小公雞叫。同志超級馬拉松賽包裹了濃郁的傳統，而這是另一項。一九四八年，一位當地跑者麥斯．崔姆波恩（Max Trimborn）在起跑線上按捺不住他緊張的情緒，所以他用兩手做成杯狀，發出一種熱情的小公雞叫聲。這是一個自然的舉動，但在往後的幾年裡，其他跑者請他重覆這項表演。崔姆波恩因此做了三十二年，有時候甚至穿著羽毛和公雞背心現身。崔姆波恩於一九八五去世的時候，他的小公雞叫聲已經被保存在錄音帶裡，現在每年都會在起跑時播放。接著是一聲槍響。我們出發了。

***

我被衝過起跑線的人群追上，落到後面了，我很快發現自己幾乎被C區的跑者包圍——我知道他們是C區的，因為我們個人的起跑區也和其他名字等訊息，一起註明在胸前和背後號碼牌上。起跑慢是好的。這是我被告誡的。開始時要慢。

雖然一大早空氣冷冽，街道兩邊站滿了圍觀的群眾，向我們歡呼鼓掌。有跑者從道路兩側左閃右閃快速衝過其他跑者，像是跑十公里賽。耐心、耐心，我告訴我自己。第一英里我跑了九分三十六秒。很慢，但現在擔心時間問題還太早。

我們像一陣風似地穿過城市的水泥郊區，經過窗簾還沒拉起的商店，跑在一條寬大的馬路上，有三線道這麼寬，跑過當天市集上方的橋梁。我身邊的跑者大多很安靜。有幾位發現我是初次參賽者，會給我一些建議，或者問我從哪裡來。我的背號也指出我是外國人，但沒有標出國籍。

「我看過你的書。」有個人說，他認出我的名字。另一個人只說：「加油，亞德哈羅南德！」他竟然完美地念出正確的發音。

隨著道路蜿蜒上坡，離開城市，舉目所見全是萬頭鑽動，一片在水泥背景中的人海。起跑時我距離最前方的跑者不過三十公尺，但現在似乎被遠遠拋在後面了。我往後一看，東方開始露白。後面的道路是另一片人海，極目所見都是。

在某個時間點，我們經過一座陸橋下方，我瞥見到一群身穿白袍連風帽的人，他們站著圍住一個火堆，雙臂張開，眼睛輕閉著。這是一個怪異而恐怖的畫面。他們是誰？他們在為我們祈福，還是為我們的必死祈禱？

我沒注意到山上已照到陽光，但是當我奮力爬上「五大」山之一的第一座科維斯山（Cowies）——在同志超級馬拉松賽，連這些山都有它們各自的傳說——天正要破曉。我決定要以走一分鐘，然後跑五分鐘的模式，直到爬上山頂。我努力控制我的身體，為前面的挑戰儲存能量。

走路時感覺很好，能夠暫時移開壓力，四周看看，欣賞一下。我們仍然跑在大馬路上，往上爬，但水泥城市已經變成路邊的樹叢、瘦巴巴的樹和令人不忍卒睹的草地。

沿路有大型看版倒數剩餘的里程數。這裡的數字還很大，七十三公里、七十二公里，但看著數字愈來愈小，確實多少有些助益。每當我們跑到一個看板，就有一點強心作用。

隨著天色愈來愈亮，站在路兩邊的人群愈來愈多，有音樂，也有人跳舞。這是一個大型的派對。一方面主辦單位為我們封閉道路，我們得以像英雄般接受觀眾歡呼，一方面我也明白我們正在為當地人提供今天的娛樂。人們不只是發自內心的善良為我們加油，也因為這是一件有趣的事，來目睹全部這些想要挑戰這段荒謬距離的人。你可以站在路邊吃個漢堡，或者坐在你的躺椅上喝杯啤酒，然後看這著這些人的痛苦、努力、瘋狂，全都是免費的。

另一位來自加拿大的跑者從我的書認出了我，我們一起跑了一段，一邊聊天。里程數在不知不覺中敲進，在這段路程是該這樣。他說，他去年參加了這項比賽，但沒有完賽。他開始時跑太快，他說，所以他今天很小心。他告訴我，我們目前大約是八小時十五分完賽的速度。這是我第一次想要完成這個目標。我明白，銀牌早已飛了。我得從這裡開始努力跑，才能勉強得獎，而且我現在也感覺到，稍微再快一點也可能很危險。所以，我心裡暗自盤算，目標是低於九小時，拿到比爾．羅文獎。這個目標應該不會太吃力。

我們繼續跑，大部分是上坡，經過開闊的鄉間，峭壁突出在馬路上方，而且接著經過建築密集的地區，人們坐在他們的花園裡烤肉，吃吃喝喝。

在某個時間點，我開始超過我的加拿大朋友。「你要繼續用力跑嗎？」他問，看起來有點擔憂。

我覺得我是用相同的速度跑。「也許用力跑一小段。」我回答：「我確定等一下我們會再錯身而過。」但是我們再也沒有錯身了。

大約起跑三十公里後，我開始感覺到第一次疲憊的徵兆。我的兩腿在一些大上坡時，覺得相當沉重，現在氣溫愈來愈熱，我發現自己愈來愈急著找補給站。我開始聽到路兩邊的人提到「巴士」。

「第一班巴士來了。」他們興奮地說。我們經過一個在臺上模仿「貓王」艾維斯的人。

「我正在找一臺有輪子的大巴士。」他說著，引來一陣笑聲。

在我看見「巴士」之前，我感覺到、也聽到了。一陣踏在路上的腳步聲湧上前來。我聽見一個南非人的口音說：「我們正經過一大群跑太快的人，但我們需要繼續控制速度。在巴士上找到你的位置，留在那裡，我們會帶你到終點。」

聽完這段話，我便被這臺「巴士」吞噬了；一大群跟隨一位配速員的跑者，這位配速員有著強壯而堅實的肩膀，他的背後插了一支寫著「八小時三十分」的旗子。

同志超級馬拉松賽的配速員是比賽裡的另一項傳統，跟著配速員的一群人就被稱為「巴士」。當跑者一起完成他們目標時間的同時，他們通常一起唱歌或吟唱。起初，我得知自己落回到八小時三十分的速度時，覺得有些震驚，但既然已經在這裡，我決定要搭這班巴士一陣子。

這位「司機」是一位傑出的傢伙，不僅談笑風生、循循善誘，一邊跑還一邊不斷鼓勵我們。有時候，他會讓我們走一小段，大約二十或三十秒，讓我們將手臂舉高，伸展後腿腱。

我們到達一個補給站時，像一群來搶劫的維京人蜂湧而入，四處抓水、可樂、拿馬鈴薯蘸鹽巴吃。我們接近時，我聽見補給站的領隊提醒他的團隊做好準備。「第一班巴士來了，」他大聲叫道：「所有的人預備就位。」

我們在比賽中愈往前進，這些補給站愈大，在馬路的兩邊長達一百公尺左右。當我們的大軍壓境，與那些在我們前面慢下來的跑者撞在一起，造成一陣混亂，他們回頭驚慌地看著我們。

在另一頭，我們重新整隊，再次找回我們的節奏。現在我們真的很像是正在行軍的一個小隊。這令人想起維克．克拉范在一百多年前第一次世界大戰期間與同袍同甘共苦的情景，以及他有多麼希望這項比賽能持續，向這些軍人同袍的毅力與犧牲致敬。當然，最後我們不會上戰場，而是在終點線有熱水澡和飯店舒適的床等著我們，但透過這項比賽，我們得以窺見那些更大的險阻，以及幫助人們克服困難的同袍之情。

跑到中途時，我發現要維持速度很困難，但我可以感覺到巴士的力量一直帶著我前進。在這個團體中間，我可以暫時關機，只要跟著跑。與同袍們在一起，我覺得我做得到。

「跑你現在跑的這一公里。不要擔心還剩多少公里，只要跑這一公里。」我們的領隊告訴我們。這是一個很好的建議。路標顯示還有四十六公里。當然，我太累了，無法保持高昂的鬥志這麼久。但若只是一公里，我可以撐住。

「你們今天全是為了你們的比爾．羅文獎牌，」他說：「跟上這臺巴士，你就會成功。我們會把你送達。」

當我們趕上與超越一些人，他們當中許多人和我一樣，也加入了這臺巴士，所以我們的人數不斷增加。有一段時間，因為人數太多，很難不碰撞到其他的跑者。我旁邊的兩位跑者開始互相看不順眼，抱怨對方一直撞到自己。然後，其中一個人被撞到太多次了。

「你是想要和我對幹嗎？」他大吼。巴士司機回頭，直接看見這場恩怨的源頭。他舉起他的一隻手。「嘿！」他也大吼一聲，叫大家停下來：「巴士停下！」我們全撞在一起，突然停住。

「如果你們想打架，離開我的巴士。」他一點都不打馬虎眼，直瞪著那兩個人。

「這是一臺愛的巴士。」有個人大喊。

「我們都是同袍，要團結一致。」司機繼續說。

「我們需要互相幫忙。在這裡我們全是非洲人，我不在乎你的膚色。」

這兩個人握了手，互道抱歉。凌人的盛氣全消了。

司機轉身到前面，發出口令，我們繼續跑，給彼此留一些空間，但現在不知不覺比之前更親近了。「我們是彩虹國家。」他說，他的肩膀在我的前面充滿能量：「這是屬於我們的日子。驕傲吧。」我感覺到情緒一陣激動。我們確實是一個團隊，一支隊伍。而數公里的路一一挺過了。

我在巴士停留了大約一小時，受到其能量與動能的鼓舞，但我開始遇到困境，最後依然與它脫節了。落單後，我的情況惡化得很快。突然，我連跑的動作都舉步維艱，我的步態變成拖步，身上每個部位都在痛，我的腳、小腿肚、我的屁股。本來還能忍受，直到我想起我還得跑多遠，便要崩潰了：幾乎是一場馬拉松的距離，像這樣，已經痛不欲生了。不可能啊。

我正在我的最低點，跑步和走路差不多，這時有個人，也就是另一位跑者叫我的名字。真奇怪，我們明明已經累垮了，卻還能聊天。這位跑者是一位我的朋友的朋友。在他的背號旁寫了「史崔屈」（Stretch，意為「伸展」），這是他的暱稱。

「我們後面有另一臺巴士，」他說：「我們沒辦法拿到比爾．羅文獎了。」

「我們沒辦法？」這個想法帶給我一陣輕微的驚慌。我的自我被刺痛了。原本要拿銀牌的傢伙，當然他不會落到銅牌。突然間，我很需要那個比爾．羅文獎牌。

「這要看你現在感覺如何，」史崔屈說：「但我覺得不太可能。」

我向前跑，拾起我的腳步。我發現如果有必要，我還是可以跑，發現我剛才屈服於疼痛之下，耽溺其中，沉緬在肚子一絲不舒服的感覺、想著一支腳趾頭上剛要冒出的水泡。我一直注意著它們，自憐自艾。而我將失去比爾．羅文獎牌像是一記打在臉上的巴掌。「加油，加把勁！」

這種情況持續了幾英里。我又開始超越其他人了。路上到處是走路的人、垂頭喪氣或彎腰駝背的人。但這時，就像是風帆上的風停了，我背上的精力也消失了。我決定走一小段。之後，我便跑不動了。

史崔屈又超過我了。我在一個補給站抓了一杯飲料和一些食物。我想起那該死的比爾．羅文獎牌溜走了，我又重新站起來開始跑。說來好笑，幾天之前我從來沒聽過比爾．羅文或他的獎牌，但現在這是我唯一的目標；我此時此刻所有的存在，全是為了得到它而努力。

情況是這樣的，我的能量起起伏伏。這時還有三十公里，我的肌腱似乎要撕裂了。下坡時，它痛得要命，所以我在其中一個按摩站停下來，這裡有兩個人，一人按摩一條腿，像瘋了似地按摩，用冰塊按壓我的腿。「好了，快跑，快跑。」他們說，然後我的兩腿不太聽使喚地出發了。

我不斷試著計算我是否能趕上。但我的大腦已經失去計算數字的能力了，即使是最簡單的數字。有個全身穿著英國國旗圖樣的傢伙說，我們還有很多時間。「加油，老兄，我們會辦到的。」他說，聽起來像是一個倫敦市集的小販一早正要開張時的朝氣蓬勃。

然後，再剩五公里時，它又來了。和在米沃克賽時一樣，撥雲見日了。彷彿我被注射了某種強心劑。也許是因為我知道終點線在望。這是我可以勝任的距離。我的雙腿突然開始跑，真正地跑，有彈性、有能量。我正超越其他人，健步如飛，這條路現在似乎一直是微傾地下坡。害怕被九小時巴士超過的恐懼消退了。我將要達成目標。

我轉進群眾聚集的賽馬場，終點線就在那裡。有個人叫我的名字，我開心地揮手。比爾·羅文，你是我的了。我在十五分鐘前越過終點線，完賽時間是八小時四十四分。

在完賽區，一位女士將獎牌交給我。我有一股想哭，或是把頭投入某個人的肩膀的衝動。但我只是握住她的手。她緊緊抱住我，看著我。我發現我旁邊的其他跑者都會擁抱拿獎牌給他們的先生或女士。這是他們的工作，當我們在終點崩潰的時候，有他們的陪伴。

「你還好嗎？」她問。我點點頭，很怕我一開口便嚎啕大哭。我放開她的手，自己走到外面的世界，她則準備要迎接下一個情緒崩潰的人。

當我走去行李寄放處，享受傍晚的陽光，我看到九小時的巴士在比爾·羅文關門前幾分鐘抵達，一大群人，在路上經歷的那幾個小時之後，每個人完成了他們的目標，每個人都辦到了。多到難以承受，我哭了，眼淚滾下我的臉頰。我讓它湧現，見證這麼多人極大的努力時流下的眼淚，感覺很甜美，是一種釋放。

稍晚，我體力恢復、吃了一些東西、喝了一罐慶祝啤酒後，我回到終點線看最後的十二小時關門時刻。現在天色已黑了。這些即將完賽的人從破曉時就已經在路上了，在這條懲罰之路上不斷鞭策自己。我爬上終點線旁邊的大看臺，雖然我的腿很累了，還能跟著大會播放、迴盪在整個空氣中的音樂搖擺。只剩下幾分鐘了。人們現在抵達的樣子，彷彿是天堂的門即將關閉，他們的雙臂展開，頭向後仰著歡呼，虛弱與筋疲力盡的人由其他跑者攙扶過終點線。我這個情緒崩壞的人看著這一切，很開心自己是獨自一人，可以讓自己的情緒盡情發洩。

現在剩下倒數三十秒了。人們就在最後的轉彎處，眼前就是終點線，還有一百公尺，衝刺、死命地，十、九……播報員正在倒數……三、二、一。

隨著倒數結束，嘈雜聲停止了，燈光熄滅，終點由一排背對著跑者的工作人員關起來了。那些沒有趕上的人癱倒在地上，或者站在黑暗裡，一臉驚嚇錯愕——已經那麼近了。令人悲傷地，一位小號手開始吹起〈最後崗位〉（Last Post），這時，未完賽者——那些在過去十二小時懷抱著希望、恐懼、不顧一切，為了要及時趕上而不斷突破身體極限的人——被指引從旁邊的門走過。他們甚至不被允許穿過終點線的小確幸。

要完成這場比賽不是件容易的事。我伸手摸摸口袋裡的比爾・羅文獎牌。這是我拿過最小的獎牌，但因為某種原因，是極富意義的獎牌之一。

＊＊＊

我隔天要飛回英國老家了，但離開之前，克雷格幫我牽了幾條線，安排我參加在德爾班舉行的頒獎早餐會。我一擺一擺地走著，感覺腿後肌沒了，我進入一間排滿圓桌的房間，裡面都是穿著田徑服的選手，以及穿上正式外套的長官。我向幾位過去幾天見過的人點頭打招呼，想找個地方坐下來。在萊利銀行那一桌——最頂尖的菁英隊——我在史提夫・魏旁邊看到一個空位。

我走過去在他旁邊坐下來。結果他跑了很棒的一場比賽。他給我看他的金牌，臉上堆滿了笑容。他說，他堅持他的計畫，依著心跳跑，在第一個檢查站，也就是十二英里處，他遠落在一百二十名。跑了二十英里後，他仍在九十四名。後來人們開始跑不穩，失去他們的優勢時，他開始展開反攻。「後來的七十公里，我一直在超過別人，」他說：「感覺很棒。」在最後一座大山上坡里休爾茲（Up Polly Shortts）時，他已經從第九十名衝到了第九名，這也是他最後得到的名次。「上坡時，大家都很累。很刺激。那時我就覺得我有希望了。」

萊利銀行這一桌滿了，所以我決定留給史提夫一些空間。他是四十歲以上的最佳跑者，也是首次參加的選手中成績最好的跑者，所以相當熱門。兩項榮譽都有可觀的獎金，是他在一天裡賺進最多錢的日子。這也讓我好奇為什麼許多世界上的頂尖超馬好手不來試試這場比賽。

當我在這個房間裡閒晃，沒有指定的桌次和座位，我瞥見女子冠軍跑者，一位名叫卡密兒·賀倫（Camille Herron）的美國人。我走過去禮貌地問她是否可以聊幾句。我解釋說，我是一位記者，正在寫一本關於超級馬拉松的書。

她笑了，眼神堅定地看著我。「那麼，你一定要跟我聊幾句，」她說：「我有個瘋狂的故事。」

我不知該怎麼答腔。超馬選手與他們的瘋狂背景故事會是什麼？

「是什麼故事？」我問。

「我十六歲的時候，」她說：「我們全家人因為一場龍捲風變得無家可歸。」

＊＊＊

在她可以說更多細節之前，頒獎典禮開始了，所以幾個月後，透過電話，卡密兒才跟我說了她的故事。在這段期間，她一直很忙，緊接在同志超級馬拉松賽冠軍後，她又打破一場瘋狂的一百英里越野世界紀錄，比先前的女子紀錄足足少了一個多小時。她的十二小時四十二分紀錄是當年一百英里越野賽男子與女子最快的時間。而這是她第一次參加一百英里賽。

不只如此，一個月後，她又打破了十二小時賽的世界紀錄，而這項紀錄是早在一九九一年時，由一位超馬傳奇選手安．崔森（Ann Trason）留下來的。

但我請她先說她在德爾班開始提到的那場龍捲風。我受到吸引了。這是促使她成為今日超馬選手的原因嗎？

她笑了。事實上，她對每個問題都以笑聲回應。「我先生不相信我經歷過的所有困難。」她說：「我曾經在大學時發生過七次的疲勞性骨折，我的教練告訴我，我的身體狀況不夠好。但我就是一個正面的人。我總是微笑著。我在聖誕節那天出生，我母親告訴我，我是帶著微笑來到這個世界上的。」

那場龍捲風襲擊的時候，她還就讀高中。「我們知道龍捲風要來了，但我們以前就遇過，所以我什麼都沒帶在身上。我剛洗澡出來，我的父親就說我們要趕快離開了。我只帶了身上穿著的衣服。」

結果，那場龍捲風是地表有紀錄以來最狂暴的龍捲風，風速每小時達三百英里。「我住的地方死了四十個人。」她說：「龍捲風蹂躪後，就像被原子彈轟炸過一樣。」她說，無家可歸──那年夏天，她就睡在祖父母家的沙發上──這激勵她要好好表現，入選大學的越野跑步隊。「這些事教會你人生與經驗的價值，而不只是物質上的占有。」她說。但她的大學生涯並不順利，受了多重運動傷害。

「我的教練告訴我，我天生不是這個料。」她回憶說，她的聲音躊躇了一下：「但我真的感覺到這當中有某種東西。我不是最快的，我知道，但我知道我從來不會覺得累。」

卡蜜兒以非正統的跑步風格聞名──她幾乎不抬起腿跑步，比較像是越野滑雪，而不像是跑步，或者像是個在直排輪上扭動的人。「我的跑姿和大家不一樣，」也說：「我天生右邊的股骨前傾──向內傾。基本上，我出生時身體並不完美。」

她說，這意思是她的股骨並不對稱，所以，她必須調整步伐，施少一點力與壓力在她的身體上。「所以我發展出這種拖步跑，抬腳離開地面，而不是向前推進。這樣跑不會很快或很有力。我可能是馬拉松成績少於兩小時四十分的跑者中，五千公尺跑最慢的人。但對超馬來說……我彷彿是掠過地面。和我一起跑的朋友說他們聽不見我跑步的聲音，我像一個氣墊船。」

大學時代的運動傷害後，卡蜜兒謹慎地不再跑步。但是在她先生——當時正在為美國奧運馬拉松選秀做訓練——發現到她跑得比他還遠，這時她才再次認真看待跑步這件事。

「他開始當我的教練，而且我回去讀研究所，學習所有關於骨骼的知識。」

卡蜜兒決心要解決她受傷的問題，研究生理學，論文專題的題目即是關於骨骼復健。

「我的父母說，我最強大的力量是我的心，因為我申請就讀科學課程，希望成為一位更好的運動員。我讀了羅恩．道斯（Ron Daws）寫的《自造的奧運選手》（*The Self-Made Olympian*）……這個傢伙沒有超級的天分，但他非常努力，而且非常講究方法。」

依照她的方法的結果是，她到現在已經連續十一年，每個星期跑超過一百英里，而且沒有運動傷害。

「現在我有鋼鐵一樣的雙腿。」她說。

有很長一段時間，她把重心放在馬拉松，而且卓然有成，贏了美國各地的馬拉松，而且經常在兩小時四十分鐘之內完賽。直到二〇一三年她才開始嘗試超級馬拉松。她第一個嘗試是在南非舉行的五十六公里雙洋馬拉松，她說那次成績不是很理想。二〇一四年，她第一次嘗試同志超級馬拉松賽。

「我的第一場同志超級馬拉松賽抱得了第四名，」她說：「但那時我得了腸胃炎和發燒，不只腹瀉，而且眼前一片黑。我腦中不停想著當年波士頓馬拉松的冠軍梅伯．柯弗雷茲基（Meb Keflezighi），試著勉強自己繼續。」最後，她在八十三公里處癱倒了。

這對卡蜜兒與超馬來說，可能就此結束，但二〇一五年她捲土重來，參加了在威斯康辛州麥迪遜市舉辦的「瘋狂城市一百公里賽」（Mad City 100K），這同時也是全美錦標賽。她贏得冠軍，是美國女子跑出的史上第三快的成績。

「我十分激動，」她回憶說：「我就這樣贏了全國冠軍頭銜，而且在大約八年內，就跑出全世界最快的成績。回家的路上，一位賽事總監打電話給我，他非常興奮，而我就是在那個時候才明白……我可能對此很擅長。我就像比利．艾略特[10]第一次跳芭蕾一樣，感覺真的很棒。」

10. — 比利．艾略特（Billy Elliot）：電影《舞動人生》（*Billy Elliot*）裡的主角。

她頂著全國第一的頭銜，幾個月後又贏了一百公里世界錦標賽。接著，她打破了安．崔森的五十英里世界紀錄，然後，就像一陣勢不可擋的超馬旋風，她贏了五十公里世界錦標賽。

在龍捲風、不停的微笑、拖步跑，以及科學訓練法之中的某處，藏著超馬成功的祕方。也許。「也許只是基因問題，」她說：「例如也許我有超級線粒體之類的。有朝一日我會想捐出我的身體，讓科學家找出為什麼我不會累的原因。」

她說，絕對不會是飲食的問題。「我在奧克拉荷馬州長大，每天吃肉和馬鈴薯，就吃這樣。這很好笑，因為有人分析我的飲食，他們很驚訝我吃了這麼多肉，但他們發現我的能量平衡與我身體所需要的非常一致。」

我讓卡蜜兒離開之前，一定要問她關於啤酒的事。最近的比賽裡，她的註冊商標就是在比賽中喝一、兩瓶啤酒。即使在她不可思議的一百英里世界紀錄中，她就是這樣，一邊跑一邊灌下幾瓶啤酒。為什麼？我問她。

「噢，老兄，」她說，這次她笑得比平常更大聲：「那只是出於一點意外。大約一年前我正在跑一百公里越野賽，我追上了跑在前面的那個傢伙，他有一點被嚇到。身為一個女人，可以和男人競爭，是很令人興奮的事。我跑愈遠，開始超過更多男性跑者。」

「但是，我超過這個傢伙後不久，開始有點頭暈。天氣很熱，到了下一個補給站時，我跌在一張椅子上，那個人又超過我了。他們試著幫我恢復元氣，我們在車上準備了六瓶裝的啤酒，原本是比賽結束時要喝的，但我先生突然問：『妳想喝啤酒嗎？』我一口一口喝下，忽然覺得很有起色，可以再繼續跑。我健步如飛，又追上了那個傢伙。最後我贏了比賽，而且以二十七分鐘之差，打破了賽道紀錄。」

這背後有任何科學根據嗎？或者是啤酒神展現的某種奇蹟？

「我不知道，」她說：「之前我也在補給站補給所有的熱量，我想全部的血都流到我的胃了。但啤酒把它送回到我的大腦。」

在同志超級馬拉松賽剩下幾英里時，卡蜜兒再次從她先生那裡抓了一瓶啤酒，讓南非在電視機前觀看比賽的數百萬觀眾大感驚奇。

「我的腿後肌變緊了，」她說：「啤酒幫我轉移心思。它讓我冰涼一陣，覺得比較舒服。」

嘿，又講到心的老套了？當然，人們總是知道，而且談論心在跑步中有多麼重要，但我開始認為，在超級馬拉松裡，它扮演的角色更為重要。然而，要占上風、學習控制它，證明比我所能想像的更加挑戰。

在同志超級馬拉松賽時拉傷的腿後肌，讓我好幾個星期不能跑步，但我很快又出門訓練。這樣很好，因為我一系列最嚴峻的比賽就快到了。當我剛開始計畫我的比賽年，我把行程表貼上網。得到的反應從「哎呀」到「我的天啊」到「你是超馬界的川內優輝」（指的是那位幾乎每個週末參加比賽的知名日本馬拉松選手）。

人們通常給自己兩年的時間累積UTMB點數，而不是一年，而且在大部分的情況下，他們甚至會在跑超馬幾年之後，才考慮參加UTMB。然而，我這一年除了試著拿到點數，還有其他的賽事讓我覺得我非參加不可，例如同志超級馬拉松賽，才能更完整地認識與體驗超級馬拉松世界。所以，現在即將到來、緊接在同志超級馬拉松賽之後的，是瘋狂的五個星期中間，我打算去跑「火環賽」——這是一場跨三天、長一百三十五英里，環繞整個北威爾斯安格爾西島的比賽（可以拿到五個ＵＴＭＢ點數）、跑過南法庇里牛斯山的一百英里賽（六點），然後夾在中間的，是一場在倫敦南部的圖廳舉行的小型比賽。我就是無法抗拒它。

前一年，我接受《衛報》的委託，要寫一篇在圖廳舉行的二十四小時跑道賽的文章，我便專程去看比賽。一開始，這場比賽看似相當無趣而且沒有重點，只有跑者慢慢地繞著跑道跑，然而隨著時間的流逝，比賽開始變得動人而精采。在這最無吸引力的情境裡，有人正經歷改變人生的體驗，而這一切就在我的眼前發生，彷彿這即是一座舞臺。

這場比賽在中午開始，所以我看了前面幾小時，再於深夜三點回去，看看情況進展如何。跑者們還在，當大部分的倫敦都在沉睡中，他們依然繞著一圈圈的跑道，每個人都在他們各自沒有目的地的寂靜旅途上。運動場裡的氣氛很緊張，但不知為何又很平靜。這究竟是怎麼一回事？我當下就決定一定要參加這場比賽。

我要處理的，只是這場比賽的時間正好接在火環賽後兩星期，而且在穿越庇里牛斯山一百英里賽的前三星期。我打算輕鬆地跑火環賽。火環賽分成三天跑，所以我只要用每天慢跑的方式來集ＵＴＭＢ點數。然後，我要全心全力投入這場跑道比賽。之後，不管傷成什麼狀況，我只要在山裡拖著身體走完一百英里。我需要最後的六點來申請ＵＴＭＢ，光是這一點就足夠讓我撐下去，我確定。計畫就是這樣。

有幾個人看了我的行程相當憂心，便與我聯絡。他們很擔心在比賽間隔這麼短的情況下，我的恢復能力是否足夠。我的教練湯姆也很關心。他說，我這樣做是冒著運動傷害的風險。當然，跑超級馬拉松和之前的訓練本身就有運動傷害的高風險，即使不像這樣密集的比賽。我到目前為止都相當幸運，但這份幸運會持續嗎？

或者，也許這不全是幸運。從一開始，當我展開這場超馬之旅時，就已經面臨傷病問題了。在那之前的七年，我一直定期跑步，在這段期間，我一直在研究跑步姿勢的問題。和許多人一樣，這是從二〇〇九年，由克里斯多福．麥杜格（Christopher McDougall）撰寫的《天生就會跑》（*Born to Run*）開始的。這本書的前提是，人類的演化部分是透過我們能長距離跑步的能力。在動物的王國之中，在大熱天裡（因為我們能夠運用優異的散熱系統，也就是流汗），我們是長距離奔跑的物種中跑得最快的其中一種——至少在汽車、鞋、椅子、辦公室、搖控器和所有其他東西發明之前，我們的祖先是如此。

在《天生就會跑》這本書裡，麥杜格很有力的論點是，若要跑步不受傷，你所要做的就是用你原本被設計的方式來跑：不穿鞋。他說，典型的跑鞋有鞋墊，它們導致每個人的運動傷害。少了鞋墊，你的大腦會感覺到地面的作用力，很快地針對你該如何跑，做出必要的調整。

成千上萬的人讀了這一段，深感認同，但很快又想到，我沒辦法真的不穿鞋跑步啊，如果有玻璃、狗屎怎麼辦？或者看起來像個傻子？為了回應這一點，整個產業運動成長起來。鞋子的設計改變了。跑步革命展開了。那些每年有七成跑者受傷的日子結束了。但是並沒有完全結束。

許多探討這個問題的研究開始透露出相互矛盾的發現。其中最大的，也是最容易理解的，是由德拉瓦大學（University of Delaware）的亞莉森・阿特曼（Allison Altman）與哈佛大學的艾芮妮・戴維斯（Irene Davis）於二〇一六年在《英國運動醫學期刊》（*British Journal of Sports Medicine*）裡發表的文章，指出穿一般跑鞋的跑者與赤足跑者的受傷率幾乎是相同的。

以我自己的狀況，雖然我非常樂意，也有熱情下更多工夫，學習更多關於跑姿、鍛鍊核心肌力、嘗試瑜珈、肌肉活化，以及花好幾小時深蹲來促進我的活動能力，而不只是換一雙鞋而已，但我的問題是，當我開始探索超馬世界時，我已經受傷了。自從我第一次閱讀《天生就會跑》而且開始改變我的跑姿，我早就一直在應付問題——包括完成六場馬拉松——兩邊的跟腱困擾很久、流連不去的痛。在這種情況下我怎麼能跑超級馬拉松？我必然會在途中崩潰。我得把它們修復好。

我大部分處理或嘗試修正自我的技巧，來自於我的核心肌力與運動教練喬．凱利（Joe Kelly）。喬一輩子都在研究如何讓身體如它在設計時那麼順暢、有效率的運作，像是處於聰明演化的顛峰，而不是像大部分的我們，最後剩下又老又舊的機具。只要在任何城市的午餐時間看看跑者，上班族怎樣咬牙切齒地大步跑、一副痛苦的樣子。我知道他們之後會覺得好一點，尤其是沖過澡、吃過東西後，就會充滿了腦內啡而神采奕奕，但他們大多看起來不是很享受實際的過程。

我知道，因為我是他們其中的一員，卡卡地跑著。我喜歡跑步，而一旦我熱身好了，開始動起來，雖然距離完美還很遠，但已經達到一種動感，帶著愉悅的流暢性、力量的速度與感動。但它仍然感覺起來像是我把所有的煞車都煞住了，我的輪子在摩擦、輪胎扁了，有東西卡在我的輻條上。而最主要的是我的跟腱。在城市裡匆忙的午間路跑時，特別地痛。最初的一英里最糟。而跑完後，下午從辦公桌前站起來時……哎唷。

「你跛腳了嗎？」會有人這麼問我。

「才沒有！」我會故作淡定地否認。我無法拉下臉來承認。「這只是我的黑幫漫步[11]。」

為什麼我不乾脆放棄赤足跑的概念？一開始，我並不是真的赤足跑甚或穿極簡跑鞋。但我特意將跑姿從腳跟先著地改成腳腹（midfoot）先著地——這被認為是自然的、「赤足」

跑的方式——而我通常穿著我所能找到最輕的、鞋墊最薄的鞋子，雖然它們仍然是耐吉與Brooks這類公司生產的跑鞋。

但我回不去腳跟先著地的方式。那些日子我也帶傷，即使沒跑這麼多。但那時我有膝蓋、屁股痠痛等問題。至少現在大多只剩跟腱的問題。而我新的跑步方式——比較挺直、腳腹先著地——感覺起來比較順、比較快。只是我的身體不太能適應，雖然我試了很多種方法。

我決定回去找我最初的指導者，動作教練李・薩克斯比（Lee Saxby）。是他最早教我如何把跑姿改成腳腹先著地，但上了幾節課後，他對我的缺乏靈活性，幾乎感到絕望。

薩克斯比有一系列的基本測試，他說，你應該要先通過這些測試，才能開始跑步。一個是自在的深蹲。但我對此仍然無救，我幾乎無法穩住屁股、彎腰往下蹲。

11.—黑幫漫步（gangster walk）：腳受傷時，跛腳走路的樣子。

「我不知道你是怎麼跑這麼快的。」他搖著頭說。

我跑的時候咬緊牙關，而且假裝不痛。在阿曼沙漠，腳跟的問題有點困擾，但從來不到無法忍受的地步，但也許那是因為當時跑在沙地上。我曾經沿著德文郡的海濱步道跑了三十四英里。但繞著白朗峰的一〇五英里當然就太遠了。我在抗拒它，但我是一個情況惡劣、隨時等著爆發的傷患。

在驚慌之中，我終於去找一位物理治療師。德文郡賽事後，情況變得更糟。我右腳跟的後面出現了一個腫塊。它看起來真的很不妙，而且每次跑完都會隱隱作痛。物理治療師為我檢查後，結論說我把動作縮小到腳踝了。這和其他人的診斷相同，但他不像薩克斯比所說的，叫我以蹲下的方式治療，反而叫我完全停止蹲下的動作。而且要停止穿極簡鞋。他說，我的腳跟下面需要支撐。

這對我之前學到關於腳與跑姿的每件事，簡直是侮辱。極簡鞋讓我的腳有空間可以移動、伸展、感覺地表，然後提供重要的跑步訊息給我的大腦。把它們用厚墊鞋包起來，感覺不太對。那很像是把我的腳用繃帶包起來，那就不用玩了。但是，我腳跟上的腫塊，看起來真的很糟。

這位物理治療師並不真的關心那個腫塊，比較擔心我的跟腱在跑步時會痛。我隨便看了幾位醫生，讓他們看看那個腫塊。似乎沒有人太在意。跟骨骨刺，他們說，彷彿那只是一個雀斑之類的。但我還是嚇到聽從了治療師的指示，穿起有鞋墊的鞋子、一天伸展小腿肚三次、在臺階上做足跟向下的拉筋運動。

但這些完全徒勞無功。如果有什麼改變，就是情況變得更糟。唯一不會讓我的跟腱更嚴重的，就是不要做任何蹲的動作、任何伸展或是足跟上提的動作。只要我什麼都不做，除了跑步，至少它的情況不會更壞。所以有一陣子我什麼都不做，把自己交給更高的力量，陳年舊傷之神，希望有一天晚上祂會出現，把這個痛神奇地趕走。但我是不抱什麼希望的。

***

當我站在喬．凱利位於德文郡南邊托特尼斯（Totnes）一個車庫裡的迷你健身房中間，他來回打量著我，陷入沉思。他決心要找出我的病灶。喬一直在研究、改良與調整他的技巧和療法，綜閱所有最新的知識，看書、聽課，然後在我身上做實驗。我就像是他的實驗白老鼠。我經常咯咯笑著離開，不知他下次又要搞出什麼花招。他幫我做各式各樣可笑的轉位。有一天，他叫我眼睛看著一邊，然後把我的下巴轉到反方向。你試著做，不能笑出來。另一次，他開始用一支棉花棒按摩我的眼睛。還有一次，他只叫我看著他手機裡的幾條線。就這樣；這是他的治療。

喬在我左膝上的一道疤痕上按摩，從這裡得到一點進展。他基本的方法是在我身上施一點力、做治療，然後再次施測。如果有任何動靜，那麼我們可能就有些進展。奇怪的是，在疤痕按摩後，我明顯更強壯了。但這沒有解決我的跟腱問題。

「你一定有其他的問題。」他說，一邊沉思著我、這個房間、這個宇宙。我顯然是個棘手的案子。「所有這些事都有幫助，但我們需要回到問題的根本。」

有一次他開始問我的傷病史，我告訴他我的手腕曾經斷過三次，這時，情況總算有了突破。我壓根不會想到這和我的跟腱有任何相干，但喬對這個發現很興奮，並且開始按壓與戳刺我的手腕。成效很驚人。光是用我的另一隻手握住我的左手腕，立即就讓我的腿力加倍。會是這個原因嗎？喬似乎還沒被說服，而且當然，接下來幾個星期我跑步時，那個討厭的跟腱還是痛。

有一天，喬開始興奮地談到他剛學到的新知。他經常這麼做，研究各種技術、吸收它們，然後繼續，像個在聖誕節當天拆禮物的孩子。他最新的發現稱為「動作解剖法」（Anatomy in Motion）。當我在房間裡上下走時，他很仔細地看我，然後給我「一個動作」，包括一隻腳往前踏一步、舉起一隻手然後稍微扭轉。

「你有感覺到不一樣嗎？」他問。沒有。我覺得一樣。

「我不確定耶。」我說。但是他確信這樣會有幫助，我應該試一下，每天早上在家裡做。

當然，很多人會認為這些聽起來全像是鬼話連篇，我應該不要再浪費我的時間（和讀者的時間）在所有這些未經證實的偏方上。去開個刀吧，有人可能會這麼想。我的教練建議體外震波療法，這聽起來有點嚇人。但我還是相信人類天生被設計適合跑的想法，如果我們能消除我們從一輩子坐在辦公室、坐在車裡、坐在沙發上所得到的各種筋骨痠痛，每個毛病都會不藥而癒。我就像一件被放在一疊皺巴巴衣服裡四十年的一件襯衫——喬正試著幫我燙平，但有些皺褶很頑固。

幾個星期後的某一天晚上，我在火車上用筆電看一個重播的電視節目。這是ＢＢＣ二臺的系列節目，名稱是《醫生在我家》（*Doctor in the House*），喬請我看這個節目。該節目的基本概念，是一位家庭醫學科醫生去到一個人家裡住幾個星期。與其他們來他的診間問診十分鐘，他去看他們怎麼生活，然後藉由治療問題的源頭，來解決他們的健康問題，而不是直接塞給他們一顆止痛藥。

在這一集裡，這家人的年輕兒子患有溼疹，而父親瑞（Ray）則有慢性背痛。瑞是一位有個人健身房的健身教練，但他說自己吃了二十五年的止痛藥。他的背一直痛著，永遠無法睡個好覺，而他也總是情緒不佳。這種情況很悲慘，這位醫生建議了幾件事，都沒有什麼成效，後來他帶瑞去倫敦見一位名叫蓋瑞．沃爾德（Gary Ward）的人，他解釋說，他發展出一種稱為「動作解剖法」的技巧。

在前往看診的計程車上，瑞滿腹懷疑。「我忍不住想，我已經看過所有的醫生、看過所有的專家，他們都無法幫助我，這位專家有什麼其他專家沒有的能耐？」

看診結束前，瑞做了一些喬請我做的動作。這項治療似乎使他熱中起來，回到他的健身房後，他不舉重了，反而站在鏡子前面做他的動作。在主流電視上看到喬的那一套很有趣。然後，不可思議的事發生了：瑞痊癒了。他的背完全不再痛了。

幾個星期後，這位醫生回去見瑞，他已經變了一個人。「我的背痛消失了，」他說：「我現在好似在九霄雲外。」節目結束前，也就是兩個月後，他背痛的毛病都沒有再犯。瑞激動地說：「我覺得自己年輕了二十歲。我沒有誇張，這對我是改變人生的大事。太不真實了。」

火車上的驗票員停下來檢查我的車票。當她看見我正在看的節目，微笑了一下。「我前幾天晚上也看了，」她說：「他的背竟然好了，不是很神奇嗎？」

我開始更認真地做我的動作，開始相信這會有幫助。但我的跟腱還是痛。當時是米沃克一百公里賽前大約一個月，我正全力訓練中。在我繼續練習前，我決定親自去見見這位神奇的專家。

蓋瑞・沃爾德，這位發明動作解剖法的人顯然是個大忙人。當我寫電子郵件給他時，收到了一封自動回覆：

「由於最近《醫生在我家》節目的活動，近來異常忙碌。若您正尋找身體相關的指導，我已經架設新的網站，您可以找到其他上過我的課程的專家。」

最後，因為我的努力不懈，我終於聯絡上他，他同意見我。所以，一個星期後，我站在他位於倫敦北邊郊區的住家外面。

我按了門鈴。那是個寂靜、灰色的一天。一排一九三〇年代半獨立式的房子很低調，彷彿它們對這裡從來沒有新鮮事感到百無聊賴。或者，也許至少它們想要我這麼認為。郵差先生進進出出窄小的鐵門，是唯一有人的跡象。

門打開了，蓋瑞一身運動服站在那裡微笑。「請進。」他說。

在我們開始治療之前，我們得在他的小客廳裡把玻璃咖啡桌搬到一側、移走幾個小孩玩具箱，挪出一些空間。一個大螢幕的平面電視掛在一組皮沙發的對面。我們搬東西的時候，我告訴他我對動作，以及動作與跑步姿勢特別感興趣。

「我痛恨跑步姿勢的問題。」他淡淡地說，讓我有點驚住。

「為什麼？」我問。

「因為那全是胡說八道。」

我不知道該說什麼。好的姿勢當然是好的跑者和壞的跑者之間很關鍵的不同點。好的跑姿是我的聖杯，而我多年來像一個手無寸鐵的淘金者不斷尋找它，當然，我差勁的跑姿是使我無法擁有偉大成就的唯一阻礙。

「那肯亞人又怎麼說呢？」我抗議說。他們的跑姿很棒，天生就過活動的生活，而不是窩在電視前面的沙發。

他對肯亞跑者所知不多，但他說，姿勢不是你應該努力的事。功能決定姿勢，他說。如果你身體的每個部位在正確的時間發動，如果你的身體沒有受傷，如果每個部位都協調、結構是好的，那麼你就會有漂亮的跑姿。這是你被設計時的樣子。

「我的問題總是：為什麼？」他說：「為什麼這個人會姿勢不良？是什麼造成這樣的結果？」

他說，一位姿勢教練可能看到某個人跑步的時候頭向前傾，他們可能會告訴他，頭要抬高挺直。理論上這樣是對的，這樣能更有效運用筋膜裡的彈性能量。「但這個人的頭向前傾，可能是因為他沒有辦法將他的重量放在腳尖上。」蓋瑞說：「也許他曾經長過嚴重的疣，他無法將重量放在腳尖，即使疣康復了，但從來沒有矯正過來。所以他的問題全是因為沒有把重量放在腳尖。如果你只是調整頭的姿勢，你只會把問題轉移到其他部位。」

病史是蓋瑞的策略關鍵。我告訴他關於我手腕上的一些小進展。這正是他喜歡聽到的那類陳年病灶。他請我把腳放在一張紙上，量測我從一邊活動到另一邊的範圍。然後，他請我握住手腕，再做一次。這次活動的範圍增加了一倍。

「我們是複雜的個體，但我們有超級簡單的部位叫做骨骼，它們只能以某些方式活動。」他說：「而且，如果你不以骨骼想要的方式活動，它就可能造成問題，因為你打破了你自己的結構的模子。」

但是，我為什麼不是以我的骨骼想要的方式活動？

「想像一下，你在十五歲時扭傷了你的左腳踝，」他說：「我們經常看到這樣的事。因此，你選擇不再用那隻左腿承載重量。神經科學說，你可以將兩根手指綁在一起，在兩小時後，大腦將開始將其重新配置為一根手指，而不是兩根手指。那是兩個小時。所以想像一下，戴上一個石膏，或者不將重量放在一隻腳上六個星期，那麼，最終你會把你的重量放在另一邊。現在你的右腳承受太多重量了，所以這隻腳很可能要負擔更多走路的動作，而骨盆會採取不同的形態來適應一條腿。」

「而當你的左腿變好時，你不一定會回頭把重量放回去。你可能會以為你已經這麼做了，但是我們常常陷入某種形態，並且全習慣它了。」

藉由輕輕地展示動作的完整性，動作解剖法的動作向大腦顯示，它之前採用的模式、舊傷的補償已經不再需要了。這些動作幫助大腦回復出廠設定。它們實際上是告訴大腦，它不再需要在安全模式下運作了。

看了我的手腕後，蓋瑞只是站著，或是在他家的走廊來回走動拍攝我的動作。回頭看這些影片，我被自己扭曲的身形嚇到了。即使只是站著，我也是個悲劇，身體歪向一邊，脖子歪了，右腳外翻。

「我們都有這種自我感知，」他說：「我稱之為我們的感知中心。任何以自然休息姿勢站在我面前的人，都認為他們是站直的。」

他畫了更多的圖表，在我身上嘗試不同的動作，然後，他送我回家時，讓我帶走一個裝滿指導守則的檔案。我不確定該怎麼想。我們並沒有像ＢＢＣ節目裡給瑞的妙方一樣，找到一個神奇按鈕立刻修復每個問題。也沒有醫治我的怪腳。我得認真投資時間學習他的動作，訓練我的身體自己協調。但這聽起來比體外震波治療簡單。當我走路回火車站時，我緊緊抱住這份檔案，希望它會有效。我還有很多路要跑。我需要一個運作正常的身體。

***

一星期後，神奇的事發生了。這幾年來的第一次，我的跟腱不再痛了。早上起床時，前幾步路感覺很正常。之前不時提醒我弱點所在的隱隱作痛，消失無蹤了。我興奮地出門跑步。當然，沒有任何地方感到疼痛。不必咬牙苦撐直到跟腱暖好身。反而從一開始，就能走能跳，毫無痛感。下一次跑步也是一樣。然後下一次亦然。

說這個故事的問題是，我無法知道這個方法是否對每個人都有效。這是件單一軼事——或兩件，如果你把《醫生在我家》節目裡瑞的神奇故事一起算進去。但是蓋瑞不是一位受過高度訓練的醫學專家。事實上，他開始構思動作解剖法時，正在法國阿爾卑斯山的一間出租店從事調整雪靴的工作。

這種技巧缺乏科學證據的支持，一般人很難忽視這一點。我沒這個問題。對我來說，這很有效。我所需要的證據，就只有我的跟腱。沒有一篇論文比無痛跑步的感覺，更能證實它的效用。但是，當我想要推薦給其他人時，尤其是當我一次又一次聽到相同的故事，知道有人改變他們的跑姿而受跟腱痛之苦時，我發現自己猶豫起來。他們會想知道哪裡可以找到針對這種方法的研究。他們會以為，你一定是剛喝了「酷愛」（Kool Aid）混合飲料。但事情是這樣的，即使這只是安慰劑的效果，而他只是用洗腦的方式治好我的傷，我也真的不在意。經過幾個星期、幾個月（而且，時間快轉，甚至過了一年）後，我跑步時仍然不會痛。但是當我試著向其他人解釋時，這一切確實聽起來有些離譜。

《醫生在我家》節目主持人瑞根．切特吉（Ragan Chatterjee）現在出版了一本名為《四柱計畫》（*The Four Pillar Plan*）的書。其中一根柱子就是動作，而他在這本書裡的建議，部分即是根據動作解剖法。切特吉是受過訓練而且廣受敬重的醫學專家，而且還是一位執業物理治療師。所以我和他聯絡，問他缺乏證據支持動作解剖法，是否令他困擾。

「這是個好問題，」他說：「但是當我尋找證據，我先找的是這種治療是否有什麼害處。例如化療，我得看到相當好的試驗證明，才會用在病人身上。」

原來切特吉自己也有一則奇蹟故事。「我有下背痛的毛病好幾年了，」他解釋說：「但我不是很在意它。有一天我幫一位朋友搬家，搬了一個箱子，然後我的背就完了。」

在接下來的幾年裡，他看了一位物理治療師、一名脊椎按摩師、一名整骨醫生，甚至一位脊柱外科醫生。「我無法工作，」他說：「我不得不放棄運動——在那之前，我一直在打高級數的壁球。」

然後他無意間在網路上看到蓋瑞的影片，突然產生某種聯想。「身為醫生，我們總是在壓抑症狀，而不是找出病灶。」所以他去上了一堂週末課程，看看他是否能將蓋瑞的一些想法融入他的物理治療工作。週末的一部分時間，蓋瑞把他當一個個案來評估。「他看出我的右腳卡卡的。我的右鞋有一個鞋墊，因為我過度運動，每次我穿鞋時，我都畢恭畢敬地把它放進去和收起來，即使差別不大。」

蓋瑞告訴他，他的腳掌下旋不順，並且給他一些動作，和他給我的動作相似。幾天後，切特吉的背就好多了。「因為我的右腳運作不順，我右邊的臀大肌沒有起動，所以我會背痛。現在我可以回去打壁球、滑雪丘，做每件事。」

「我為了我的背看了一堆醫生，」切特吉說：「但要翻轉情勢，我們需要新穎的觀念。如果我們必須停下來等證據，情況就不會有進展。我想要幫助我的病人。電視節目裡的瑞對所有有根據的治療已提不起勁。然後接下來怎麼辦？放棄嗎？」

切特吉不覺得他的過去有什麼特別的傷害導致他的問題。「我的生活方式並未訓練我的身體，」他說：「我們活在現代世界的方式，坐著太久，不讓我們的兩腳工作，把它們塞進鞋子裡，不讓它們活動。」

切特吉也是「赤足」鞋與赤足跑背後理論的愛好者。當然，這全互相關聯。也許這是最後一片消失的拼圖。至少對我是如此。無論如何，我現在可以腳腹著地，「赤足」方式著地，而不感覺到疼痛。

「蓋瑞的動作重新教導我的身體它想要怎麼運作，」切特吉說：「我的腳肌肉回復了，而且我的右臀大肌重新使力了。」

大腦需要重新學習一個動作，以便讓它將那些之前因為某種原因而停止使用的肌肉重新開啟，這個概念是動作解剖法的核心。這與科學家提姆．諾克斯（Tim Noakes）著名而且廣為接受的「中樞控制理論」（central governor theory）相關，這個理論的核心是，動作、疲勞與身體壓力主要由大腦控制，而大腦就像是一個過度保護的母親，在受傷或受損之前，便把一些功能關閉。這位母親似乎也很健忘，在危機過了之後，忘記把東西回復原狀。

關於大腦處理動作的模式，蓋瑞的許多概念是借自一種稱為「神經動能法」（NeuroKinetic Therapy，簡稱ＮＫＴ）的療法。這是超過三十年前，由一位名為大衛．溫斯達克（David Weinstock）的美國人設計出來的。剛好溫斯達克住在加州的馬林郡，距離我參加米沃克一百公里賽時招待我住宿的蓋瑞．吉林住家不遠。所以，當我去加州參加比賽時，我也順道去拜訪他，看他是否能為動作解剖法的運作方式，以及為什麼我的跟腱痛突然好轉，提供更多的解釋。

蓋瑞．吉林決定要一起來，所以我們三個人在附近科特馬德拉（Corte Madera）一間陽光的沙拉吧見面了。溫斯達克請我們兩人吃午餐，很快和蓋瑞打成一片，其實蓋瑞在路上一直跟我說他對神經動能法多麼充滿懷疑。但是溫斯達克有一個開朗的加州式微笑與安靜的自信，很快地，我們就開始吃他那一套了。

「我們做的事，基本上是重新啟動大腦裡控制動作的電腦。」他說：「在神經動能法的課裡，我們訪問患者，然後看他們走動。我們想要看出什麼部位過度工作，什麼部位太少工作。之後，你釋放過度工作的肌肉，或者激化太少工作的肌肉，如此促進重新安排大腦中失調的模式。」

「蓋瑞．沃爾德混合了他的和我的東西，」他說：「所以，他診斷你的時候用的，就是神經動能法。它基本上是一種診斷的工具。然後，動作解剖法是一種聰明設計的技巧，用來重新訓運動控制系統。」

當我告訴他我的手腕問題時，他點點頭說：「當你傷了某個部位，你會產生不該存在的疤痕組織。我們現在透過筋膜研究知道，筋膜系統是神經系統的骨架，所以當你切斷它或者干擾它時，你就打斷了運動控制系統。」

「當我們看這些事的時候，人們對它們的影響瞠目結舌。但這些疤痕是舊的，並不表示大腦已經修復了這些損傷，它只是學會了如何去應付與代償。」

他說，其他會造成問題的，是運動傷害、過度使用、不良姿勢、電腦工作和手機。「很快地，我們將會有一個駝背世代。」他說。

我告訴他我曾經有五年的跟腱問題。「跟腱痛與足底筋膜炎是跑步傷害中最常見的，」他說：「但它們往往被當成症狀治療。我會告訴你，在我研究過的所有跑步者中，百分之九十八的原因是臀肌較弱。如果你在沒有臀肌的情況下跑步——而且我是從神經學的角度來說——力量會沿著筋脈轉移到腿後肌，然後是小腿肚。當它們收緊時，會拉動足底筋膜或對跟腱施加壓力，然後你就痛了。」

蓋瑞坐在我旁邊，愈聽愈相信了。他開始提到他的朋友艾莉·葛林伍德（Ellie Greenwood）。她是前同志超級馬拉松賽冠軍，也是美國西部州一百公里賽道紀錄的保持人，但她已經傷了好幾年。「我們應該找她來這裡治療。」他說，並問溫斯達克當地在哪裡可以找到一位神經動能法的治療師。應該不會太難；全世界現在有四千五百人，而且人數一直在成長。

然而，和蓋瑞・沃爾德一樣，溫斯達克也沒有任何科學證據支持他的理念。我問他，他怎麼跟那些擔心這一點的人解釋？

「如果我做的每一件事都要仰賴證據，」他回答說：「我會比目前的情況還退步二十年。我是一位診所醫師，不是研究人員。人們很執著。」

我不確定尋找證據算不算執著，但如果他有成果——而且我自己的腿也顯示他有某種道理，畢竟它有效——那麼，求診者會絡繹不絕。我就是那個很高興來接受治療的人。

說到這裡，加上最後一個充滿陽光的微笑，我們和他道別了。蓋瑞在回家的路上難掩興奮，我們一到家，他開始將今天聽到的一切轉述給他太太荷莉聽。只是——而這也是我嘗試解釋這些事給其他人聽的時候得到的回應——她不買單。證據在哪裡？溫斯達克說的傷疤阻斷運動控制系統是什麼？不可能，那聽起來像是胡言亂語。荷莉看我們的表情，彷彿我們剛加入了一個邪教，而且我們兩個想要結婚之類的。

但不管有沒有證據，跑了兩場超級馬拉松後，我跑步時的不適狀況比我在青少年時期更少。我回到北安普敦的老家時，雖然已經有一系列超馬訓練，我決定和我的弟弟戈文達跳進去參加一場五公里的公園路跑時，我更確定這個方法奏效。

大荒野挑戰後，我們兩個就沒再比賽過，所以，為了報一劍之仇，我用飛奔的步伐跑，和他拉出一段他不太能趕上的距離。之後他說：「你知道嘛，你總是在你的書和文章裡寫那些關於跑姿的事。但其實，你的跑姿從來不優美。但今天，你看起來很不一樣。你看起來像一個跑者了。」

他說得對，我看了自己跑步的照片和影片，我不禁想，天啊，真的，我真的看起來像這樣嗎？我終於做了改變，優良的跑姿證據很難發掘。但是最近，自從做了我的那些動作後，情況感覺不一樣了。不僅跟腱不再痛，我也感覺自己能輕鬆地健步如飛。即使進行各種長而和緩的超馬訓練，我跑這場公園路跑的成績，在歷年紀錄中名列前茅。

所以，帶著我腳步上的彈簧，我開始準備一系列最艱難的比賽歷險，先從環安格爾西島的小圈開始。火環賽是湯姆．佩恩的第一場超級馬拉松，而且剛好也是伊莉莎貝．巴恩斯的第一場超馬。他們在同一年參賽，而且雙雙奪冠。但我沒打算效尤。我會放輕鬆來跑，我告訴我自己。不是比賽。只要好好享受沿途的風光，撿幾個ＵＴＭＢ點數，然後打道回府。知道了吧？

10

當我駝著背站在安格爾西島北海岸一個休閒中心空蕩蕩的淋浴間裡時，全身抖個不停。跑完第一天後，我不應該這麼累的。我幾乎無法彎下身，洗掉沾在腿上的泥巴。

穿過終點線後，我走到安盧克休閒中心（Amlwch Leisure Centre），在主要的體育館中間成堆的袋子裡找到我的，然後把睡袋鋪在一側的牆邊。因為我是前幾個抵達的選手，應該可以好好選要在哪裡安頓下來。出發前我告訴自己，好好享受這裡的風光。我就這麼跑，結果這一天跑到第八名。實際上，我一路大多覺得狀況很好，彷彿有些保留。但現在卻覺得完全癱瘓、虛弱，像是從鳥巢摔落的幼雛。

等我終於沖洗乾淨，我找到了休閒中心的游泳池。游個泳似乎是個好主意，但我站在水池邊，猶豫了起來。水池裡一個人都沒有，只有兩位十幾歲的救生員在外圍慢慢走動，一個帶著雜音的立體聲音響播放著迪利・瑞斯可（Dizzee Rascal）的音樂。我滑進水池，站著不動。我幾乎動不了。我往下沉，離開岸邊，緩緩滑動我的兩隻手臂。我花了大約十分鐘才游了一趟。兩位青少年看起來無聊至極。我再次離開岸邊，游第二趟，這回稍微快了一點。游到對岸時，我爬出水池。這樣夠了，我需要吃點東西。

回到體育館，換好乾淨衣服，身體也暖了起來，我爬進睡袋，拿出我為自己打包的食物。我坐在那裡慢慢吃著，一邊看愈來愈多人抵達，他們看起來筋疲力盡，和我剛才一樣找自己的袋子，然後拖行到牆邊的一個角落。人們來參加這種比賽的原因之一，是要離開他們的舒適圈，在他們的生命中體驗一些艱困的情境，這樣回家時會感恩自己所擁有的。我記得一位超馬跑者告訴我他在戈壁沙漠跑了一個星期後，沖熱水澡時有多麼地快樂。爬上床鋪乾淨床單時感到多麼愉快。但這裡似乎把這種不舒服帶到了全新的悲慘境界。我四周的人包在睡袋裡坐著，戴著他們的帽兜，吃著保鮮盒裡的食物。這裡沒有沙漠的天空可以仰望，只有體育館屋頂的燈條。

我附近的一個男子突然在地上扭動，一邊大叫。他的腳嚴重抽筋。他有兩位一起來幫他加油的友人，但他們只是站在那裡看他，心虛地笑著，不確定他是不是在開玩笑。但他不是開玩笑，他正痛苦不堪。我坐著看他們，有點恍惚，但看見他們仍然袖手旁觀，我便吃力地站起身，過去幫他，把他的腿按直，直到抽筋的現象消失。

他搖搖頭，累壞了，差點往生。「真抱歉，」他說：「我通常不會這樣。」這是漫長的一天，這裡沒有一個人看起來是輕鬆完賽的。我爬回我的睡袋，把它拉得更緊一點。

隨著時間過去，體育館裡愈來愈熱鬧。我決定晃回去外面，看看仍陸續跑過終點的人。我現在覺得好多了，似乎除了我以外，每個人都有一個加油團。我不覺得那很必要。他們得在島上開一大段路，在寒冷的天氣裡呆站好幾個小時，只為了等著看我經過的那幾秒。這是我自己的事，我自己的計畫，並不會真的對任何人帶來好處，或者達成任何意義。期待某個人連續三天像個人助理一樣一直跟著我，感覺有點自私。

然而，當你完賽的那一刻，當你穿過終點線，奇怪的事就發生了。情緒沸騰起來，浮出表面。你覺得自己在那裡經歷了某種強烈的情緒，彷彿你剛歷劫歸來。而獨自一人站在那裡，沒錯，這很容易讓人覺得孤獨、失落，這時候很需要某個人來告訴你，一切都很好。我猜想這是為什麼當你完成了同志超級馬拉松賽，會有那些人在終點迎接你。那是全世界歷史最悠久的超級馬拉松。它知道人們所需要的是什麼。

但現在已經過了幾個小時，我還好。其實，我還相當快樂，能照顧自己，除了自己的需要，沒有其他的事物需要掛心。我為仍在努力完賽的人難過。現在幾乎是睡覺時間了，但他們還得梳洗、進食、鋪床。

今天我們跑了三十六英里。我先前不知道得做這麼多找路的工作，所以沒有太多準備。比賽裝備清單告訴我們要攜帶地圖標示路線用，而且要下載GPX檔案到我們的手機裡，但我一直以為只要沿著海岸線的小路，應該不會這麼困難。只要維持大海在你的左側就行了。但路線並非一直那麼簡單，要不是有其他人在旁邊，我一定會走錯好幾次路。尤其我最後是跟著一位名叫史考特（Scott）的傢伙，還有另一位來自荷蘭的跑者。史考特之前參加過這場比賽，能確實掌握我們所在的位置，所以我確定要跟著他。大部分的時間都沒問題。他的速度恰好。也許稍快了一點，但這能讓我保持前進。如果我是自己跑，也許會走一段路，但我剛好與這兩位選手的節奏搭配，最後的二十英里大都是一起跑的。

我路上碰壁了幾次。其中一個是在大約二十英里時，我開始覺得有點頭暈。我覺得自己快失控了。有一瞬間，我開始認為我的比賽已經結束了。但我走了幾分鐘，想起我在米沃克的插曲，我喝了很多水、吃了兩顆能量球和一些海棗，然後就完全上軌道了。一段時間後，我讓自己再次啟動，起初是牛步，但至少有前進。然後，我克服了這一段，重新覺得狀況不錯。

第二次很糟的情況，是剩下一英里的時候。由於離終點很近，我想乾脆從那裡走到終點。那是一個舒服的晚間，所以我開始走，心情愉悅。然而，就像是從樹叢裡冒出的突襲，我突然滿腦子灌滿負面的想法，問自己所有這一切的意義何在？超級馬拉松、UTMB和它的愚蠢點數。在我的腦海裡，我真的向後退了一步，看著這些評語漫出了牆，而且忍不住笑自己。我真的每場比賽都要這麼淒慘嗎？一定要出現某種存在危機嗎？「加油。」我告訴自己，我揮舞理智之劍。「距離終點一英里前別這樣。」

這時，我已經落在兩位同伴之後了，但他們在一個叉路停下來，不確定該走哪一條，所以我又追上他們。雖然我原本想好要用走的，但既然他們開始跑，我便跟著他們，一起跑到了終點。

現在已經過了晚上九點，明天還有六十六英里要跑。我需要在我的地圖上做一些記號、睡點覺，所以我回去找我在體育館裡的棲身處。

那晚我睡的不多。他們很晚才把燈關起來，而且只關了一半。幸運地，我們這一半是暗的，而且我帶了眼罩，就是你在飛機上會拿到的那一種。但除了燈光，我的兩條腿太痛，睡不著。當我輾轉反側，試著找舒服一點的姿勢，我很擔心這兩條腿明天要怎麼帶我跑。

凌晨四點，我放棄了，便起床使用化粧室。我心想，既然已經醒了，我就趕在尖峰時間前先進去。當我躡手躡腳走過體育館，我看到很多人睡在燈條下，沒有戴眼罩，甚至連睡墊都沒有，在硬梆梆的地板上睡著了。

從化粧室出來，我回去蓋著我的睡袋，坐著等，像是一個準備受死的人。四點五十分整，賽事總監之一昆廷（Quentin）如他之前所說的，準時出現在體育館，臉上帶著一抹詭異的笑，他的手機播放著賽事主題曲強尼・凱許（Johnny Cash）的〈火環〉（Ring of Fire），他自己也開心地跟著搖擺。

我覺得很多人應該沒有真正睡著，幾分鐘內，每個人都起床了，來來回回地走動、打包袋子、在身上塗抹凡士林。我的腿感覺不太糟，真令我大吃一驚，因為它們明明整晚都在痛。我的腳狀況也可以。第一天的最後十英里，它們因為穿薄底鞋跑步的震動而灼痛。

就這樣，隨著太陽升起，我們踏上環安格爾西島第二天的旅程。大約十英里處，我與一位來自約克郡的男子和一位來自威爾斯的女子同步，這位女子是一位電視運動臺記者，名叫蘿莉・摩根（Lowri Morgan）。那位約克郡人認出她，久仰其名。他一直追問她關於她在威爾斯電視臺報導的拉力賽。

她也做過一些關於超級馬拉松的紀錄片。她告訴我們，她曾經跑三百五十英里穿越北極地區。在那場比賽裡，你必須把你所需的所有東西用一把雪橇拉在你後面。她共花了一百七十四小時，而且是那一年唯一完賽的人。和那場比賽比起來，這場比賽感覺像是在一座花園裡折返跑。

當我們沿著海岸的小路穿過一片乾掉的河床、進出孤寂的港灣、經過小漁港時，太陽已經出來，天氣開始暖和了。另一位跑者有點落隊，我要跟上蘿莉也相當吃力，但她喜歡說話，而且聊天有助於讓時間過得快一點。我問她，是什麼原因促使她想要嘗試像在北極的那場瘋狂比賽？

「我也不太知道。」她說。但我們有很多時間，所以我們一邊跑，她繼續沉思這個問題。「我想，超級馬拉松帶領我們到我們不常去的所在。」她說。她指的不是不同的國家，而是不同的心境。「它們能將你扒光。在北極，我自己在那裡很長一段時間。彷彿是一種重建靈魂的體驗。」

她看著我，但我只是努力要跟上她。「然後，你可以帶著那股力量回到生命中的其他領域。」她說：「以工作來說，如果我被解僱了，我不會擔心。我會想，『我面對過比這個更可怕的惡魔。』」

她說，她有一次被邀請到一個婦女庇護之家談她的跑步經驗。她告訴她們，去北極之前，她很怕黑。她說，她很怕在晚上跑步，因為那是最冷的時候，很孤獨，而且那時候最容易胡思亂想。

「但比賽的第一個晚上，我看到了極光，」她說：「它們就像是空氣中的音樂。之後，我改變了我的態度。我感覺到星星為我上演一齣表演，而我開始期待夜晚。」

她說，在她分享完，她告訴那些婦女她覺得很抱歉，因為她明白她選擇把自己放在一個困難的環境，然而她們其他人卻沒有選擇餘地。

「但隨後一位婦女走上前來，」她說：「她告訴我不用覺得抱歉，她可以理解我說的事。她說，我所描述的夜晚與極光，正是她帶著三個小孩與兩個黑色垃圾袋離家時那天夜晚的感覺。」

這條小徑通往一幢大房子的車道。一個坐在折疊式躺椅上的男人正在看報紙，我們出現時，他抬頭看了我們一眼，似乎很生氣。「走開。」他突然大叫一聲。

「你們在找海邊的小路嗎？」一位女士從他身邊走出來，問我們。原來蘿莉的故事太吸引人，我們在某個地方錯過了一個轉彎。幸好只要回頭幾百公尺就行了。當我們翻過梯蹬，可以看見那位約克郡朋友正在我們前方漸行漸遠。我們只慢了幾分鐘而已。

一回到跑道上，蘿莉開始告訴我她在亞馬遜參加的另一場比賽。

「當時我們正在那裡拍攝比賽的影片，我被幾隻大黃蜂叮了。」她說：「我的舌頭開始腫起來，我心想，慘了。我已經被叮了大約四十次，然後我想，我拍到的影像已經夠多，下一個檢查站我就要停下來了。」

但負責檢查站的人員看看她的舌頭，說看起來很正常。

「我明白是我自己在大腦裡製造了這種反應，」她說：「因為我想要放棄。我的腳趾甲快掉了。不管怎樣，我決定至少跑到下一個檢查站。因為美洲豹會在夜晚出沒的關係，我們得在下午四點前趕到那裡。」

故事愈講愈離奇。我一直建議停下來，確定我們是否仍然跑在正確的路上。其實我只是需要喘一口氣。然而，她之前跑過這場比賽，不斷告訴我沒問題，只要繼續跑。

「所以，我繼續撐著，」她說，接著她的故事：「這時我想起我媽媽給我的一張卡片。我是說，為了減少重量，我剪掉了食物袋的包裝、修剪我的牙刷，但我一定要把這張卡片帶在身上。我把它拿出來。這是一句格言：『最偉大的榮耀不在於從不跌倒，而在於每次跌倒後都能站起來。』」[12]

「我讀了這句話後，身上的疼痛都煙消雲散了。它就像一股向我襲來的精神感召。我得敲敲我的雙腿檢查一下，我很驚訝那些痛怎麼完全消失的。」

這讓我想起我在米沃克一百公里賽裡重新振作的往事，那個突然而且令人難以置信的蛻變。在蘿莉的案例中，她讀了卡片上的勵志語後，顯然全部都存乎一心。

最後我不得不讓她先走。我得用我自己的步速跑。小徑在懸於海崖邊緣的迷你木屋間盤旋，接著，在某個孤立的海灣底，狹小的路徑蜿蜒而下，幾個彷彿從一九二〇年代就住在那裡的人站在門前的車道上。

往檢查站的半路上，我們抵達一個小鎮。我們跑在柏油路上，跑過一個港口，再沿著主要道路一段短程來回，我的兩腳開始發燙。當我到檢查點時，我發現蘿莉抱著她兩歲的兒子坐在一張椅子上。她看起來疲憊極了。我聽見她告訴主辦單位她正盤算要棄賽。「別鬧了。」他們說。我建議她走一小段路，因為我記得昨天走一小段對我滿有幫助的。她坐著抱著兒子，我看得出棄賽的吸引力。沒錯啊，為什麼要繼續。還有超過三十英里的路程。而且只是今天而已。也許她現在狀況很不好。我知道我是如此，但是我需要UTMB點數。她之前已經跑過這場比賽，而且完賽了。她已經是到處演講，而且製作自己的比賽影片的人物了。她不需要這場比賽。

12. 一 原文寫是孔子說的話，但經查詢是西方人偽傳，故改為「格言」。

但我只在心裡這麼想，沒有說出口，把問題留給她自己慎重考慮，我繼續前進。後來我得知，她繼續跑了，但是當天沒有跑完。比賽結束後幾個星期，我和她聯絡，問她怎麼了。

「我在那個檢查站身體不舒服，」她說：「我的爸爸是醫生，他說是血液問題。我在心裡盤算一陣，所以放棄了。我以前從來沒有這麼做過。我在腦袋裡反覆思量，不確定這情況是否是自己憑空想出來的。你停賽後，你想，至少不會再痛了。是沒錯。但取而代之的是失落感。」

回到海濱道上，我現在開始吃力了。還有三十英里。似乎是非常遙遠的距離。我不斷地看我的手錶，但這於事無補。每次我看錶，希望又過了一英里，但其實還差得遠。而且每回都像是對腹部的一次痛擊。我試著不要看錶，但又忍不住。它一直在那裡，在我的手腕上，可能有好消息，進展的希望。但這個希望每次都破滅。

我最後和第一天一起跑的那位荷蘭人一起跑。超過半路時，他追上我，看起來體力很好，所以我試著盡可能跟著他。但他不是很好的伙伴。每當我鼓起勇氣和他聊天，問他：「你覺得還好嗎？」他便狠狠瞪我一下，彷彿很訝異我出現在那裡。「很好，當然。」他說。

如果是和其他跑者一起跑到一個十字路口，路線不明顯時，我們會比對彼此的地圖，討論後再繼續跑。但我的荷蘭朋友似乎知道路，不發一語就繼續前行。剛開始的時候我都跟著他，他似乎很有把握，但是轉錯幾個彎後，我決定不跟著他了。

有一次，在他後面跑一段長路後，他突然從我後面出現，從我旁邊大步超前。我猜他一定是在某處轉錯彎。「你迷路了嗎？」我說。

「沒有。」他草草回了一句。

比賽後來，他做了一件怪異的事，太古怪了，以致於我不知怎麼反應。也許這描繪出了超級馬拉松野獸本性的一面，它可能帶出你單純求生的動物狀態，文化上的細節變得不重要。又或者，這只是荷蘭人的特質？

不論如何，當我們穿過一片孤寂的礫石灘時，他跑在我前面約五十公尺處，但他突然停下來，脫下他的短褲，蹲下來大便，而且就在跑道上。我接近時，他站起身，抽出幾張衛生紙，開始擦他的屁股，彷彿這是世界上最正常的事。我無處迴避，他就擋在路中間，所以我只好從旁邊繞過。幾分鐘後，他追上我，而且跑在我旁邊。我們對剛才的事隻字未提。

＊＊＊

我到達森林區時，溫暖的午後已被傍晚的寒涼取代。賽事總監昆廷曾經得意地告訴我一個故事，說前一年有人在森林裡迷路，最後決定就地睡覺，等待早晨的到來。我整天都在擔心這件事，所以我很高興在夜晚降臨之前抵達這裡。現在，我已經到了必須和自己說話以繼續前進的地步。剛開始的時候，只是不時地小聲說「加油」。然後，到了五十英里左右，我開始樂觀起來，但夾雜著怒氣。「你可以的。只剩下十多英里，你就可以結束這段鬼路了。」現在我身體每個部位都痛起來了。疼痛蔓延到我的肌肉、我的關節、我的髖骨、我的屁股、我的膝蓋。我知道如果我停下來，痛就會消失。但是我繼續前進，因為我參加了這場愚蠢的比賽。

有一段時間，我發現自己唱起一首被遺忘很久的兒時歌謠。那時是一九七〇年代晚期，當時我的雙親是一位印度古魯的追隨者。我們參加了一場慶典，聽他演說。那是一個夏天，炙人的熱天，但下了一場雷雨。我當時應該是五歲，但我記得很清楚。父親帶我到一個營帳裡避雨，裡面一位印度人正唱著這首歌。我認得這首歌，我父母在家演奏過，因為這場暴風雨，它鑲嵌在記憶裡了。這首歌的歌名是〈聖名的驟雨〉（Downpour of the Holy Name）。我知道這聽起來很怪異，但不知什麼原因，我開始對自己唱這首歌，一邊唱，一邊回想起那個營帳和那一刻的感受。有一段時間這很管用。我覺得輕鬆一點，跑得很順，疼痛消失了。

我後來回想這一段，為什麼這首歌會浮現腦海，以及為什麼它會有幫助？我也試著默念一位朋友給我的咒語真言，還重覆念著我小孩的名字，但都沒有這首歌的效果。聽起來可能心寒，但我確實不是為了我的孩子來參加這場比賽。他們也不會在乎我是否完賽。不，我是為了埋在我心底的那個小孩。而由於某種原因，透過這首歌與那個小孩連結，把我置入一種情境，像是一場夢，其他每件事都模糊了。

突然，就這樣，我通過了森林，到了倒數第二個檢查站。現在是六十英里。還剩六英里。我在一把椅子上坐下來，試著吃一點東西。一個花生醬三明治。我知道我仍然大約是第八名。我競爭的那一部分仍在奮鬥，仍四處張望，惦念著要跑到前十名。但其他部分的我並不在乎。完賽就好，這一部分的我說。

我把自己從椅子上挖起來，但全身還很僵硬。我不該坐下來的。一位愛爾蘭女士剛好跑過，她看起來體力還很好，我記得前一天她在我之後幾小時才到。「只剩兩個公園路跑。」她開心地說。我沒有力氣回應她。

不久後，我來到一個十字路口。現在只剩我一個人跑，所以我把地圖掏出來。根據我手繪的路線，它說我應該繼續往前。但路邊海濱道的路標說往左。我四周看看，只有我一個人。賽事指南說，百分之九十九的賽道是遵從海濱道的路標。但是主辦單位說，偶爾路線會走不同的方向。這會是其中的一次嗎？問題是我對我的地圖沒有信心。前一晚我在體育館標示地圖時，我標得不是很精確。當時我很累了，不確定有沒有全神貫注在聽。所以我向左轉了。

結果這條路是錯的。我仍然試著遵循我的地圖，但現在沒什麼用處了。與其折返，我試圖切過去，跟著一條我認為會帶我回去正確方向的路，但很快地，我已經完全迷路了。現在是晚上八點鐘，天色全暗了。

我站在一條孤獨的鄉間小路上，這時聽見一輛車子接近。是一臺荒原路華（Range Rover）。我試著招手攔車。開車的女子靠近時減了車速。我微笑著揮手。但她突然加速，連看都沒看我一眼就從我身邊飛馳而過。

我一定看起來像個瘋子，尤其現在離比賽地點很遠了。我只好沿著路走下去，來到一個小房子。這裡燈火通明。我必須找到路。我走上前去敲門。接近房子時，可以看見客廳裡的一位男子驚訝地抬起頭來。最後他走到門邊，踏出屋子，把門從身後關上。

「需要幫忙嗎？」他問。

他告訴我方向。我距離艾柏弗羅（Aberffraw）村的終點只有幾英里。我一邊沿路走，一邊研究我的地圖，發現我是從另一個方向過去，而且會錯過一個檢查站。錯過一個檢查站意謂要加三小時作為罰責。從這個小村鎮到那個檢查站只有一英里，關門時間是凌晨兩點，所以我還有將近六個小時。就算慢慢走，我也可以在一小時內走到。但我已經累歪了。我決定接受時間的罰責。只要完賽就好。

因為加了三小時，我假裝比賽的心已經結束了。這其實是一種解脫，像是我大腦裡煩人的絮聒關掉了。進入村莊的最後一英里是一條長而直的下坡路。天色已經黑了，我的兩腳因為長時間的踩踏灼熱起來。這時，詭異的事情發生了。

我想從水壺伸出的管子喝一口水時，發現它有一個蓋子。我之前從來不知道它有一個蓋子。我從來沒有用蓋子，把它拿掉也很奇怪。這時，我四周有某個東西開始發出啵啵聲。啵，啵，啵。我四顧張望，覺得自己被包圍了。我在黑暗中撥動兩隻手臂，想把前面的任何東西撥開。也許是因為蓋子在我的水壺上？我再把它拔起來一次，但還是一樣。

經過天荒地老的時間後，艾柏弗羅似乎沒有變得近一點，它彷彿是坐落在遠方的一座鬼城。然後突然間，我就置身其中了。當我努力過了一座橋，沿著一條空蕩蕩的安靜街道、經過灰色的半獨立式房子，抵達村莊大廳時，啵啵聲忽然停止了。前門是開著的。我走進去。

裡面幾乎沒有人。感覺很超現實。大家都到哪裡去了？我坐在一把椅子上，大約三、四個人在附近走動。昆廷走過來看我。他告訴我，後面有一個小房間給較早跑完的人休息。他建議說，最好去那裡睡個覺，因為整晚都會有跑者陸續進來，他們通常痛苦不堪，容易驚動其他人。但我動不了了。幸運的是，主辦單位為我們煮了一些義大利麵。我的規畫是在村裡覓食。我原本想像的是能沖個澡、換衣服，然後走去當地的速食店。但是我現在幾乎連彎下身解鞋帶都做不到。昆廷幫我拿了一碗食物，但我現在連吃東西都很困難。我又開始發抖了。我真的，真的需要一個擁抱。

這聽起來很荒謬，我知道，但獨自坐在那間孤寂的大廳裡，感覺身心很受創。我什麼事都沒辦法做，無法為隔天的比賽路線標示地圖。我也無法去想聯絡梅瑞爾塔的事。她寄了一則簡訊給我：「你到了嗎？」但我沒辦法回覆。我知道這只需要幾個字。不是我的手指頭沒有力氣，而是我根本無法在大腦裡組成一個句子。我不能換衣服。這裡沒有沖澡的地方，但我的袋子裡有乾淨的衣服，連睡衣都有。我還有力氣做的，只是在後面的邊間裡鋪平我的睡墊、攤開我的睡袋，然後，穿著我整天跑步時穿的衣服，爬進睡袋裡。

我沒睡。我的腳好痛，我得克制自己哀嚎地太大聲。我沒水了。自己一團亂。我輾轉難眠。我們睡在村民大廳的倉庫裡，躺在疊高的桌子下面，地面則是粗糙、破舊的拼貼地毯。我們大約只有五個人在這裡。我猜想，其他人要不是棄賽了，就是今晚訂了當地的旅館，有他們的加油團幫忙打理。

我連續第二晚沒有闔眼睡覺。最後，凌晨四點五十分，燈條亮了，光線照在我臉上，昆廷再次笑著走進來，他的手機依然播放著〈火環〉這首曲子。

令人驚訝的是，當我站起來時，覺得情況沒那麼糟。我的意思是，我覺得很慘，但不知為什麼，我的兩條腿並沒有我預期的狀況那麼差。真奇怪，通常如果我跑完一場馬拉松，或者沿著起伏的海濱道跑完一場六十六英里超馬，第二天你會全身敗壞，幾乎無法走路。但現在我的身體過了一晚後，彷彿進入某種高度修復模式，即使前一晚沒有入眠。彷彿它知道它得準備好再度出發，暗地裡儲藏了一些精力。像是它偷偷留了一手。

***

我們收拾好袋子，走到戶外，走進橫掃的雨絲中。在經歷了之前所有的一切後，這是最後一天賽程的悲慘開始。天色還是暗的。灰色的房子安靜而冷漠地站在雨中。現在是星期天早上，是它們賴床的日子，尤其是在這樣討人厭的天氣裡。它們躺平了，背對著我們。

昆廷一聲令下，我們拖著腳步出發了，只剩下三十三英里。由於我的時數罰責，我今天唯一在意的，是不要錯過另一個檢查站。如果又錯過了，我可能無法及時回到終點，而我需要那五個UTMB點數。所以我小心翼翼地跑，跑在隊伍較後面的地方，全程跟好其他人，確定自己不會再迷路了。

離開艾伯弗羅不久，當天色愈來愈亮，我們經過一個小海灘。大浪打進來，而當我們跑過一個停車場時，一個男子站在他的車子旁邊，正穿上一件潛水服，準備要去衝浪。我們一個個安安靜靜地像鬼魂一樣地拖著身體、背著背袋，表情痛苦地跑步經過時，他滿臉驚訝地看著我們。他注意到我了。「我以為我才是那個瘋子。」他說。

在那一刻，我所能想到的是，他是對的，在這場環繞威爾斯一座小島跑的第三天，在這種天氣裡和一群我完全不認識的人一起跑，除了瘋狂以外，我看不出有任何喜悅或滿足感。一點道理也沒有。

但我奮力前進。我跑在隊伍的更後面，用這麼慢的速度，事情變得不一樣。與其一心想著追上別人、超過他們，保持領先，趕、趕、趕的，我反而可以慢慢來，體驗這趟旅程。如果我這場比賽全程都如此，也許我就能享受它了。為什麼我總是要一直處在比賽狀態？我可以只是好好享受，欣賞風景、欣賞這裡的氛圍、同儕跑者的陪伴。這是我的地方。我前兩天跑太快了。現在，跑在後面，我很開心。

但不久後，我開始覺得我們走太多了。我是來跑步的。我一直緊跟著兩位來自利物浦的男子，但後來心裡癢癢的，想跑快一點。我開始覺得狀況已經好一點，所以，冒著自己再次落單的風險，下一次他們又開始走路時，我不跟著走，我繼續跑，努力向前。不知不覺，我已經跑上山坡。在最後的十英里，我都用跑的。那神奇的復原按鈕再次啟動。一位來自博爾頓（Bolton）的男子也在我前面快速前進。我一直看著他，但是當我們接近終點時，我開始換高檔，自在向前跑。我加足馬力跑上山坡，跑了一英里左右，彷彿我在做上坡衝刺，超過他了。他往旁邊讓一步。「加油，超人！」他大聲喊：「多麼讚的結束！」

繞過最後一個彎，我用全力跑，通過終點時，一邊揮手，一邊大喊。來自博爾頓的男子不久後也到了。他走過來，對著我咧嘴笑。「夠狠的，老兄。」他說，並和我擊掌：「哪裡來的衝勁？」

確實，哪裡來的？兩位來自利物浦的傢伙大約十分鐘後到。他們並沒有衝刺，或者想超過任何人。他們來這裡體驗跑過這座小島。他們想要品味這場冒險最終的滋味。

現在他到了，我那位荷蘭朋友。這次我大約在終點前兩英里超過他。他看到我似乎很驚訝。但是當他通過終點時，他給了我一個大笑臉，然後我們握了手。也許最後我贏得了他的尊敬，雖然他還是沒有說什麼。

我這時充滿了活力，所以坐了一陣子，沉浸這一刻，享受這一切結束的感覺、跑完這座安格爾西島、拿到五個甜美的ＵＴＭＢ點數的滿足後，我起身走一小段路到我的車子邊。我的精神超好，心想我可以直接開車回家，一路開到三百英里之外的德文郡。

我發動了引擎。回到這裡、坐進車上，瞬間感覺有些詭異。彷彿我在荒野裡待了好幾個月，剛重返文明世界。我把車子駛出停車場，開始上路。但是，噢，老天，我的兩條腿幾乎無法壓下踏板。眼前每樣東西看起來都是慢動作。後面的人猛按我喇叭。五分鐘後，我靠路邊停下來。我掏出手機，找到最近的飯店，幫自己訂了一個房間。

當我告訴別人，我打算去跑一個四百公尺的跑道、連跑二十四小時，他們往往露出困惑的表情，彷彿沒聽懂我說的事。但是一旦他們有時間想一下，最常見的反應是：「天啊，那聽起來**真的**很無聊。」

在這場賽事中，會有五味雜陳的情緒，但絕對不包含無聊。

這場比賽對我有著一種奇異的吸引力。我愛它在單調中摻雜的悲壯，選手奮勇嘗試不可思議的功績，但不是遠在喜馬拉雅山，或者闖進叢林深處，而是在位於倫敦南部圖廳的跑道上。它展現出你不必千里迢迢到地球的彼端去尋找歷險、靈感、瘋狂，或者任何我們全都在尋找的東西；如果你打開雙眼，會發現這些存在於每個角落。英國金屬樂團「阿拉巴馬３」（Alabama 3）的不朽金句：「沒有什麼比一些傻瓜穿著氨綸材質、有著迷幻圖騰的褲子躺在第三世界海灘上，吸食該死的毒品，還假裝他在體驗意識擴張更糟糕的了。如果我想要意識擴張，我會去當地的禮拜堂唱歌。」或者我會去當地的跑道跑步。

這讓我想起一九九七年一部精采的電視紀錄片（後來改編成一齣百老匯歌舞劇）《觸手可得》（*Hands on a Hardbody*），這是講述一個每年在德州長景（Longview）舉辦的一場比賽。比賽是由當地一個汽車經銷商主辦的，比賽規則很簡單：人們站在一起，把他們的手放在一臺嶄新的日產皮卡車上；最後一個把手拿起來的人，就能贏得這臺皮卡車。這很沒創意又無聊，但隨著停車場裡的這些男男女女把他們的一隻手放在卡車上，一場扣人心弦的戲碼就此上演了。因為沒有其他地方可去，沒有其他事可做，這些人逐漸對著鏡頭與對彼此打開心扉。隨著日子一天天過去，友誼或敵意與日俱增，情緒變得高漲，人們達到意識抬升的境界，而強壯的人——甚至是前海軍陸戰隊悍將——都崩潰離開了，而最不可能贏的人撐住不服輸的精神，在生理上與精神上都愈來愈堅強。

「他們說，這是一場耐力賽。」紀錄片中的參賽者班尼·柏金斯（Benny Perkins）說。他是兩年前卡車比賽的獲勝者。「但是，這是比誰能維持他們的理智最久。這最後就是比這個，因為當你失去理智，你就輸了。」

在停車場裡，人生如此上演，彷彿它被放到一個培養皿，並拿到顯微鏡下檢視，時間的手術刀一層層地剝開，仔細剖析它下面藏了什麼。

圖廳的二十四小時跑道賽以相似的方式上演。我去觀賽的時候就看出來了。當跑者與他們的團隊在一個冷冽、陰沉沉的午後，聚在一起聽賽前簡報，空氣中瀰漫著一股緊張的激情。

我站在管理顧問傑米（Jamie）旁邊，他就住在不到一英里遠的地方。他剛完成了在希臘舉行，傳奇的斯巴達松（Spartathalon）一百五十三英里賽。我問他為什麼持續參加這種長距離比賽。「我想，我是嘗試找到我的極限。」他說：「也許當我找到的時候，我就停下來了。」那天晚上稍晚，當我淩晨三點回去看比賽，我發現他繞著跑道走，腳上已經綁了繃帶。「我想我可能找到了。」他開心地笑著說。

賽事總監珊卡拉．史密斯（Shankara Smith）告訴我：「在這裡，你不能告訴你自己這是你和山的對抗，因為這裡沒有山。這是你和你自己的對抗。」

她說，需要克服的最大挑戰，是你自己。「這場比賽不是大腦克服物質，而是心克服大腦。如果你不能讓你的大腦安靜，那麼你就不會成功，因為你的大腦會告訴你你做不到。」

正如《觸手可得》這部紀錄片一樣，最了不起的人，往往不是你最初看好的人。例如六十八歲的安．貝斯（Ann Bath）。她跑得不快，有一點駝背，但她堅毅不拔。當其他人偶爾停下來按摩一下，或者吃點東西，她平靜地往前進，從不停下來。最後，她在那天繞著跑道跑了不可思議的一百一十五英里。

之後我混在選手中間，加入他們比賽後的歡欣鼓舞，我遇到七十六歲的派特（Pat），她坐在她車子的前座，剝掉腳趾上的石膏。我問她那是怎麼一回事。

「我會產生幻覺，當然。我總是會這樣。」她說，一邊把石膏丟到駕駛座旁的擱腳處：「雖然我通常和我的朋友一起跑，而我們會輪流產生幻覺。」

派特是這場比賽最年長的參賽者。她才剛跑完八十四英里，但她並不覺得值得炫耀。「沒那麼好，」她說：「去年我跑了八十七英里。」

對派特而言，這完全沒什麼稀奇的。和無數次的二十四小時賽一樣，她跑過四百五十六場馬拉松，而且次數還在增加中。更特別的是，她直到將近五十歲才開始跑步。

「這讓我保持忙碌狀態，」當我問她為什麼跑這麼多時，她這麼說：「不然我星期六還能做什麼？」

除了跑者間的平常話題，這裡還有某件事正在發生。這場比賽的全名是「自我超越二十四小時賽」，是由已故的印度心靈導師親穆儀（Sri Chinmoy）的追隨者發起的，親穆儀曾經說：「跑步意謂持續的蛻變，而且那也是我們內在生命的訊息。」

我在賽後問另一位當天的參賽者是否體驗到自我超越？「有幾個時刻，當然。」他回答說，他的眼裡閃爍出一點光芒，彷彿有些他無法言喻的事。「它真的很有意義。但是你只有親身體驗才能了解。」

***

所以，我來了，一年後，我開車來到這條跑道，為接下來的二十四小時建立我的基地。我們搬出了一張桌子、兩張折疊椅、一盒盒我們做的能量球，還有飲料、草莓。梅瑞爾塔同意當我的加油團員。在火環賽後，我寧願不要獨自面對這些。

我沒能找出時間做任何在跑道上的跑步訓練，但為了準備，我確實花了一個週末與英國二十四小時跑步團一起練習。二十四小時跑步賽的地位低落，可以從他們在伯克郡（Berkshire）週末訓練下榻的一個青年旅館看出來。我們睡在上下鋪，六個人一間，而且每位隊員還得自己支付住宿費。

當我們煮晚餐，用旅館很鈍的刀子用力切食材的時候，最近甫獲得世界二十四小時賽季軍的隊長羅比·布里頓（Robbie Britton）告訴我，二十四小時跑步的關鍵是，只要關注當下。「在精神上，我告訴自己只跑一小時。」他說。「即使我已經完全崩潰了，我知道我可以跑一小時，所以我就這麼做。然後，我再想下一個一小時。」

週末的集訓結束後，在旅館後面的一間小「教室」，有一場動作教練和營養師的討論會。雖然地點寒酸，這是一群為世界錦標賽準備的認真選手團隊。他們當中有一位歐洲二十四小時賽冠軍丹．羅森（Dan Lawson），他在贏得這個頭銜後，現在名列「世界反運動禁藥機構」監控選手的名單——這是對任何達到這種水準的運動員的標準作法。他半開玩笑地說，被列入世界反運動禁藥機構的名單毀了他的人生。他有半年的時間住在印度的果亞（Goa），之前，他會隨興之所至出門歷險，在星空下跑步和睡覺，現在他必須向機構人員回報他每一天每一分鐘的行程，以便他們隨時出現，對他做檢測。

我們以定速跑了幾次，大約九十分鐘，我能輕鬆地跟上他們。這給了我一些希望。當我問其他跑者他們的最佳馬拉松成績，大部分選手其實還比我慢。雖然，我在阿曼試著和伊莉莎貝．巴恩斯一起跑時，已經知道馬拉松成績在這種比賽裡不一定適用。

然而在週末與英國隊一起準備後，我還是樂觀地認為我可以在九月中一個多雲的週六下午，在圖廳的跑道上大步起跑。

前幾個小時，我和其他跑者聊天，向梅瑞爾塔、她的妹妹與外甥做鬼臉，他們現身一段時間來為我加油。我遵照著一個保守的計畫，跑二十五分鐘，然後走路五分鐘。在這個階段走路似乎不必要，而且我在排行榜很下面的名次，這個排行榜立在跑道旁邊的上方，每個小時更新一次。但這是先前我與教練思考出來的計畫。我要聰明參賽，一場長期抗戰。我相信隨著時間過去，我在排行榜上的名次會逐步上升。

***

我第一次決定要棄賽，大約是在午夜，比賽過十二小時的時候。

關注當下，羅比·布里頓說。在人生中，就像在比賽裡，「關注當下」是一個很棒的建議。從很多方面來看，這也是幸福的關鍵。但在這場比賽中，就像在人生裡，事情並不容易。很難不去一直想我們還要跑多久。如果你認為太難，可能會讓你的大腦短路。就像是有人告訴你某一顆星距離一百萬光年遠，但你真的想嘗試抓住它。

第一次出現狀況是大約九小時的時候。通常我每跑過一圈，我都會和梅瑞爾塔說笑，但這次我嚴肅地看著她，彷彿是告訴她和我自己，情況有點變化。

「現在愈來愈嚴重了。」我說。我能感覺到自己的身體開始愈來愈吃力，疼痛瀰漫全身。我的兩腳開始熱起來。然後一個想法冒出頭來：「我還有十五個小時要跑。」砰！燈熄了。我望著這個深淵。

我改變了我二十五分鐘跑、五分鐘休息的計畫，轉變成較小、較能掌握的數字：跑三圈然後走一圈。我的世界開始縮小了。很快地，變成跑兩圈，走一圈。然後是跑一圈，接著再跑半圈和走半圈。然後我就停下來了。

梅瑞爾塔跟我說去看看物理治療師。跑道旁的一個房間有醫務團隊，我在那裡接受一點按摩。之後，我覺得好一些，又開始繼續。但後來，到凌晨兩點，我再次不行了。

「讓我走吧。」我向黑夜拜託，向比賽，向我自己。其他人都退賽了，為什麼我不退？我有一大長串的理由；真實不欺的理由。這個比賽距離火環賽太近了。很多人這麼跟我說。他們是對的。我的腿糊爛了。我必須承認我不是超人。

「奇里安呢？」梅瑞爾塔說：「他會怎麼做？」天啊，我不是奇里安，她看不出來嗎？為什麼她堅持要我繼續？我覺得很厭煩，彷彿她強迫我繼續。我想起我的教練湯姆後來告訴我的，停下來是有道理的，在下一個比賽前的三個星期，沒有道理這樣殘害自己，而且那是一場我真正需要完成，才能拿到珍貴的ＵＴＭＢ點數的比賽。而這場比賽毫無意義。我沒辦法每一場比賽都完賽。我根本沒有在跑道上訓練。這樣很愚蠢。湯姆告訴我要訓練，但我沒有聽他的話。當我去看物理治療師時，她告訴我這是我跑得吃力的原因。有彈性的跑道表面需要不同的肌肉控制與穩定身體。這一次不是意志問題。單純是一個疲乏、沒有準備的身體。我得接受這項事實。

隨著深夜慢慢過去，我被折磨得愈來愈駝背，像是快速老化的身體。我現在是走兩圈，然後休息一下。然後是走一圈，休息一下，坐在我車後打開的行李箱，脫掉鞋子，按摩我疼痛的兩隻腳。

＊＊＊

稍早，在比賽開始很輕鬆的那幾個小時，我發現自己跑在一位先生旁邊，他告訴我，要完成這種比賽，你需要你的大腦正確。他告訴我，他最初的四場馬拉松都以退賽收場，但他現在頭腦正確了。我問他，他指的是什麼。

「在超馬賽裡，你會有一個時間點想要停下來。」他說：「你的大腦想要說服你停下來，說你無法繼續，所以你必須知道你為什麼在這裡，你需要有堅定的信念，確信你需要繼續前進。如果你的大腦正確，你就可以做到。」

但現在不是我的大腦有問題，是我的腿。我試著換鞋，然而，跑道的彈力讓我的腿吃盡苦頭。情況不妙。現在是早上六點鐘，我告訴梅瑞爾塔我要放棄了。實在太痛了。每一步踏出去，我都能感覺到一千根炙熱的針刺著。這不像是米沃克賽或是火環賽，我可以在終點前恢復體力。這次是完全的失控。她建議我再去看一次物理治療師。我回說，沒用的。也許會有一點幫助，但我還有六小時要跑。現在連一圈都覺得不可能，我怎麼可能再跑六小時？

但我還是去找了物理治療師。「我兩隻腳痛到不行，」我說：「請救命。」

「這雙鞋看起來很新，」當我躺在長板凳上時，她說：「你穿多久了？」

我今天第一次穿。是我自己的笨主意，想把這場比賽當成為某一本雜誌做的極限裝備測試。我以為我會像勁量電池的兔寶寶一樣勇猛，測出這雙鞋可以耐得住長距離。沒想到我的身體竟然先垮掉了。

「兩星期。」我騙她，很不好意思說出實話，我自己犯了跑步最古老的大忌，絕對不要在比賽當天嘗新。

她揚起眉毛，彷彿這令人難受地顯而易見。彷彿我是個澈底的傻瓜。「嗯，這是為什麼你的腳痛。」她毫無憐憫地說。

我很氣自己。當然，我不該穿新鞋來參賽。我再次自己搞砸了。

物理治療師按摩了我的腳，然後我努力把自己挖起來，跑了幾英里，但是到了上午八點，我又不成人形了。這六個小時我一直在走路和休息。一小時走不到兩英里。

梅瑞爾塔不知道還應該說什麼，建議我小睡一下，然後再試看看。我不太相信她說的話。我爬進車子後座，綣縮進睡袋裡。能停下來躺下實在太幸福，我能感覺到一股狂喜的放鬆感迅速流過我的血管。

但我睡不著。比賽還在進行，自己卻躺在這裡，這樣感覺很不對勁。我的心思還在那裡。我坐起來，在我的睡袋裡動一動，望著灰色的早晨。梅瑞爾塔去跑道的另一邊幫我倒杯茶。我看著其他的跑者，最後的倖存者，仍然在移動著。他們怎麼辦到的？他們像是發條玩具般，一直前進著。他們當中有些人顯然也遇到困境，但他們依然大步走，或者拖步走，或者慢跑。領先的那個傢伙還彈跳著。不可思議。我覺得自己真沒用。

梅瑞爾塔回來了。「如果你完賽，你會覺得舒服一點。」她說。

「我沒辦法。」這是我所有能說的話。我的身體崩壞了。已經別無選擇了。

在我們隔壁與他的加油團一起的，是一個名叫卡爾提克（Kartik）的高大男子。他是親穆儀的追隨者，從比賽進入大約七小時後，就一直用走的，而且通常閉著眼睛。他看到我坐在車子的後座，動作輕柔地走過來。「在這個階段感覺痛苦是正常的，」他說：「但如果你繼續，你絕不會知道前面有什麼等著你。通常會令你大吃一驚。」

「我垮了。」我說。

「你受傷了嗎？」他問：「如果你受傷了，那麼最好是停下來。」

「我沒受傷，但每個部位都在痛，尤其是我的兩隻腳。我穿了新鞋來跑。」

他兩眼直視著我。「當比賽正開始有意思的時候放棄，會很可惜。」他說。說完他親切地笑著，一拐一拐地朝跑道走去，回到他的路上。

我坐著大約十分鐘，看著他們一圈一圈地走。有一刻，一位印度人和卡爾提克一樣，已經好幾個小時拖著身體前進，他身上包著一條毯子，眼睛盯著前方，幾乎沒什麼前進。他看起來情況比我更糟。但他仍然在場上。他仍然撐著。

梅瑞爾塔嘗試最後一次精神講話。「你不想要在這裡結束這場比賽，」她說：「你想在跑道上結束。靠你的兩隻腳。」

我看著那位印度人，我很想哭，為他的努力，為他們全部人的努力，他們每個人或跑，或走，彷彿是穿過地獄的芸芸眾生，受到極度驚嚇、身心俱疲，但仍在前進。一位女子跑過去，一邊對著自己唱歌。我把自己從車上挖起來。我必須繼續。我沒有問自己為什麼，我只是開始走路，重新振奮起來，彎著背，我把連身衣帽拉起來蓋在我的頭上。

踏出的每一步都痛，但是，當我跑到最後一段的開始，我看見跑道上的一條線，而不知什麼原因，我告訴自己，從那條線開始，只有那一段直線跑道，我要試著慢跑一下。試著輕盈一些、有些彈跳，我這麼告訴自己。我從小步開始，噼啪、噼啪。我開始跑了。當我經過計算圈數的那個人，她看著我，眉開眼笑地說：「亞德哈羅南德！你跑起來了！太棒了！」

我本來打算在這裡停下來的，但是她的鼓勵促使我繼續跑。我要再跑一小段。但是，我發現小跑其實比走路不痛，對我備受打擊的兩隻腳衝擊較小。也許，我可以跑一整圈。當我跑回來，又經過梅瑞爾塔時，我知道我覺得可以。我可以再跑多一點。我試著走一下，但比較痛，所以我又開始用跑的。當我經過時，梅瑞爾塔露出驚異的表情。

當我再次經過計圈人員時，我還在跑，很慢，幾乎不是跑，但還是跑。他們再次看到我時，全都非常興奮。我上次用跑的，已經是好幾個小時前的事了。「這就對了，亞德哈羅南德。」他們大喊加油。

我這次繞過梅瑞爾塔時，她咧嘴笑著。她掏出相機要拍照，只是為了好玩，為了這張照片，我經過時稍微加快腳步。我假裝自己正健步如飛，只為了這張照片做做樣子。但奇怪的事發生了。正常地跑感覺很好，應該說很棒。不是小步伐的拖行，而是真正跑步的那種跑。

我的兩腿感覺起來彷彿它們剛從深度的恍惚甦醒過來，伸個懶腰，四下張望。**早安，老闆，**

發生了什麼事？太驚奇了，我決定要繼續跑。現在我開始超越其他跑者，甚至是那些名列排行榜上的人。也許我太超過了？懷疑的念頭湧上來，但我把它們趕走。每次一圈。關注當下。

就這樣，我繼續跑。我努力跑了十二圈，三英里，然後讓自己休息一下。每次我經過梅瑞爾塔時，我們都用難以置信的表情互看。我把兩隻手伸出去，為我之前所有的抱怨表示歉意。我不知道發生了什麼事，怎麼發生的。現在我感覺像是跑第一個小時那麼煥然一新。所有的痛都消失無蹤了。

我坐下來大約半分鐘，按摩一下雙腳。但我急著繼續跑。我得彌補許多失去的時間，在我想清楚前，我已經起身開始跑了。

然後，彷彿身體每個部位頓時一起復活了，它們醒過來，丟掉疲累的枷鎖，突然撥雲見日。我覺得自己像是經歷人生最黑暗的夜晚，進入了光明。這就是自我超越。我突破了，在另一邊，太陽閃耀著光芒，每件事都充滿喜樂。當計數員在我每次經過時大叫我的名字、為我加油時，我獻出飛吻，謝謝他們，咧嘴笑著。

最後一英里，我真的跑很快，在其他跑者與他們的加油團中衝進衝出，彷彿他們是擁擠小路上的行人。在最後五分鐘，有一位指定的人員要和我一起跑，以標示我停下來的正確位置，但是他跟不上。他得不斷切過跑道中間的草地，試著追上我。我的弟弟也出現了，他跟在我旁邊吶喊大叫。「加油亞德！加油亞德！」太不可思議了，我跑得不能再快了。現在我正全力衝刺。當比賽結束的笛聲響起，我覺得太早了。我還不想停下來，我想繼續飛跑。此刻我感覺比起跑時狀況更好。

然而，我當然停下來了。我完賽了。我癱倒在地上，但我笑著，而不是哭泣。為我定位的人來了，熱情又緊張，不住地搖頭。梅瑞爾塔來了，我最棒的團員。比賽前，她質疑我為什麼需要一位團員。我是否真的需要有個人整晚熬夜，只為了幫我遞飲料？我不能自己去拿一杯嗎？但現在我們知道了。

比賽前，她並沒有打算全程參加。她要在某個時間消失一陣，睡個覺。但她並沒有。她說這場比賽很動人，看著賽事開展，看著人們受到多麼大的挑戰，但是接著看見他們堅持下去。我不是唯一兩腳不聽使喚、在崩潰邊緣游走的人，但我後來突破層層迷霧，終於見到藍天。

「這就像是看著整個人生的開展。」當我們坐在折疊椅上，不敢相信比賽終於真的結束了，梅瑞爾塔這麼說：「看著每個人或跑或走一圈又一圈，經歷他們的高潮與低潮，或是無法承受，或是舉步維艱，幾乎無法把一隻腳踏到另一隻腳前面，而其他人健步如飛、或唱歌，或笑或哭。有人氣力用盡，躺下來，但是他們站起來，再次前進。從頭到尾都有這種不可思議，充滿力量的、賁張的氣氛。」

沒錯，當我坐在後座，裹在我的睡袋裡看著整場少了我的比賽時，我也有同感，所以我決定重回跑道。

「人們開始的時候都有一個計畫。」珊卡拉．史密斯說，她從這比賽於一九八九年她的父親擔任賽事總監時開始，她就看了每一場比賽。「他們有一個目標，計畫他們要跑多遠。但是對我們觀賽的人而言，最啟迪人心的，是看著那些人在情況完全走樣時，看見他們支持下去，繼續前進。這是最鼓舞我們之處。」

一個小時後，我們全聚在一起參加頒獎典禮。結果我在三十二位完賽者中，得到第二十八名。十三個人沒有克竟全功。我跑了八十九英里。寫下這個數字完全沒什麼了不起，但是數字並不重要。這是一個在圖廳的跑道上體驗出來的人生經驗。赤裸呈現出什麼是奮戰、痛苦，感覺時間的流逝，但也包括其他人的連結與支持、受其鼓舞、觸及你自己的深處，並且明白你可以完成你以為不可能的事。

我能在比賽中重新跑起來，現在想起來仍覺得是個奇蹟。我在這個比賽裡體驗到的無用感比任何一場比賽還要深，但重生感也更大。我再也不能告訴我自己，我無法繼續。經過這些重生的體驗，我再也不能說我太累了，我崩潰了。因為我現在確信，似乎不可能的事是可能的，雖然那種感覺很痛苦，但我可以復活，我可以再回來。

＊＊＊

隨著每一場比賽的經驗，證據愈來愈明顯。自從我開始參與超級馬拉松，我已經一次又一次地被告知，心智是關鍵，但直到現在，圖廳的那場比賽之後，我才完全明白當中的真義。不只是內心負面想法的獨白，或者是缺乏足夠的完賽信念。大腦會向你丟出看似無可挑剔的論點和理由。更有甚者，它可能在你的腿上製造出真實存在的痛，或者至少是真實的感受。然而，一旦轉念，例如發現自己距離終點很近，或是受到其他人超乎尋常的努力之感召，或即使是讀一段勵志的名言佳句，疼痛就有可能煙消雲散。它也許是真的，也許不是真的，但不會削弱你。

從科學的觀點看來，這又是提姆．諾克斯的中樞控制理論——這個想法是，在極限運動中，例如耐力跑步，大腦開始提早關閉你的身體，以便保護你。我們如此演化，以便保留一些能量，因應危急情況發生，例如一頭熊突然跳出來撲到你身上。

在記者艾力克斯・哈金森（Alex Hutchinson）的精采著作《耐力》（*Endure*）中，他想起問過諾克斯支持這個理論的最有力證據。身為南非人，諾克斯指出了那些在同志超級馬拉松賽十二小時關門前完賽的人。在這裡，我們有許多非菁英運動員在筋疲力竭的超馬結束前卯足全力衝刺。此刻應該是他們最疲乏的時候，肌肉受損、體力用盡，但他們依然衝刺。他說，顯然他們在先前的路程上可以跑更快，但他們為什麼沒那麼做？

這幾乎和每一場我參加的超馬經驗相符。每一次我的大腦會早早用一連串頭頭是道的論述和痛苦的感知來關閉我的身體。不像頂尖超馬選手，或者那些在人生中有過創傷的人，他們享受痛苦、等著它來並予以迎面痛擊、壓制它；我每次都默默地放棄，讓自己被拖進自憐自艾、身體愈來愈虛弱、拖著步伐到幾乎完全停止。只有當我的大腦知道我與終點夠近，我們安全了，它才把我放開，再次讓我運用儲存的力氣。

要停止大腦征服我的最好方式，是試著忘掉我還要跑多遠，只要關注當下，正如同許多超馬跑者告訴過我的。在哈金森的書中，他說了一個黛安・范・德倫（Diane Van Deren）的精采故事，她在快四十歲時因手術治療癲癇，後來成為一位實力堅強的超馬跑者。這次手術的結果之一，是她可以一連跑好幾個小時，但對於已經過了多久時間卻沒有概念。這一點對她的日常生活有很多不良的影響，卻讓她成為一位優秀的超馬跑者，因為根據她的臨床精神科醫師說：「她的大腦對於她距離終點還有多遠無所畏懼。」

「由於無法看地圖或者追蹤她正在跑道上的哪個地方，」哈金森說：「她不會把焦點放在前面的挑戰。」因為她不良的短期記憶，她也不會掛心她已經耗費的精力。「她反而是別無選擇，只能專注於眼前往前進的即刻任務，往前踏一步，再踏一步。」

我需要向范・德倫看齊。擊倒我的，一直都是想到前面的挑戰。一旦那個挑戰變得可操控，我就復活了。為了防止崩潰，我必須停止預想。不要看錶也許會很有幫助。連打開計算里程都不要。如果我能嘗試不要想著前面的挑戰，我就不需要手腕上連續不斷的嗶嗶提醒。火環賽的最後一天，在決定放棄比賽後，我就不再啟動計時。當然，我還是慢慢地前進，但感覺好多了。那是一種釋放，彷彿我甩開了一位特別煩人的、每五分鐘就告訴我還有多遠要跑的朋友。我想起札克・米勒和他五美元的卡西歐手錶。他跑的時候並不計算里程。也許這是他能跑得如此義無反顧、無拘無束、毫無掛礙的原因。

三個星期後，我將要參加我的第一場一百英里賽。為了要撐到最後不崩潰，關鍵是鎖定在此時此刻，不要瞻前顧後，而是繼續接受我身處的這一刻，就像禪宗和尚一樣。如心靈大師艾克哈特・托勒（Eckhart Tolle）說的：「只要你尊敬此刻，所有的不愉快與痛苦掙扎都會迎刃而解，生命開始愉快輕盈地流動。」

當然，我確定我的大腦還藏了很多花招。但這次，我希望，我準備好了。

正當我專注於自己的挑戰，超馬世界依然馬不停蹄地緩緩運轉著。在我參加環安格爾西島的那個星期，阿爾卑斯山上的環白朗峰超級越野賽（即UTMB）正在舉行。每個人都說這是史上最偉大、最競爭的越野賽。札克・米勒在二〇一六年的意外後重返；另外還有兩位兩屆的冠軍法蘭西瓦・達安和薩維爾・提維納爾（Xavier Thévenard），他們都是法國人；蓋瑞・吉林的立陶宛友人吉帝米納斯・葛林尼亞斯，那位前伊拉克獸醫、二〇一六年拿到第二名的跑者也參賽；還有一整群鬥志高昂的美國選手，包括我們來自科羅拉州波德的友人薩奇・卡那代。他們每個人都有奪冠的希望，但真正在賽前的騷動大多圍繞在兩個人身上：奇里安・喬內與吉姆・沃斯里。

吉姆・沃斯里初出茅廬的超馬生涯至今一直好壞落差很大，幾年前他在一連串的比賽中以黑馬之姿創下賽道紀錄，躍入美國體壇。他在二〇一六年參加美國西部一百英里耐力賽時，還是一位沒有廠商贊助的運動員，但就已誇下海口，說他不僅要贏得比賽，還要破賽道紀錄。根據比賽的歷史背景，以及他之前未跑過一百英里賽，他的狂語在超馬運動迷中引起了一陣騷動，讓一些人很興奮，但也讓其他人很不以為然。

從比賽一開始，他就採進攻姿態，很快地在四十分鐘內跑出了破紀錄的速度。然後，在九十三英里處，他看起來依然強健，但這時發生了一個著名的意外，沃斯里轉錯了一個彎。當他的團隊找到他，他在一條荒涼的路上迷路了，他塑造了一個沮喪失落的形象。他領先其他人一大截，大可以回到路線上，繼續贏得比賽，但某件事改變了他的心意。

「這場比賽就這樣在瞬間變成了令人心灰意冷的失落。」他後來說。他最後用走路的方式走完剩下的里程，得到第二十名，比大會紀錄慢了四小時以上。

二〇一七年，他重返美國西部耐力賽，預期會有驚人的成績，但他再次遭受挫敗。雖然他出發時的速度創下紀錄，到七十英里前，他不斷嘔吐，每一百公尺左右就得在陰涼處休息十分鐘。最後他只好放棄，退賽了。

大家開始說，他無法應付一百英里的距離，說他太狂妄自負。但他依然在這項運動中掀起旋風，贏得每一場他參加的比賽，而且跑出超級快的成績。我在加州時，每個人都在談他。「沃斯里這個傢伙所向無敵。」他們這麼說，然後再加上一句但書：「在任何不超過一百英里的比賽裡。」然而，他最終當然會跑好一場比賽。所以，他第一次參加一〇五英里的UTMB賽就成了一條大新聞，尤其這是他第一次與超馬王奇里安．喬內正面對決。

二十九歲的喬內幾乎贏了這項運動的每一場比賽。他的成名故事是一則傳奇。他出生在西班牙庇里牛斯山區的一間山屋裡——他的父親是一位登山嚮導——五歲前他已經爬過了庇里牛斯的最高峰阿內托峰（Aneto）。

他最先愛上的是登山滑雪，這是一種爬山或滑雪上山，然後滑下山的運動，他曾參加過國際比賽，也贏過幾座世界錦標賽。年僅十八歲時，他開始參加山區越野，二〇〇八年時，他以二十一歲的年紀拿下三座UTMB冠軍中的第一座。他也贏過美國西部一百公里耐力賽，而且就在今年的UTMB賽前幾個月，他也贏了美國的硬石一百耐力賽，雖然他在十三英里時就因為跌倒而導致肩膀脫臼。不愧為超人，他把肩膀喬回原位，用懸帶吊起來，繼續跑，而且贏了比賽。

二〇一四年，他開始尋找新的挑戰，後來想出了一個計畫，他稱之為「我的人生高峰」（Summits of My Life），計畫打破全世界最著名的七座山的登頂速度紀錄，從白朗峰、吉力馬札羅山，到珠穆朗瑪峰。

從他計畫中最後一座山峰珠穆朗瑪峰打破紀錄回到歐洲後不久，我想辦法與他約在倫敦訪問他。我帶他在國王十字站（King's Cross）附近一間流行的街頭風印度餐廳喝杯飲料。他在肩膀上背了一個大袋子，走過城市街道上時，看起來有些膽怯，像是一個從他的自然棲地千里跋涉來的人。

他的媒體經紀人告訴我，他很不愛人潮，每年在城市裡待不超過幾天。他過去住在法國的夏慕尼，也就是舉行UTMB的城鎮，但是他說：「那裡太大、人太多了。」該城鎮的人口大約一萬人。之後他和他的女朋友，亦即瑞典的超馬跑者愛蜜莉・弗爾斯柏格（Emelie Forsberg）一起搬到了挪威一個與世隔絕的地區。

雖然達到了所有這些成就，喬內最新的功績並不完全一帆風順。五月二十日，他試著跑上珠穆朗瑪峰。已經在吉力馬札羅山、白朗峰、馬特洪峰、第拿里峰（Denali）和阿空加瓜峰（Aconcagua）寫下新紀錄，現在是重要時刻了。

從絨布（Rongbuk）寺附近的基地營出發攻頂通常需要四天的時間，即使攜帶氧氣和固定索——喬內這兩樣都沒有用——他起步很快。然而，到了海拔七千七百公尺處，他開始肚子痛，每幾公尺就因為抽筋和嘔吐停下來。但他說儘管如此，他還是努力向前，在午夜時成功攻頂。四天的路程只花了他二十六小時，但這並沒有破紀錄。與其放棄，下山，他決定在前進營休息幾天，直到他的身體狀況轉好，然後再次攻頂，在六天內登上世界最高峰兩次，又是單獨一人，而且沒有帶氧氣或固定索。

「紀錄並不重要。」他說，他一邊困惑地看著菜單，一邊說：「我在珠穆朗瑪峰真正想看到、想試驗的，是有沒有可能像我們在阿爾卑斯山和其他地方一樣輕裝行動，獨自一人，而且不需要繩索。只準備你所需要的東西就出發，而不是動輒出動龐大的探險隊和全部的裝備。那次的結果證明是可以的。」

當我問他珠穆朗瑪峰之行的準備工作，他做了多少訓練，他說：「我的準備從我還是小孩時就開始了。」

「我第一次健行是在十八個月大的時候，」他說：「我們走了七個小時。」他三歲時就攀登多座山頭。這並不是專橫的父母押著他在山裡活動的那種案例。他說，他愛這項活動。而且這份對山的愛在他心中滋長，一輩子都跟著他。

「我們只是好玩，沒有人逼迫我們。父母會讓我們在前面帶路，選擇走哪一條路，所以我們想走多遠就走多遠。」年紀還小時，他就學會在山裡獨立的能力。他的母親在他小時候常在夜晚帶他赤腳在戶外走路，感覺大地，與自然連結。

「當然，我們難免會跌倒、刮傷，但很好玩。」他說。不可思議的是，儘管他在山裡縱橫了數千個小時，在硬石一百英里賽之前，他只受過一次傷，而且是在他十八歲時，在一個西班牙小鎮穿越街道時跌倒。

加總起來，他說他每年在山裡的時間大約是一千兩百小時（平均每天超過三小時），加起來爬了六十萬公尺的高度，平均每天是一、六四〇公尺。給個參考，不列顛群島最高峰本尼維斯山（Ben Nevis）海拔是一、三四五公尺[13]。

然而他承認，促使他在山地越野表現優異的原因，並不只是密集的訓練。

「我有很好的跑步基因，」他說：「不論我多麼朝思暮想，我絕對不可能打進ＮＢＡ。但我曾經做過最大攝氧量（VO2 max）的測試（這是一種衡量一個人所能攜帶氧氣的能力，是你能跑多快與多遠的重要因素之一），結果相當高。」他這樣說太謙虛。喬內的最大攝氧量結果嚇壞了為他做測試的研究者。90ml/kg/min在當時的紀錄裡名列前茅。他的另一項體適能數據，靜止心率也是出奇地低，只有三十四。除此之外，喬內說他可以從運動中很快地恢復，讓他可以日復一日地努力訓練。

13. — 相較之下，臺北市的七星山海拔為一、一二〇公尺。

那麼，精神力量呢？「我喜歡感覺痛苦。」他說：「如果我開始覺得痛，我不會擔心，我不介意。也許我不喜歡，但我不介意。」

綜合所有這些特質與他不平凡的成長背景，整個童年都在爬山，他之所以無人能及的原因也就有跡可循了。

然而，在他所有的比賽與登山成就之中，喬內的路途並非總是順心如意。他也許真的將世界高峰變成一個遊戲場，但這依然是一個危險的遊戲場。二〇一二年，當他正準備前往白朗峰打破速度紀錄，也就是他的「我的人生高峰」計畫最初階段，喬內正與他的好朋友，也是三屆高山滑雪冠軍史蒂凡尼．布洛斯（Stéphane Brosse）一起，當時他們下方的一塊雪簷崩落，布洛斯跟著摔落身亡。這場意外對喬內造成重大打擊，不禁質疑自己為什麼要做這一切。「他（布洛斯）是我的英雄，後來成為我的朋友。他跌落的時候只和我距離二十公分，我常想，為什麼是他，為什麼不是我？他有子女，如果意外發生在我身上會比較好。」

一年後，喬內與他的世界高山越野跑步冠軍女友愛蜜莉．弗爾斯柏格有一次在夏慕尼附近，天氣突然轉壞，他們得靠救難隊員前來營救。當時的救難隊長相當不以為然，他告訴媒體：「當我看到愈來愈多的跑鞋前仆後繼不顧我們的請求（上山），相當生氣。」

接著，就在他的珠穆朗瑪峰計畫前不久，知名的速度登山家烏里．斯特克（Ueli Steck）

在喜馬拉雅山區登山時意外死亡。這件事也對喬內造成很大的影響。

「二〇一六年時，我也在珠穆朗瑪峰。」他說：「那一年我進行了更多場的冒險，做了許多我現在不會做的事。當你評估山上的風險，要看不同的面向，看你對自己的感覺、你的能耐，但也要看你在你生命中的時間點。在這個時間點，在烏里過世後，我更小心謹慎了。」

然而，所有這些並未阻礙喬內持續將自己推展向外探索、打破界限。「這是一件冒險的事，」他說：「但是人生就是冒險。人生不是坐在沙發上安然無恙。如果你告訴某個人：『我愛你』，這是一種風險。在山上，我試著在安全——因為活著是一件好事——和風險之間找到一個小空間，在那裡你可以找到你的極限，挑戰你自己。」

眼前，喬內的挑戰是回到比賽，與吉姆·沃斯里與其他世界頂尖的山地越野好手正面對決。他已經有五年沒參加UTMB了，但是他說，當他看見這個領域有多麼競爭，有多少偉大的跑者參加，他就是得在場。

就這樣，當我在安格爾西島的一間村莊大廳發抖，自憐自艾的時候，史上偉大的越野賽之一正在阿爾卑斯山上如火如荼地進行著。在前面的階段，喬內、沃斯里與身高一九二公分的法國人法蘭西瓦·達安在前面並駕齊驅。他們健步如飛，但速度還是比大會紀錄慢很多，這時有人聽見沃斯里說：「這樣太慢了。」根據旁邊目擊的人說，曾拿過三次冠軍的喬內回應：「不，這樣太快了。」

然而，是達安最先有了動作，中點過後不久，他便全力衝到前面。沃斯里再次受長距離比賽之苦，開始落到後面，最後只剩下喬內努力追趕高大的法國人。但結果徒勞無功。達安將這股勁撐到最後，只用了十九個小時多一點就回到夏慕尼，拿到他第三座UTMB冠軍，讓他的名字與喬內一同高掛，成為這場比賽的傳奇。

喬內以十五分鐘之差屈居第二，而沃斯里在八十英里處吃力奮戰後，總算重新振作，拿到第五名——是他至今一百英里賽的最佳成績。札克・米勒正處在他的傷兵年，早就無緣冠軍，但他仍然跑得不錯，得到第九名。薩奇・卡那代這次沒有像前一次的UTMB賽裡跌倒或縫針，但他跑得不好，只跑到第五十名，他說，這可能是他歷年來最差的超馬成績。

最後，這是一場不負眾望的賽事，而且鞏固了UTMB為全世界最大山地越野比賽的地位。明年將會輪到我與眾菁英一起排排站。但首先，我得再入袋六個點數，接下來這場比賽是位於庇里牛斯山，一場名叫「南法一百英里越野賽」（100 Miles Sud de France）的賽事。

***

在我所有報名參加的比賽中，這場最令我腿軟。這將是我第一場山地比賽。我第一次在黑夜裡跑步。我的第一次一百英里賽。也是我在五個星期中第三場大型的超馬賽。

湯姆．佩恩和現在是他妻子的瑞秋也會參加，他倆也希望能將他們最後的六點入袋，以便能參加明年的UTMB。但是他們的準備比我完整多了。比賽前幾個月，他們就跑了這條路線預作準備，熟悉跑道。比賽前一晚，當我們一起坐在豐羅默（Font Romeu）的一間咖啡廳時，湯姆告訴我，這條路線比他預期的困難多了。「比UTMB還難。」他說，這可不是我此時此刻需要聽到的話。他告訴我，我應該可以預估大約三十五個小時跑完。「你可能會快一點，」他說：「但最好準備好要跑這麼久，作為最壞的打算。」

這場比賽的終點在地中海岸的阿爾日萊斯（Argelès）。比賽從早上十點開始，所以我估算三十四小時後，會是第二天的日落時分。那將會是一個很棒的結束時間。我可以把包包丟了，直接跑進海裡。

比賽當中，我在腦海中想像這幅畫面好幾次。我不斷提醒自己，在我崩潰然後投進海浪之前，要記得從口袋裡把手機拿起來。但我想太遠了。一次一步慢慢來。

一個明亮的早晨，我們在豐羅默外一棟體育館旁邊，與其他大約三百位跑者聚在一起，他們幾乎都是熟悉這片山區的當地法國男女選手。當我們還在閒晃時，連湯姆看起來都惴惴不安，一抹烏雲罩在他向來陽光的氣質上。

比賽由一位當地位高權重的人士鳴槍起跑，然後我們就出發了，輕快地跑過幾座樹林、幾段輕鬆的下坡路，出了村莊，然後進入山區。我的兩腿，如同我最近幾次摸索後所擔心的，很快開始覺得疲累了。我的腳踝、股四頭肌嘎吱響，已經在抱怨了。**還早，男孩們**，我告訴它們。**回去睡覺。晚一點我會需要你們堅強一點**。

然而，前面幾英里輕鬆地過了。很多的下坡路，經過城堡的圍牆和由軍人駐守的補給站。大約七英里處是一個往上的陡坡。爬上山。在這裡，你只能用走的。我用兩隻手抓著石頭和野草，試著幫助兩條腿。我似乎是比賽中唯一沒有帶登山杖的人，這引起我的一些負面情緒。我認為，我得比別人花更大的力氣。我沒有準備好；可以看出來我覺得有多難。但我發現我還維持我的名次，甚至超過幾個手拿登山杖的人，這些人在比賽剛開始的階段就氣喘如牛了。

我們爬山時的景色非常壯麗，我讓自己幾度停下來拍照。這些小休息，在馬不停蹄中放慢速度，長遠來看對我有益。

經過第一座山頂後，就是第一個陡峭的下坡。我小心翼翼地走，在這種路上我還是小嬰兒，搖搖晃晃而且不穩地走著，而其他的跑者則魚貫經過。讓他們走吧，我告訴我自己，我很怕走太快而跌倒，提早結束比賽。我只是需要好好走。速度不重要。

然而，我一定給了其他人一種可憐的形象，因為當每個人三步併成兩步超過我時，我還踏著猶豫的步子。山下是一個補給站，野餐桌設置在一間廢棄已久的農舍外面。我坐下來一陣子，抓了一些麵包和起司。當我正想起身繼續時，瑞秋出現了。她似乎很驚訝在這裡看到我。

「我以為你在很前面。」她說。

「我試著保留體力。」我說了一半的謊。沒錯，我是保留體力，但我也覺得在這種陡峭的小路上，我很難走更快了。

我起身回頭踏出補給站，爬另一座山。瑞秋在山頂趕上我。她似乎充滿活力，我們沿著山脊一起跑了一段路，直到遇到下一個陡斜的下坡、易碎的土壤、突出的岩石和鬆動的石頭之前。這時，其他人再次魚貫而過。他們似乎具備兩種技巧之一：若不是快速、敏捷、輕盈的腳步，就是昂揚的步伐，似乎不把這條路看在眼裡，而大步踩在凹凸的石頭和嶙峋的岩石上。

下坡時，瑞秋的狀況比我更差，當我離開山下的另一個補給站，她還沒出現。

我們再次上山。這是一種遊戲。至少上坡是下坡的休息。上坡時比較少人會超過我。現在大約是二十英里處，我的狀況尚佳。我覺得平靜、沉穩，雖然現在時間還早。陽光開始慢慢轉成昏黃。夜幕要降下來了。

我一路超過已經慢到連緩下坡都用走路的人，剛好在晚上七點前，我抵達了位在韋爾內萊班（Vernet-les-Bains）小鎮的補給站，這是三大補給站中的第一個。這是我的地盤。我打心底還是一位路跑者。超過別人給了我力量，我轉進小鎮主要的體育館，像是一個有要事在身的人。安然抵達第一個基地。這時我的精神還很強健。

我看到梅瑞爾塔和我們的朋友夏綠蒂（Charlotte），她和我們一起來幫忙加油。夏綠蒂是一位按摩治療師，所以我大啖義大利麵、蛋糕和花生的時候，她幫我按摩。我一口氣把全部的食物吞下去。這些花費的時間比預定的長，但是我離開補給站時，覺得神清氣爽，彷彿我才剛開起跑。我穿上了夾克，戴上頭燈，準備夜跑了。準備去面對我的恐懼。

走到出口時，我看見了瑞秋。她也正準備離開。她的眼睛看起來有些驚恐。很害怕。

「我只是要出去裝水。」她說。

「我開始要用走的，」我說：「下一個上坡很長，妳很快就會追上我。」

她只是點點頭。但那是我最後一次在比賽裡看到她。而梅瑞爾塔告訴我，這時候湯姆跑在第五名的位置，在很前面，很前面。

***

當我將小鎮的燈光拋在腦後，突然發現我的頭燈出了問題。起初我以為是某種巧妙的燈光設計。畢竟這是全新的頭燈。但我很快明白，是電快用完了。我覺得自己像個白癡，每場比賽都犯一些基本的錯誤。我真不相信我竟然沒有檢查電量。我有幾顆備用電池，但它們只能撐六小時。幸運的是，主辦單位也讓你帶一些多的頭燈，但我帶的那個已經舊了，而且燈光昏暗，更糟的是，我也沒有檢查那個頭燈。

最後，這兩個頭燈交替撐過了整晚，但我花了很多時間和力氣擔心會不會困在山上、向擦身而過的跑者拜託有沒有多的電池。

我一開燈，就開始爬韋爾內萊班郊外的上坡。我隱約聽人說過，這是整場比賽最大的一個上坡，所以我擺好架勢，以緩速的韻律前進。在黑暗中爬山不會太困難——因為我走得很慢，不會有踩空的危險。但黑暗似乎也會抹黑我的思緒，帶來不祥的預感。偶爾，我會經過坐在路邊休息的人。他們只是在休息，但是因為在黑暗中突然出現，很像是從某個恐怖災難逃出來削瘦而驚恐的倖存者。

就這樣前進著。這樣的陡峭綿延不斷。我每二十分鐘就停下來休息兩分鐘，然後再把自己挖起來向前進。一個年約六十的男人採取和我相似的模式，所以我們好幾次停在彼此身邊。我們不發一語，只是坐在那裡，凝望著黑夜，然後一起繼續前進。撐住，我告訴我自己。一次一腳步。

當我向上爬的時候，開始起風了。剛開始，我以為這是即將到山頂的徵兆，但我很快明白，這只是意謂我們爬到更高的地方而已，山頂可能還在很遠的地方。

風吹透我的夾克和流汗的T恤。我記得讀過美國跑者迪倫．鮑曼（Dylan Bowman）的一篇部落格，寫他在UTMB的比賽情形，他說，他唯一的錯誤是在他覺得冷的那一刻，沒有立刻穿上足夠的衣服。在山區時，一旦你的體溫下降，就很難回升了。所以我停下來多穿一件衣服，再繼續健行。

過了幾乎兩個小時後，坡度終於緩和。前面有燈光和一些人聲。我暫時得到解脫，看見一群青少年正圍著一個大營火。我走過去坐下來。這不是補給站，只是一個短暫的喘息點。這些孩子講西班牙語。他們告訴我，還有五公里才會到下一個補給站。

「往上嗎？」我問：「還是往下？」

「往上。」他們回答說。我保持鎮定。上或下，都不重要。我得面對任何迎面而來的挑戰，直到終點。往上很好。

從這裡開始是一個緩坡，這讓我鬆了一口氣。我現在已經太累，沒辦法跑，但是我可以走很快，一個小時後就到了下一個休息站。

當我接近一幢石造建築時，寒風刺骨。一扇窗戶透出亮光，我可以看見跑者的臉，他們圍坐在一張長桌邊。我走進去，找到一張長木椅坐下來，向對面的兩個男子微笑。他們沒理我，繼續吃東西。我不餓，但還是從桌上的紙碗盤中隨意拿了一些東西。脆片、蛋糕。都是一些輕食。大部分的碗盤需要再補充食物，但我太疲累，不適合幫忙了。我喝了一些可樂，用兩手抱住頭。在一個短暫的瞬間，我被一股絕望衝擊中。我沒辦法了。突然間我覺得很不舒服。被虛弱征服了。我努力撐住，努力防止自己崩潰。我把自己從椅子上挖起來，背起背包。在這裡繼續坐下去是很危險的。想要停下來、留在這個溫暖的庇護所的渴望，愈來愈強。我抓了一些巧克力，毅然地踏出屋外。哪一條路？我看不出來。我也無法問任何人。我站在那裡瘋狂地發抖，強風像是一條掛在繩子上的溼毛巾鞭打著我。我得行動了。

我看到一個反光條標示出方向。我跟著指標。這裡的小徑很平坦，穿過一個稜脊。星斗滿天，但我兩眼注視著地面，跟著我頭燈的光。我試著吃些巧克力，但那讓我想吐。我幾乎覺得噁心，所以我把它吐出來，繼續前進。

這條小徑有一段相當平順，但很快地開始一段石頭堆砌成的下坡。陡坡在白天裡已經夠糟，晚上更危險。我的腳一直絆到石頭和樹根，幾乎仆倒。這種情況幾乎每分鐘都在發生，我得抓好自己。老天啊，我得非常小心。其他的跑者陸續追上我，超過我。他們移動起來似乎輕鬆自在。我試著跟一段路，但每個人都腳步堅定，所以我最後只能踽踽獨行。

讓我鬆一口氣的是，一個小時後，路面變平了，小徑在山的邊緣蜿蜒。在這一段較平緩的區域，我進展較多，只是仍不斷差點絆倒。小徑的一邊是一百五十公尺的懸崖，很嚇人。剛開始的時候，我覺得自己像是一個喝醉的喜劇演員，不久，我開始失去幽默感了。我要怎麼多跑一點，而不會差點把自己摔死呢？

清晨的某個時刻，大約五點鐘，天還沒亮，我抵達了第二個大型補給站，這裡是五十五英里處，比賽已進行了十九個鐘頭。我穩定地前進。湯姆與瑞秋告訴我，前面四十英里是最困難的。我已經完成了這場比賽最困難的部分。我覺得狀況還好。傍晚前我就會到達海濱。每件事都如計畫進行。

夏綠蒂再次幫我按摩兩腿，但是我的腰部肌肉開始痙攣。一位工作人員看到我痛苦地咧著嘴，堅持要我去看醫護人員。在醫療站，一個膝蓋嚴重裂傷的人正要吊點滴；另一人看起來暈眩，彷彿剛被揍了一頓。醫生檢查了我的臀部，說我的肌肉發炎了。他搖搖頭，說我應該停下來。我想要告訴他，我的兩隻腳、股四頭肌、腳踝，全都更痛，而且連吃東西都很困難，但是我沒有說。我告訴他，我要繼續，所以他幫我在肌肉上塗了一些藥膏，給我一顆止痛藥，便把我送上路了。

然而，在我離開前，另一位工作人員警示我，前面是個大爬坡。然後是一個陡下坡，再來是另一個上坡。「*Muy duro*」，他用西班牙語說。非常困難。湯姆告訴我，從這裡開始比較容易，我想還是會有一些爬坡。但它們不會像前面那麼難走。

「爬兩個坡後，就簡單了？」我問他。是的，他說，但他聽起來不是很確定。

「我還有兩個大爬坡。」我告訴梅瑞爾塔。我可以應付的。所以，休息了一個小時後，吃飽了，重新充滿活力，我又回到黑暗之中，回到往海邊的小徑上。

天光似乎永遠都不會降臨。第一個爬坡很難走，我很高興事先收到警告。我得爬過很多稜角分明的岩石。當我跑下另一邊時，太陽終於露臉。有了亮光，跑起來似乎容易多了，我開始跑跑跳跳，超越一些人。我想像自己是精力旺盛的吉姆．沃斯里。與其小跑步，我開始邁開步伐，走跳著下坡。我勢如破竹。經過二十四小時，我東山再起。來吧！

到了下一個補給站，我全身充滿能量。梅瑞爾塔又出現在那裡。

「你看起來精神很好。」她說。我覺得很好。我不流連，背起我的背包，我就出發了。最後一個大爬坡。

工作人員是對的，這個坡「*Muy duro*」。爬愈高，坡愈陡。全都是平滑的泥巴和草地，沒有東西可以支撐。有個人問我，為什麼我沒有登山杖。往上再往上。山頂似乎永遠不會到。我一直以為我可以從樹縫間隱約的天際看見它，但之後小徑轉了彎，從另一個方向再次往上。

當然，我們最後還是到了。從山頂上，我們可以看見遠方的大海。我和其他每個人都停下來，好好欣賞。它看起來好遙遠。

花了十分鐘攀登過一個岩石山脊後，我們來到一個最小的補給站——一張桌子上只有水和可樂——然後又是一個陡峭、硬石頭的下坡。其他人都放開步伐，飛快地跑遠了。我試了，但是我沒辦法。我的股四頭肌快散了。

這條路似乎好幾個小時都是往下，我開始嚮往另一個上坡。但是真的遇到上坡時，即使很短，也很難應付。這是我第一次在比賽裡真的覺得很吃力。彷彿我不能克服它。這一段路相當平緩，大部分是平坦的，但是當我試著跑，很快就逐漸減速到慢走。我坐下來打電話給梅瑞爾塔。

「我可能需要為頭燈多準備幾顆電池。」我說。現在是下午五點，在西班牙邊境的勒佩爾蒂鎮（Le Perthus）還看不見最後一個大型補給站的蹤影。「我可能得進入第二個夜晚。」我聽起來痛苦不堪。在崩潰邊緣。我做得很好，她告訴我。只要繼續前進。我起身，勇往直前。十五分鐘後，我到了補給站。

梅瑞爾塔抓了幾把椅子，我們開始已經熟悉的例行按摩與進食。根據我的估算，以及門外的標示，我還有十五英里要跑。距離終點只剩下不遠的十五英里。如果從這裡都很好走，我可以在晚上九點半前抵達海邊。已經天黑了，但還不到深夜。也許還有時間泡一下海水。我請梅瑞爾塔確定帶了我的毛巾和換洗衣服。

她們同意在六英里外、倒數第二個檢查站和我碰面。我應該在八點過後不久就會到那裡。我揮手道別，邊走邊吃著一根香蕉。我的腳像是裝上了彈簧。也許一百英里其實沒有這麼遠，即使在山區。

當賽道離馬路，開始爬一條又乾又多塵土的小徑，太陽依然炙熱。我試著透過吸管從我的背袋吸水，但吸不到。我把我的袋子脫下，重新接吸管，再試一次，還是不行。我把它全部拆解，再試一次。沒有水，我不可能繼續跑。這時我找到問題了，在水壺裡有一個氣泡袋。我把它打開，一半的能量飲料灑出來噴在我身上，但我總算把氣泡袋取出來了。我把背包背回去，繼續跑。但是兩分鐘後，又吸不到水了。真該死。我往後看一下。一群跑者正從山丘下跑上來。我努力保持鎮定，但還是心煩意亂。怎麼還這麼熱？我坐在一個小土丘上，看著水壺，在手裡把它倒過來。然後我發現它放反了。我把它放正，重新接吸管，這次可以了。我站起來繼續跑。

這個山丘比我預期的還長。我納悶為什麼還沒到山頂，還一直在上山。我加快腳步，有一點慢跑起來。「加油啊，」我大聲說：「這是你所有的能耐嗎？這座小山？我可以的。」

但這座小山綿延不絕，而逞能的聲音聽起來很空虛。我需要理智一點，十四英里左右的距離還是不算短。後面的那一群人追上我了。他們有五個人，安靜地走著，一個接著一個。我緊跟著他們這隊人馬，配合他們的步伐，一步一步，直到下一個補給站。這個補給站是由兩位穿扮整潔的老婦人駐守，她們不停地招呼我們，直到我同意喝一碗麵湯。我在黃昏溫暖的日光中站著喝湯。這肯定是最後一個高點。當我們離開補給站，路線突然急轉，直接通向一段經過樹林又大又陡的爬坡。我不敢置信地看看周圍，但是其他人連眼睛都不眨一下，就出發上山了。

「堅強一點。」他們其中一個人對著我說。所以我咬緊牙根，加入上山的行列。

現在是日落時分，大約一小時後，我們到達了山頂。四面八方的天空都染上了火紅，一邊在崢嶸的庇里牛斯山上空燃燒著，另一邊在地中海上方映照出一片粉紅。我停下來駐足欣賞。在這個天朗氣清、恰到好處的時刻在山頂上，得靠一點運氣。這可能是我見過最壯觀的日落。但我得繼續前進了。

我試著計算到下一個檢查站與梅瑞爾塔見面，還要多久的時間。也許還要一個鐘頭。接下來的一英里路，路線往下，出奇地陡，我很感恩是在天黑前走這一段路。想到在黑暗裡用這雙不聽使喚地雙腿走這段艱難的下坡，就令人毛骨悚然。

一會兒後，走上了泥土路。這時天已經夠黑，可以開頭燈了，我把它打開。我試著跑，但太費力了。走快一點就夠了。我幾乎要到了。

我繼續走，進入黑暗、樹林、寂靜，這條在山裡迂迴的路似乎從來沒有下坡。八點到了，又過了。然後是九點，仍然不見檢查站的蹤影。偶爾，我會超過一個孤單的人，他慢慢走著，手叉著腰。或者某個跑得很順的人，從我身邊經過。但大部分的時間我是獨自一人。然後，我開始看見一些奇怪的東西。

當我瞥見前面的檢查站，我正在路上費力前進，想著我一定快到了。我可以看見一幢建築物的窗戶裡有燈光，帶著頭燈的人們在外面遊走。我看看我的手錶：晚上九點十五分，時間差不多。但我到達檢查站時，它不在那裡。空無一物的黑暗令人打了個冷顫。那完全是我的想像。那裡沒有東西，甚至連房子形狀的石頭都沒有。不管怎樣，如果真的有，會讓人心裡好過一點。

重新振作一下，我繼續跑。噢，在那裡。我又看見燈光和一幢建築。再一次，檢查站不在那裡。我怔住了。現在我真的嚇到了。

第三次，我準備好了。好的，我只要接受它。繼續前進。我應該很快會到了。我不停地期待在下面山谷裡的某處，看見阿爾日萊斯的燈光。為什麼全這麼黑？除了濃厚、鋪天蓋地的黑，什麼也沒有。我瘋了嗎？我被困在某個時間錯置當中嗎？

令我鬆一口氣的是，我開始追上前面一個人了。我看著他，或者她，跑過一個橫跨在路徑上的一個木拱門，上面寫著「歡迎來到……」，雖然地名被一根樹枝擋住了。往小鎮的入口。一定是的。

但那個拱門不是真的。

我咬牙繼續，試著用跑的。我得趕快離開這座山。幾分鐘後，我看到一個營帳在風中啪啪響。我小心地接近。而這次是真的，我撥開營帳的門簾。裡面是一張放著食物的桌子。這裡是檢查站。

坐下來感覺很危險。我得繼續前進。梅瑞爾塔和夏綠蒂不在這裡。我猜她們直接到前面的終點了。這個地點一定是太偏遠，不適合她們租用的小汽車進來。我努力想：從這裡過去是六英里，還是六公里呢？我問一位駐站的志工。

「*Quinze*。」他說。我愣在那裡，想不出他說的是什麼。那是什麼？Kanze？公里？

「是法語嗎？」我問。

他點點頭。「十五公里。」

一陣冷風吹過我的頭殼。

「十五!?」我差點站不穩。我趕緊往出口衝去。

「你要走了嗎？」這位志工站在門口笑著問。

「嗯，是的。」我說，腦袋裡已一片空白。

「你走右邊，然後五公里下坡到下一個檢查站。」

「這個坡緩和嗎？」我問。

他搖搖頭。「不是很緩，」他說：「但是你沒問題的。」

幾分鐘後，我摔了一跤然後往下滑，趕緊抓住有刺的樹叢防止自己滾下去。我發現自己走錯路。有幾位男子快步從附近經過，我趕快跟著他們走了一陣子，直到我看見眼前的山上有光。我試著呼叫他們，但是他們從另一條路走了。我跟著我看到的光，直到我發現那不是燈光。沒有山丘。只有天空而已。

我不會活著出去了。每個我看到的地方，我都看到光、看見陽臺上的人們拿著拖盤遞送飲料、坐在搖椅上，彼此交談。我不能動了。

突然有一位女士出現在我前面，向我加油。一個男子從我後面走過來，他們親吻而且擁抱，用法語熱烈地交談。我發現，他們是真的。我得緊跟著他們。這是我唯一的機會。我全力在林下灌木中前進，尾隨他們。無論如何，我得跟緊。近到我的視線裡只有他們的背影。其他的我都不管了。

他們快速地下了陡峻的岩坡。我跟著那位女子，我的兩隻眼睛像亮晶晶的小鬼盯著她的兩隻腳。我的腳跟著，一步又一步。她走得很快，我的股四頭肌陣陣作痛，但我無法讓她走遠，所以我跟得更近，兩眼像黏膠一樣黏著他們。

我們就這樣下山，一個接一個。後來有人告訴我，當地人稱這個山丘為「死亡下坡」，因為太難走了。而且那還是在白天。當我們一路超過其他人、停下來休息，驚魂未定，看著自己飛快下山，一件奇怪的事發生了。股四頭肌的痛開始和緩，我的兩腳變得輕盈，我開始感覺到溫暖，彷彿一陣幸福向我襲來。我突然在那一刻感覺到完整而且全然的平靜。

那對法國人的談話慢條斯理，像是週日午後出來散步，而我則安靜而專注地跟著他們。

這個坡相當陡，有些地方有繩索，但我不慌不忙，很順暢，我比之前更能專注。感覺很神奇。

最後，我們終於從一條溪流和一座小村莊出來了。現在是半夜十一點三十分。當我沿著路走，一輛車子的門突然打開，梅瑞爾塔和夏綠蒂從車裡爬出來。我真不敢相信我終於到這裡了。

梅瑞爾塔和夏綠蒂已經在這裡好幾個鐘頭，所以這個檢查站的志工已經久仰我的大名了。他們很高興見到我來了。我坐下來。終於，還剩六英里。我試探性地問現在是否只要沿著這條路。當然現在是最後簡單的部分。但我沒有得到明確的答案。

又喝了一些麵湯後，我從椅子上站起來，向大家道別。「終點見。」我說。

大約半英里的路，我們沿著一個和緩的下坡走。有了前面的經歷後，這是很大的喘息。但這時，我看見路邊的樹林裡，高掛在樹間，有一塊路標。**你一定是在開玩笑**？但不是玩笑，一條小徑離開了道路，直直往上。我們還有一座山要爬。

我深呼吸一口氣，決定不要驚慌。接受它。一次一步。到現在我已經出發超過三十七個小時了。時間已經不具有任何意義。我最後的名次也無關緊要了。我只知道，如果我繼續前進，通過任何迎面而來的挑戰，我最後會到達那裡。

就這樣，星期天的凌晨一點四十五分，我爬下一些階梯，到了海灘旁邊的一個小港口。沿著海濱跑，我如此接近終點。到了，終點的拱門。我向它飛奔過去，在終點線上倒下來。我停下來了。我完成了。三十九小時五十三分鐘。我站在那裡，有一短暫的時間，什麼事都沒有發生。沒有人說任何話。這個地方空蕩蕩的。

兩位年紀大的男子笑著走過來。其中一位幫我掛上獎牌，告訴我在電腦螢幕上的成績。三百位起跑者中的第九十三名。他打開一個小冰箱，要遞給我一瓶飲料。有幾種口味的選擇。我不在乎口味，任何一種口味都可以。他笑著給我一瓶。

梅瑞爾塔走過來給我一個擁抱。我們成功了。噢，老天，我們竟然真的成功了。

***

我以為在終點時會淚流滿面，但這樣的情景並沒有發生。整個過程感覺很平靜。我把東西收拾好，走路回到飯店，在那裡我泡了個澡，然後上床睡覺。而第二天早上，我坐在飯店房間的陽臺上。現在是早上九點四十七分——幾乎到了四十八小時的關門時間——我恰好看見一個別著號碼牌的男子，背上背著他的背包，跑過停車場，下幾個階梯到小港口。一對週日早晨外出散步的夫妻看著他，看著他痛苦、焦急的臉龐，然後繼續走。他四處張望，尋找某個東西，然後，他看見了，繼續跑。坐在那裡，看著他繼續前進，我突然哭了起來。

看見這個人，知道他剛經歷的一切，在他的眼裡看見這些，並知道他將要成功，太令人感動。我坐在那裡啜泣，讓情緒一股腦宣洩出來，那些我以為我就要死去的時刻、當我發現我們得再爬一座山、結束後還有另一座山、當我背起我的背包再次出發、當梅瑞爾塔說我看起來很強壯，還有夏綠蒂為我按摩雙腿、當補給站善良的人們忙著確定我吃了我需要的食物、當那對情侶讓我像影子一樣跟著他們，這些全寫在那個男子的臉上，那麼多的力量、那麼多的努力、那麼多的善良，讓我熱淚盈眶。

湯姆和瑞秋怎麼樣了呢？他們很早就從我的比賽中消失了。原來他們經歷的過程比我的還艱難。

我們星期天下午在同一個小港口與他們會面，一起喝啤酒，彼此分享這次的戰役故事。

湯姆出發時衝到前面，他這麼做，而且說他在全程大部分的時候都跑得相當好。「從勒佩爾蒂的大補給站出發時，我還大約在第四或第五名的位置，而且我可以感覺到終點。但下一個下坡時，我一邊的膝蓋開始相當疼痛。」在「死亡下坡」底，他的膝蓋幾乎不能彎了。「我得用走的。每次我又想跑的時候，那種痛實在受不了。」

剩餘的比賽他基本上只靠一隻腳，用他的登山杖當拐杖。痛得太嚴重，到某一處時，他決定要在路邊躺下來睡十分鐘。「我只是需要一段不痛的休息時間。」他說。最後，情況還是很糟，最後沿著濱海區的一公里花了他三十五分鐘。

完賽後，他被帶到醫療帳，他在那裡的行軍床上睡了接下來的八個小時，直到梅瑞爾塔出現。

「那裡的景象就像脫胎自戰爭畫面，」她說：「營帳裡的人全躺在金屬的行軍床上，身上蓋著羊毛毯。」她在一張毯子下找到湯姆，面容憔悴，嘴唇發紫，雙眼闔上。「他看起來快死了。」

「我一直醒過來，」湯姆說：「搞不清楚自己身在何處，但很高興不用站著。如果不是梅瑞爾塔來接我回飯店，我不知道要在那裡躺多久。」

這時，瑞秋還驚魂未定，當她說她的故事時，眼睛裡閃爍著光芒。她在我之後不久，也離開了韋爾內萊班補給大站，在大風中爬上那個長坡。但她沒有停下來多穿一件衣服，只是奮力往前。等她到山頂的時候，因為失溫，被工作人員拖離比賽。他們拿下她的號碼，在山頂上的小屋裡幫她鋪了床，她睡著了。五個小時後她醒過來，要求回去比賽。

「他們告訴我要繼續很困難。但是我告訴他們，不，要停下來更困難。」她笑著說。但是她聽起來像是受到了侮辱。「你知道我的意思嗎？我不是來半途而廢的。我不會棄賽。」瑞秋之前兩次拿到UTMB的彩券，但兩次都沒有抽中。這意謂今年她只要拿到點數，就能保證參賽。她不會讓這個機會溜走。

五個小時的休息後，關門時間快到了，但她繼續跑，在剩餘的路程勇敢地前進，最後以四十四小時完賽。所以最後，我們三個全得到了點數，在UTMB裡占了一個名額——湯姆以菁英選手的資格入選；而我如果得到點數，也可以占一個媒體的名額。

「向夏慕尼前進。」湯姆說，這時我們向可以重新再做一次同樣瘋狂的事，冷冷地乾一杯。

在夏慕尼看見世界頂尖跑者並肩齊聚在環白朗峰超級越野耐力賽（UTMB）的起跑點，是件令人熱血沸騰的事。這些男子與女子選手都是極為出色的運動員，他們的體魄似乎是從山中的岩石雕鑿出來的。

但聽了賽前的宣傳炒作，以及所有這些超級明星令人驚豔的故事後，聽見人們稱他們為全世界最偉大的耐力跑者，總覺得似乎哪裡有點不太對勁。當鏡頭掃過UTMB起跑點擁擠的廣場，遙攝站在第一排準備出發的頂尖選手，我忍不住想：如果這些是全世界最偉大的耐力跑者，為什麼他們全是白人？肯亞人到哪裡去了？

檢視任何傳統的長距離比賽——例如重要的馬拉松路跑、國際越野賽，或者奧運一萬公尺跑道賽——除了一些例外，這些比賽中所有衝在最前面的跑者，全都來自東非。在馬拉松賽裡，肯亞人與衣索匹亞選手稱霸全場，在任何一場比賽幾乎都所向披靡——例如在二〇一七年，前一百名的男子馬拉松選手中，有九十二名來自東非，而前一百名的女子馬拉松選手裡，有七十六名是來自這個區域。然而在超級馬拉松的世界，幾乎沒有一位頂尖的東非跑者。

唯一的例外是南非的同志超級馬拉松賽，偶爾有一位肯亞或衣索匹亞選手參賽，但他們的表現似乎並不突出。同志超級馬拉松賽以及南非另一場路跑，是全世界唯二兩場領先群跑者不全由白人包辦的大型超馬，有頂尖的南非黑人選手全然擁抱這個國家的超馬文化。但是在超級越野賽的領域，則與非洲跑者完全沒有連結。

想到這一點，我開始醞釀一樁計畫。這可能是災難性的，但是對肯亞人與超馬世界也許都會造成很大的影響。我決定，如果沒有其他人向肯亞人引介超馬，那麼這項工作就由我來做。

我的想法是說服幾位肯亞選手試著跑長一點的距離。有愈來愈多的超馬選手是從田徑與路跑轉進超馬運動，尤其是美國。所以，這當然是可能的。我也注意到一項特別的趨勢，許多頂尖的超馬選手之前年輕時是障礙賽專家：例如札克．米勒，吉姆．沃斯里也是。障礙賽是一項徑賽，你得跳過路障，包括水坑。我認為這很合理，這顯示他們從年輕時，就有一部分的能量是面對障礙，而不純粹只是跑步。

而如果有一項賽事肯亞人總是贏過任何其他國家的人，那就是障礙賽。肯亞選手自從一九六八年以來，贏得每一屆奧運障礙賽的金牌——除了他們國家抵制的幾次比賽。我想，我們可以毫無疑問地說，他們能處理跑步時的障礙。至於凹凸不平的場域，在肯亞和在衣索匹亞，選手幾乎只在山區、泥土路上訓練。這是完美的搭配。

然而，當我開始詢問肯亞跑步重鎮伊頓的選手，他們是否有興趣參加一場超級馬拉松，他們似乎對這個概念很迷惘。跑五十英里？他們看著我，彷彿我設計了什麼圈套。這可能嗎？一位名叫鄧肯·吉貝特（Duncan Kibet）的跑者最先展現出興趣，他最佳的馬拉松成績是兩小時四分鐘。一開始，我想找個人跑一場五十英里賽。「這要花幾天？」他問。一場馬拉松是二十六英里，還不到兩場馬拉松的距離。「不會花你很多天。」我告訴他。但這顯示出超馬多麼超出他們平常運作的範圍。

然而，最膠著的點是錢。很快地問題來到：「獎金是多少？」但是對大多數的超馬賽來說，這個答案是：「沒有獎金。」即使是UTMB也沒有為冠軍選手頒發獎金*。

在肯亞，有潛力的馬拉松選手會被經紀人簽走，經紀人通常是歐洲人，他們送選手去國外比賽，然後與他們分享獎金。但是少了比賽獎金，不會有經紀人尋找超馬跑者。有那麼多優秀肯亞跑者的部分原因，是因為跑步是他們翻轉人生的一種方法，不僅能脫離貧窮，還能幫助他們的家人與社區改善生活。即使是歐洲第二線城市馬拉松相對較少的現金獎金，在肯亞都算是很大的成就，而且能改變一個運動員的人生。所以，金錢是一個關鍵誘因。他們沒有為了對跑步的愛而跑這種奢侈。

然而，隨著超馬運動的成長，贏得獎金的機會也增加了。不少超馬菁英跑者現在有經紀人鞏固他們大筆的贊助合約，也有愈來愈多的比賽加碼現金獎金，以吸引頂尖跑者。對於那些成千上萬過著如專業選手的生活、完全投入訓練、但未能確定參加路跑賽的肯亞選手，超馬可能為他們的天分提供另一個出口。

不是每個超馬界的人都欣賞我的奇想。我去見一位頂尖越野跑步服裝公司的高階人士，討論為一些肯亞跑者提供贊助的可能性時，他的反應特別直接。他寄給我一封電子郵件，說他希望肯亞人永遠不會發現超級越野賽這個領域。

「越野賽的吸引人之處，是因為當中很刺激，而且每位選手有真實的故事，有人性、感情、價值。他們不是被設計來跑很快的『機器』。」

我對他的回應很震驚，立刻發回一封信回覆他：「肯亞人也有很精采的故事。他們是人，不是機器。很精采的人。每一個人都有『真實的故事、有人性、感情、價值』。」

他後來收回他的說法，說他知道他們是人，但問題是，他們的品牌不會圍繞這些肯亞人創造有趣的內容、訴說他們的故事。而這正是我想提供機會讓他做的事，因為他們是知名品牌的領導者。但顯然他並不感興趣。

若有頂尖的肯亞選手參賽，只會提升這項運動的水平。想像兩位肯亞選手與喬內、沃斯里和米勒以及其他頂尖跑者併肩站在UTMB起跑線。這將會帶來更多的刺激、更多的競爭。而且，如果這些超馬選手真的要被認為是全世界最偉大的耐力運動員，那麼，他們當然必須承擔與最佳選手競技。這是菁英運動的精神，看見最好的選手、巨人，正面對決。如果超級馬拉松想要成為真正的世界性運動，它需要擁抱與歡迎來自全世界最偉大的長距離賽跑國家的選手。

幸運地，超馬社群的其他人對於我的計畫反應正面多了。我決定成立一個群眾募資網頁，為肯亞選手參加超馬比賽募款，而最早承諾捐款的兩個人是蓋瑞．吉林與薩奇．卡那代。當我和札克．米勒談到這個計畫時，他很興奮，說他很期盼與頂尖肯亞選手一起競賽的機會，甚至邀請他們到山上的巴爾營地與他一起訓練。我聯絡了吉姆．沃斯里，他也對這項挑戰躍躍欲試。然而，因為他本身很清楚適應超馬所需要的時間，尤其是一百英里賽，所以他聽起來有點謹慎。「肯亞選手是有天分的跑者，」他說：「他們能縱橫全場，這沒話說，要看你挑選的是誰。但你不能只是找一位跑兩小時八分鐘的傢伙，直接叫他跳進來，然後期望他會贏。他需要願意花時間來適應。」

最後，真的是一位兩小時八分鐘的傢伙，法蘭西斯・鮑溫（Francis Bowen），他決定和我打交道，接受我的提議。他可能是有史以來參加超級越野賽的選手中，跑得最快的馬拉松跑者，這本身就是一個令人振奮的機會。我列出的比賽是在英國白金漢郡舉行的「溫多弗樹林五十英里賽」（Wendover Woods 50）。這是繞著十英里路線跑五圈的比賽，這樣可以降低他在第一場超馬賽中迷路的機率。他只有四個星期的時間可以準備，但是他說，他會做一些較長距離的跑步訓練，如此他能好整以暇。

所以，在一個冷冽的十一月早晨，我在希斯羅機場與法蘭西斯見面，搭車到倫敦幾位同意讓他留宿的跑者家中。在火車上，他顯然還是不確定他會遇到什麼情況，又問了我一次距離的問題。我把他和幾雙新的越野鞋與背包等裝備一起留在房子裡，建議他隔天或隔兩天，在比賽之前試試看。

***

當我們把車子停在比賽要開始的原野，這時還很冷，太陽剛出來。湯姆．佩恩負責開車，他在肯亞時就認識法蘭西斯。湯姆同意一起來幫我擔任加油團員。原野上的霜很厚，看起來像雪一樣，當我從車子裡出來時，地面在我們的腳下嘎吱作響。法蘭西斯覺得很有趣，他請我幫他拍一張他站在白色原野的照片。他還沒有看過這幅景象。

當我們繞了一圈幫他報到時，你可以看見人們多看了我們一眼。一位肯亞菁英跑者現身在這種賽事並不常見。雖然已經四十三歲，仍然有專業運動員的犀利眼神，加上他黝黑的膚色，很明顯看得出他是誰。當我們幫他別上號碼牌，帶他去起跑線時，他看起來很鎮定。這不是一場大型比賽，當我們兩個站在樹林旁邊，拿著他的裝備，我覺得我們有點太慎重其事了。這很像是英國自行車冠軍選手克里斯．弗羅姆（Chris Froome）穿著電池發電的保暖褲出現在一場環村賽的起點，而他的兩位助理牽著他的自行車。

法蘭西斯不喜歡這種冷。不斷告訴我他的腳沒知覺了。但是太陽已經出來，看起來像是個好天氣。我告訴他第一圈只要跟著領先群，不要衝出去。這樣有助他認識這場比賽的感覺，避免他跑太快。他看著我，彷彿沒有聽進我說的話，但還是點點頭。「好。」他說。

就這樣，他們出發了，大約四百名跑者。當他們大約跑了一百公尺，經過我前面時，法蘭西斯在選手群的中間。我幾乎看不到他。我希望他不要聽錯我的指示。

我們買了一杯咖啡，坐在車子裡等。湯姆很期待接下來會發生什麼事。我們的計畫是，如果法蘭西斯贏了，他將有資格通過明年在加州舉行的大型比賽North Face 50。這是另一場五十英里的比賽，但這次會有一萬美元的冠軍獎金。但是，法蘭西斯首先必須在這裡拿到一個成績，讓他進入加州的菁英群裡。

「如果他在這裡跑得很快，」湯姆說：「會造成一股轟動。大家會注意到。」幾位記者已經和我連繫有關法蘭西斯的事，社群媒體對這件事的興致也炒得很熱，即使我努力讓它保持低調。如我所預期的，超馬世界似乎對這位新的肯亞跑者燃起了興趣。

大約一個小時後，我們走到一圈的盡頭處、作為檢查站與休息區的營帳。現在太陽已經出來了，很快地我們聽見人們鼓掌，探看第一個跑過來的跑者。不是法蘭西斯。但他在不遠的後方。他像我說的那樣，跟在領先選手後面。他在第三名，在前兩位跑者後面。他進到營帳裡，笑著坐下來，看起來像是早上出門慢跑。我們遞給他一根香蕉和一些蛋糕。湯姆為他重新加滿水。

「唉，很冷。」他說。

「除了這個，你都還好？」我問。

「是的，很好，很好。」他看見其他兩位跑者已經出發跑第二圈，所以他跳起來跟上他們。他離開後，我和湯姆互看了一眼。他看起來很輕鬆。一切照計畫進行。

第二圈結束時，情況完全一樣，同樣三位跑者順序一樣，法蘭西斯看起來一派輕鬆。

第三圈的時候，法蘭西斯是第一位出現的跑者。他開始加速了。當他跑向我們時，看起來還很強壯、輕鬆、有力。過了三十英里，他幾乎還沒流汗。但是他揮舞他的雙手，彷彿想告訴我們出了點狀況。他進到營帳裡坐下來。

「怎麼了？」我問。

「我要停下來了，」他說：「我的腳趾痛。」

等等。什麼？你的腳趾？「沒問題的，」我告訴他：「你的狀況很好。只剩下兩圈。」他看著我，彷彿我瘋了。像是我沒聽到他說的話。他搖搖頭。「我的腳趾頭很痛。」他重覆一遍。這次他直視著我，確定我聽見了。

「法蘭西斯，這是超級馬拉松。在超級馬拉松裡，身體有些疼痛是正常的。但你要繼續。」其他兩位跑者現在也進來了，而且很快返回跑道。湯姆發現他有一雙和法蘭西斯一模一樣的鞋子，只是大半號。他跑去車上拿。

我試著告訴他在加州的一萬美金比賽。他需要先得到一個好成績，然後就可以去跑那場比賽。然後贏一些錢。

「不，」他說：「我的腳趾痛。」他把他的鞋子脫下來讓我看。我看不出哪裡有問題。湯姆回來了，但法蘭西斯拒絕試穿新鞋。「我需要照顧我的身體，」他說：「如果我繼續，我可能會受傷。」

湯姆也試著告訴他加州的那場比賽。法蘭西斯耐心地看著他。「我的腳趾頭，」他一字一句地說：「它很痛。」

所以我們呆坐著，他吃他的香蕉。他解釋說，一開始的冷天氣就讓他失去對腳趾頭的知覺了。然後是下坡時，腳趾擠壓鞋子。但是，在所有我完成超馬賽的經歷後，在我煞費苦心把他帶到這裡後，我不想聽到這些。我周圍看看營帳裡，現在已經滿是中段跑者，有些人才剛跑完第二圈。他們脫下鞋子，看看他們的水泡，在營帳裡一拐一拐走著。但他們全開心地重新綁回鞋帶，回去跑步。撐了十分鐘左右，我們向車子走過去，返回倫敦。

***

法蘭西斯飛回肯亞後，有一陣子，我一直想著他停下來的態度。從某個方面來看，這明顯呈現出馬拉松與超級馬拉松的不同。在一場馬拉松裡，你得和疲乏奮戰，你的肌肉會疲累與反抗，你的大腦會和你交戰，但通常就這樣。但是在一場超級馬拉松裡，可能有各種各樣的問題會打擊你，而且通常都會發生。在疼痛中跑步幾乎是無可避免的。不只是疲乏，而是真正的疼痛。

但這是一件好事嗎？就我看到的，法蘭西斯在第一次遇到問題就倒下，我覺得有些惱火。但實際上，他是否只是聽從他的身體傳達出的訊息，以理性、合理的方式回應呢？他知道他的身體是他存活的依靠。身為一位職業跑者，他不能冒受傷的風險。所以他停下來了。

這也讓我想到一位頂尖的肯亞選手體驗跑步的方式。我想起曾經看過前世界馬拉松紀錄保持人威爾森．克伊普（Wilson Kipsang）的訪談，主持人問他在一場馬拉松當中，什麼時候開始覺得痛。他笑著說：「最後一公里。」他可能只是開玩笑，或者是四兩撥千斤的回答，但這讓我好奇肯亞選手是否習慣於在相對舒服的狀態運動。當然，他們會累、會疲乏，但是他們跑得如此流暢，也許這對我們其他人來說，是不一樣的吃力。

喬．凱利曾經說，他不認為「耐力跑」（endurance running）是一個好的標籤。他說，這暗示了受苦，然後面對它、**忍耐**它。他說，比較好的說法是「效力跑」（efficiency running）。因為，要把長距離跑好，你必須對你的能量、你的身體有效率，而不是和它奮戰與掙扎。這是肯亞人表現很好的地方。但是在一場超馬賽中，因為增加的距離、崎嶇的地表、更多的變動因素，要成功完賽就更困難。

也許我們當中很多人希望受苦，而這是最先吸引我們參加超級馬拉松的原因。人們談論到享受困難的部分、期待它的發生。美國跑者提摩西．奧爾森（Timothy Olson）有一年在UTMB得到第四名後接受訪問，他回味地說：「我喜歡去那些黑暗角落，並且克服它。在超馬賽中，你以為你在上一次比賽已經跌到最低點，但超馬繼續令我驚訝地看見情況可以壞到多黑暗的地步。」

在美國一本《哲學家雜誌》（*The Philosophers' Magazine*）中的一篇文章中，潘．R．賽勒斯（Pam R. Sailors）教授引用了一篇由著名心理學家阿諾．庫伯博士（Arnold Cooper）標題為〈跑步心理學〉（The Psychology of Running）的論文，裡面她說，人們被激勵參與長距離跑步的原因之一，是他們有「自戀與自虐的需要」，這些需要「被明顯超過人類身體原本作用的跑步距離給美妙地滿足了」。

暫時撇開自戀，超級馬拉松以及超馬跑者從他們奮戰的痛苦中得到的快樂，確實符合自虐的部分定義。在賽勒斯的文章裡，她提到有一次去看一位朋友跑芝加哥馬拉松，被賽後耐吉發送的一張卡片嚇到：「流血的奶頭是一項戰利品。」而在超級馬拉松裡，流血的奶頭還只是開始。

賓州大學心理系教授保羅・羅珊（Paul Rozin）將這種從不是真的具威脅性的痛苦體驗衍生出的愉悅，稱之為「良性自虐」（benign masochism）。在一篇名為〈開心的悲傷〉（Glad to be Sad）的論文裡，克服痛苦「造就來自『大腦戰勝身體』的喜悅。」雖然他舉的例子是吃辣胡椒和看傷心的電影，他告訴我，這個術語同樣可以應用到長距離跑步的愉悅。一個人的自我超越，似乎是另一個人的良性自虐。他也用另一個術語「享樂逆轉」（hedonic reversals），我比較喜歡這種說法。

很多超馬跑者也曾經告訴我，藉由比賽中的折磨，他們突破了他們平凡、日常生活的舒適與一成不變，他們受到了挑戰。他們說，這讓他們感覺自己活著。在一部關於累人的巴克禮馬拉松紀錄片中，一位跑者直率地說：「大部分的人生命中若能多受一點苦，對他們會好一點。」

但是對於來自肯亞鄉村、生活已經夠困頓的法蘭西斯而言，也許在跑步中尋找痛苦與折磨的需要不那麼誘人。他喊停的時候，甚至進入痛穴還不到一英里，就準備打包行李回家了。

比賽後不久，我又回去看蓋瑞・沃爾德，檢查我的動作。當我告訴他法蘭西斯退賽的事，他說，聽到一位職業運動員那麼尊重他的身體，令人驚異。他說，光是聽到這個故事，就讓他起雞皮疙瘩。

這讓我直接面對一個從我開始跑超馬被問了很多次，而且是幾乎每個不跑步的人都會問我的問題：當我告訴他們我上一場比賽的距離是一百英里時，他們總是帶著驚嚇的表情看著我說：「這一定對你的身體不好吧？」

庇里牛斯山的比賽後，我幾乎無法走路。那天晚上，雖然我已經兩天沒闔眼，還吞了一劑布洛芬，我的腿還是讓我痛到睡不著。比賽結束後好幾個月，我神經受損的腳趾頭還是感到刺痛，彷彿永遠有針和刺在那裡。當醫護人員在比賽五十五英里處檢查我的腰肌，告訴我那裡發炎，應該要停下來，我不理會他，反而繼續勉強撐了四十五英里。而在醫護中心，那裡有很多人比我更嚴重，也想繼續前進。

許多跑者靠著沿路吞止痛藥撐完超馬賽。我在二十四小時跑道賽中看過，加油團員在他們的跑者經過時，理所當然地把藥丸遞給他們。

羅比·布里頓告訴我，這是這項比賽的一個大問題：「在我參加第一場一百英里賽時，我記得有人說，普通的止痛藥對他已經無效了，他得服用處方藥。布洛芬在超馬賽中已經很危險，我無法相信有人願意服用非類固醇類消炎止痛藥（nonsteroidal anti-inflammatory drugs，簡稱NSAIDs）。這很危險。」

確實，研究顯示這些藥物會導致腎臟問題、損壞腸道，並且提高心臟病風險。疼痛是我們身體警示我們該慢下來的方式，但是身為超馬跑者，我們忽視它。止痛藥也許能幫助我們找到我們的極限、達成我們的目標，或者贏得比賽，但這對我們的健康有害。

即使是那些相對安然無恙倖存下來的人——那些沒有跌倒、沒有拉傷肌肉或用力過度到需要止痛藥的人——也不必然能全身而退。二〇一二年，心血管醫師，本身也是跑者的卡爾．拉維（Carl Lavie）與詹姆斯．歐奇夫（James O'Keefe）發表了一項研究報告，造成了一股騷動，報告中說他們發現，雖然適度的跑步明顯對健康有益，但如果你跑「過度」，那些健康益處會開始減弱。起初，他們定義的過度是每星期超過兩個半小時——雖然拉維在進一步的研究後，修正為每星期不超過五小時。當然，超馬跑者從事的運動比這個數字多很多，而且經常是在一天之內。

拉維與歐奇夫主要關心的是極限運動所帶來的心臟受損與心臟周圍組織硬化問題。在一場關於這個主題的TED演講上，歐奇夫說，雖然運動是整體健康的優異藥方，「像任何藥物一樣，有一個理想的劑量範圍。如果你服用不夠，不會有效果。如果你服用太多，可能會有害。也許甚至會致命。」

為了演示他的觀點，他舉菲迪皮德斯（Pheidippides）為例；菲迪皮德斯是西元前四九〇年從馬拉松（Marathon）跑到雅典去宣告打敗波斯人的勝利消息的人，因此啟發了馬拉松賽，但是他抵達雅典的時候倒地死了。歐奇夫也提到米卡・楚（Micah True），《天生就會跑》中的主角，也是美國的超馬跑者，他在墨西哥與當地的塔拉烏馬拉（Tarahumara）人一起生活，一起跑步。當地人因為他出了名的跑步天分，稱他為「卡巴羅・布朗柯」（Caballo Blanco），意思是白馬。但是他也在二〇一二年外出跑步時猝死，得年只有五十八歲。

「當他們解剖時，發現一顆肥大、加厚，而且組織有疤痕的心臟。」歐奇夫說：「我是一位心血管醫師，我的工作是找出理想的飲食與生活方式，我的結論是，跑馬拉松以及極限耐力運動，不符合這個健康食譜。」

這是件可怕的事。然而，將歐奇夫的研究與超馬運動連結的唯一問題是，他把強度和持續時間結合在一起來定義「極限跑步」。超級馬拉松在持續時間方面也許很極端，但通常是以非常低的強度進行——走路占了多數超馬比賽時間的很大一部分。

歐奇夫表示：「適量的」運動是好的，而且進一步評論說：「如果你保持低活動，你似乎可以整天運動，而不會產生麻煩。」他對「低活動」的定義是？十分鐘走一英里的步速，這對一場超級馬拉松而言，是相當快的速度。

得出肯定結論的問題是，特別針對超級馬拉松的研究並不多，大多數研究將焦點放在馬拉松，大部分的人跑馬拉松，而且訓練時的速度超過十分鐘跑一英里。

二〇〇九年一項由利物浦約翰摩爾斯大學（Liverpool John Moores University）的研究檢視了參加英國「雷克蘭五十（英里）」（Lakeland 50）與「雷克蘭一百（英里）」超級馬拉松的運動員。這份研究的發現與歐奇夫相互呼應。

所有精選的跑者跑馬拉松和超馬的資歷都超過兩年，而且沒有已知的心臟疾病。最後，四十五位跑者中有二十五位跑完全程。他們的年齡從二十四歲到六十二歲，都做了心肌鈣蛋白I（cardiac Trophonin I）的抽血，並且在比賽前與比賽後做了心電圖。

比賽後，二十五位跑者中，有二十一位跑者的心肌鈣蛋白I指數顯著上升，而且其中三人指數竄高的程度顯示有明顯的心臟受損。歐奇夫說，當心肌鈣蛋白I的指數升高，意謂心肌死亡。「通常我們會即刻採取行動，因為這意謂心臟病正在發作。在這個情況中，是微型的撕裂。如果你偶一為之，不是什麼大不了的事，它們會自行修復，幾天後就消失了。但如果你一而再地重覆，心房會留下傷疤。」

雷克蘭超馬賽起跑時的心電圖顯示出在運動員身上常見的典型健康心臟特性。然而，在終點時，超過百分之五十的心電圖可以看出明顯的心電變化，而且有些是心電圖中罕見的怪異變化，不論是在休息或運動狀態。

這項研究的作者之一約翰·索莫洛（John Somauroo）教授說，這項結果顯示，「持續跑超過五十或一百英里，對心臟可能不是好事。」

然而，在你把你的跑步鞋丟進垃圾筒之前，也有很多其他的研究得出相反的結果。一份二〇一三年由澳洲巴拉瑞特大學（University of Ballarat）的研究發現，超馬跑者的平均壽命比一般人多了十六年。這項研究由法第·查查（Fadi Charhar）博士領導，是根據長距離跑步對人體的端粒（telomere）所造成的影響。

「在我們的細胞裡，端粒是類似鞋帶末端的塑膠或繩花結構——也就是說，它們能保護我們的基因，避免磨散。」查查博士解釋說。端粒隨著年齡會變短，愈短，我們就愈容易生病。「關鍵是，」他說：「我們可以做一些事來讓我們的端粒延長一些。而我們發現，跑步——而且是大量的跑步——可以為端粒帶來神奇的改變。」

研究人員發現，每星期跑四十公里到一百公里的超馬選手，他們的端粒比一般人長百分之十一，他們說，這相當於平均壽命多十六年。

「我們研究的超馬選手平均年齡為四十三歲，」查查說：「根據我們的研究結果，他們的生理年齡大約為二十七歲。」

二〇一四年，加州大學的生理醫學與復健教授馬丁·霍夫曼博士（Martin Hoffman）做了一項收集超過一千兩百名超馬跑者自我回報健康問題的研究。他的結論是，這些跑者比非超馬跑者人口更健康，幾乎在所有嚴重疾病的盛行率都低，每年因為生病請假的天數也較少。

我問他關於那些將超馬與心臟病連結的研究，他說他不相信。

「目前看來，」他說：「沒有很好的證據證明超馬會造成負面的長期健康影響。」

所以，我們知道，就像法蘭西斯知道，當身體某個部位開始疼痛，是我們身體發出警訊，告訴我們要停下來，告訴我們可能會造成一些傷害。但很少超馬跑者因為健康的因素這麼做。我們大多數人知道這一點，即使撇開受傷的風險、跌下山谷斷了一隻腿、磨出一個網球這麼大的水泡，超級馬拉松是讓我們的身體以一種可能不完全健康的方式受盡磨難。問題是，我們在乎嗎？

霍夫曼最近接續他二〇一四年的研究，詢問另外一、三九四位超馬跑者一個耐人尋味的問題。他問他們：「如果你知道，絕對必然的，超級馬拉松對你的健康有害，你是否會停止訓練與參與超馬？」

百分之七十四的跑者回答說：「不會。」

***

雖然法蘭西斯退出了溫多弗樹林賽，我對於引介偉大的東非耐力賽運動員參加超馬的想法，沒有這麼輕易放棄。聽了這項計畫，我第一本書《我在肯亞跑步的日子》的讀者科尼爾斯．戴維斯（Conyers Davis）聯絡上我，跟我說，他想要幫忙聯絡幾位肯亞人前往美國跑一場超級越野賽。

科尼爾斯住在加州，做事很積極俐落，所以我們把目標放在「索諾瑪湖五十」（Lake Sonoma 50），一場在加州索諾馬郡舉行的五十英里賽。我去美國參加米沃克一百公里賽的前幾個星期，薩奇．卡那代才剛贏了那場比賽。對於肯亞的超馬菜鳥跑者，這會是一場很好的艱難挑戰。

這次，我們決定要預備兩名選手，以增加我們成功的機會。法蘭西斯說他很想再試一次，另一位名為蕾絲波．奇美悠（Risper Kimaiyo）的女性跑者也是。我第一次遇見蕾絲波是她在二〇一三年贏了愛丁堡馬拉松，之後我們一直保持聯繫。她最佳的馬拉松成績是兩小時二十九分，更棒的是，二〇一六年，她參加在杜哈（Doha）舉辦的五十公里世界錦標賽，而且拿到冠軍。她是超馬世界的冠軍選手。

這則消息完全沒有被注意到，可以看出在超馬界中，五十公里路跑受到的關注有多麼少。若能在索諾馬湖的超馬賽得到勝利，影響力將會大得多。

我們得面對的一個問題是，這場比賽沒有獎金。我們試圖說服兩位跑者把眼光放遠——潛在的贊助機會、他們可能開拓新局，而且誰知道會有什麼發展——後來我們達成一個協議，如果失敗了，我們會為他們的訓練費用支付一些津貼；如果他們比賽贏了，或者表現亮眼，我們也答應給他們一些獎勵。

可惜，這一切都沒有發生。法蘭西斯受了傷，雖然他接受了一些密集的物理治療，比賽前的幾個星期還很痛，無法跑步。然後是在比賽前的一星期，在我們已經在超馬社群募資、已經在播客錄製訪談、做了一堆事說服超馬界，這將會是一大盛事後，蕾絲波寄了一則訊息給我，說她要退賽，因為她的經紀人安排她去參加羅馬馬拉松。

羅馬馬拉松的獎金是一萬歐元，是一場路跑馬拉松。這是肯亞人的場子。他們吞下這些大型城市馬拉松像吃早餐一樣容易。這不需要向他們的朋友或家人多做解釋。這樣很合理。不像奇怪的超馬蠢事，你得跑兩倍的距離，而且一無所獲。

但是，如果你從超馬學到了什麼，那就是當事情似乎沒救的時候，你總是可以撥亂反正，繼續前進。與科尼爾斯簡短討論後，我們明白我們的錯誤是沒有將選手的經紀人納進計畫之中。

所以我們與蕾絲波的經紀人對話。下一場適合的超馬賽是North Face 50，也就是法蘭西斯在溫多弗退賽時，我們努力想引誘他參加的那場比賽。第一名的獎金是一萬美元。現在總算回到正題了。

與肯亞跑者打交道時，好的是他們通常認為他們應該可以贏得任何比賽。他們似乎具備一種美好的自信，完全不驕傲自大。當然，這通常不切實際，但是如果他們沒有達成目標，也不會怪罪自己。他們只會站起來，再試一次。這也是為什麼在肯亞的比賽往往從一開始就是瘋狂地往前衝，因為每個人都為了要贏，努力跑在最前面。

不論如何，蕾絲波很想參賽，她的經紀人也同意了。她說，她過去習慣在南非訓練，在那裡超馬很平常，所以她理解許多其他肯亞跑者不理解的事。這對她而言不奇怪，這也是她鞭策自己參加五十公里世界錦標賽的主要原因。「我去了卡達，而且開始喜歡它（超級馬拉松）。」她說。

法蘭西斯這邊，他已經沒有經紀人了，但他對超馬的興趣隨著每次我和他的談話，萎縮得很快。最後，他請我去找別人。他說他想趁自己還剩下幾年能跑的時候，回到路跑的領域。

聽到這個消息，蕾絲波的經紀人安東尼歐（Antonio）推薦了他的另一位選手，一位衣索匹亞人穆罕默德・泰曼（Mohammed Teman）。他的馬拉松最佳成績是兩小時十二分，是位實力堅強的跑者，而且和蕾絲波一樣，已經具備一些超馬資歷：二〇一五年，他在同志超級馬拉松賽跑出第二名的成績。

雖然這兩位跑者的超馬成績都是在路跑上，我並不擔心他們是否能應付越野超馬。我在肯亞和衣索匹亞跑過，知道那裡的運動員幾乎都不在道路上訓練，所以我不認為North Face 50平順、好跑的越野路線會有任何問題。他們有六個月的時間準備。我們蓄勢待發了。

但又一次，啊，超馬之神太不慈悲。就在我們詢問所有為索諾瑪湖賽捐款的人同意將善款轉到新的比賽，並且認真辦好簽證、機票與比賽報名，穆罕默德在比賽前一星期飛到加州，卻遇到加州歷史上最嚴重的野火，範圍廣達一百五十英里。同時間，蕾絲波在奈洛比等待她的美國簽證，待簽證通過就立刻上飛機。

簽證從來都沒有通過。結果，這也無關緊要了，因為這場比賽最後取消了。野火燒出的煙沿著海岸往南吹，舊金山灣區，以及比賽地點馬林郡陸岬——我跑米沃克一百公里賽的同一個陸岬——的空氣幾乎吸不得。居民被告知要留在家中。短跑或長跑都強烈不建議，更別說是跑五十英里了。

像是一名不願意下臺的拳擊手，我們站不太穩，還搖搖晃晃。因為穆罕默德已經在美國了，我們試著幫他找另一場比賽。科尼爾斯是費城人，知道費城馬拉松與取消的North Face 50是同一天，比賽獎金也是一萬美元。他聯絡主辦單位，他們說很歡迎穆罕默德來參賽。

然而，網路上開始有人說JFK 50——美國歷史最悠久的越野馬拉松——同一個星期在馬里蘭州舉行。穆罕默德可以跑那一場。札克・米勒原本要下山來跑North Face 50，也正改變他的計畫，打算去跑JFK 50。我們也可以這麼做。我們又與這場比賽的主辦單位聯絡，再次，他們說很高興邀請穆罕默德來跑。

然而，穆罕默德現在已經把他的心思放在費城馬拉松了。贏賽獎金呼喚著他，而且他知道他在馬拉松裡的實力。

安東尼歐對於獎金有些困惑，質疑JFK 50怎麼會只有一千美金。這個數學似乎很不合算。「一千元去跑五十英里!?」他問，覺得不可置信。

這個概念——當我在肯亞尋找潛力超馬跑者時，不斷得面對的——很可笑，獎金應該隨距離增加才對。他們應該以為一百公尺衝刺賽的選手獎金很少。

然而，安東尼歐指出，先不管獎金，網路上的贊助人捐款是為了看見穆罕默德參加一場超馬賽，所以他應該這麼做。但是穆罕默德是實際要跑的人，而且我從經驗上得知，除非你的心思完全投注其中，否則你無法跑一場超級馬拉松。我們無法強迫他跑，還期望他跑得很好，尤其是對上像札克．米勒這樣的強手。

最後，我們的下巴還得接受一記重擊。科尼爾斯決定查一下飛往東岸的班機費用，也就是這兩場比賽舉行的地點，才發現我們正進入感恩節的前一個星期——也就是全美國一年中交通最繁忙的一星期。不論去費城，或去馬里蘭，機票都要上千美元。募款基金早就用完了，科尼爾斯已經動用私人口袋承攬一些費用。

所以，最後穆罕默德在加州一處沒有野火空汙的地方跑了一場當地的馬拉松。在這一切的混亂與干擾後，當他在領先時被送往錯誤的方向，最後以幾秒之差輸給冠軍，我們也就不為此驚訝了。他保住了五百元獎金，可以飛回衣索比亞，一場前往加州的亂流之旅，認識幾位新朋友，至少認識了阿諾．史瓦辛格；幾番波折後，他最後在比賽隔天與阿諾．史瓦辛格同臺，發送數百隻免費的感恩節火雞。這不太是我想像這件事結束的方式。但再次，也許整件事還沒結束。科尼爾斯已經在說明年的比賽要再試一次……

* 二〇一八年，UTMB首次頒發獎金給前十名完賽者。第一名的獎金是兩千歐元。

有一位跑者最近頗消聲匿跡，伊莉莎貝·巴恩斯。我和她聯絡，問她是否仍參加環白朗峰超級越野耐力賽。她報名了，而且名列官方的起跑名單。但是自從九個月前她參加撒哈拉馬拉松再次贏得比賽後，我就沒看她參加任何比賽。

「沒有，我不跑了，」她說：「我正從這項運動中休息。恢復中。」

為了了解詳情，我安排和她見面。一個冷冽的早晨，我和她坐在倫敦的戶外，她告訴我最近的故事。自從我們上次一起在泰晤士小徑練跑後，發生了很多事。

「我還不知道哪裡出了問題，」她說：「撒哈拉馬拉松後，我真的累了。一個星期後，我幾乎無法走路，整天躺在床上。生理上和心理上，我覺得和那裡（沙漠）的某些東西有連結。我後來覺得整個人像消了氣一樣。」

自從我上次見到她，她已經與她的先生離婚，後來談了一段不太順利的感情；也接手了與前夫共同經營的的生意、開始受訓當教練、主辦幾場山地訓練營、參加一場在落磯山脈的六天賽事、跑了三百六十公里穿越瑞典，還飛到喜馬拉雅山第二次參加珠穆朗瑪峰越野賽。做了所有這些事，她覺得很累，會很奇怪嗎？

「沒錯，太多事擠在同一段時間。」她承認。珠穆朗瑪峰越野賽後她感冒了，她說她好幾個星期動彈不得。因為生病，她錯過了很多訓練，連為隔年的撒哈拉沙漠馬拉松做準備都很吃力。所以她去做了血液測試，讀了很多營養方面的書，並且成為一位素食者。

我遇到的超馬跑者中，素食者的人數相當驚人。湯姆與瑞秋是素食者。另一位著名的素食超馬跑者是史考特．朱瑞克（Scott Jurek），美國西部一百公里的七屆冠軍。還有其他很多人。如果你在谷歌上開始輸入「why are ultra runners...（為什麼超馬跑者……）」，它自動會填入下一個字「vegan」（素食）。

伊莉莎貝說，她過去吃很多的肉。「我喜歡好吃的牛排、很多魚，每天早上都吃蛋。」她笑著說過去這段記憶，彷彿現在想起來很可笑，雖然那只是幾個月前的事。「我很難想像自己回到過去，」她說：「現在無法想像自己吃肉了。」

伊莉莎貝的新男友是挪威的超馬跑者桑德．亞姆達爾（Sondre Amdahl），他也是一位素食者。「他影響了我，」她說：「打開了我的眼界。」雖然她今年不跑UTMB，但是會去那裡擔任桑德的加油團，桑德也是一位菁英跑者。

「我讀了很多研究，將動物性蛋白與癌症、心臟病等相連結。」她說：「我父親有心臟病，我母親有阿茲海默症，所以我過去總認為：人生苦短，當我六十歲時很可能也會染上一種疾病，所以不要坐在辦公室裡浪費我的時間。」

但是她說，她現在明白當時她把自己當成受害者，以為她無法控制自己是否會罹患這些疾病。「但是我們握有一些主導權，」她說：「這是人們很難接受的一件事。我們不想放棄我們享受的事物。對一些人來說，放棄培根是不可想像的事。」

我問她，她認為那麼多超馬跑者是素食者的原因是什麼。

「這是跑超馬的人的心態，他們對於改變處之泰然。事實上對我來說，就全局而言，放棄葷食是件小事。」

在超馬界，素食主義的主要勁敵是「低碳水高脂肪飲食」（low carbohydrate, high fat，簡稱LCHF）。採用這種飲食，通常得吃很多肉。其基本的原理是，你身體的脂肪是幾乎源源不絕的能量來源，但是它們很難被使用到。所以，你得透過節制你的碳水化合物攝取，同時食用很多脂肪，來訓練自己燃燒脂肪。我一直很被這種飲食法吸引，這種飲食法常被稱為

「原始人飲食法」（Paleo diet），因為根據這種飲食法的提倡者說，這是早期人類的吃法，符合我們身體被設計運作的方式。和赤足跑一樣，我喜歡跟隨最自然的方法。但是我對這種飲食法一直有兩個問題。第一，這得吃很多肉。身為一輩子的素食者，從來沒嘗過肉的人，這是一大問題。有人說，你可以同時是素食者，也是ＬＣＨＦ飲食者，但事實上這樣非常困難。我的第二個問題是，我的身體對攝取過多脂肪從來都覺得不舒服。當我吃了某種多脂的食物，我通常很想去躺下來，而不是去跑步。

我曾經問過史考特．朱瑞克這個問題，他明確地說：「這不適合長期的飲食習慣。人們可能會初步得到一些成效，因為這樣阻斷了糖與加工食品，但是研究已經顯示，吃那麼大量的肉，長期下來是不好的。」

「人們總是想找快速修復法，但是素食已經得起時間的考驗。碳水化合物不是敵人。即使是採納原始人飲食法的人，在比賽當天也要攝取碳水化合物，因為那是身體需要的。大腦需要葡萄糖才能存活。」

頂尖的美國超馬教練傑森．庫普（Jason Koop）更直截了當：「整個ＬＣＨＦ飲食是一堆垃圾。身為一位專業教練，在我的一生中，我已經看過這個潮流來去三回了。這不是什麼新鮮事，而它退流行的原因，是因為有更好的方法。」

但是對每個證明你可以靠素食贏得重要超馬賽的史考特．朱瑞克來說，也有一位運動員能向你展現以脂肪為主食同樣可以贏得比賽。例如傑夫．布朗寧（Jeff Browning）從二〇一五年，他四十四歲時開始了ＬＣＨＦ飲食，幾個月內，他就贏了在夏威夷舉行的「夏威夷超馬隊一百英里越野賽」（The Hawaiian UltraRunning Team'sTrail 100，簡稱Hurt 100）的高難度比賽。

而且，他很相信他的飲食對他的益處，在最近一次訪問中，他說：「幾年之內，我比以前更輕盈、更快。我覺得自己年輕了十歲。我以四十四歲的年紀贏了好幾場比賽，打破菁英超馬選手的紀錄。」

伊莉莎貝說，她試了ＬＣＨＦ飲食幾次。「我甚至在一月剛開始覺得疲乏的時候再次嘗試，」她說：「我試了兩個星期的馬法頓飲食[14]，但覺得很糟。有人說你得給它一點時間，但我認為我的身體真的很不擅長代謝脂肪。我只是變胖而已。」

她說，大部分採ＬＣＨＦ的超馬跑者是男性，女性很難適應。當她成為素食者後，她開始吃更多的碳水化合物。「我覺得我有更多的能量。我現在吃過東西後可以跑比較快。之前，我傍晚時不能訓練，太累了。現在任何時間都可以練跑。」

我問她關於在比賽中面對疼痛的問題。她是否期待痛穴？「我討厭疼痛，像討厭壞天氣一樣。」她笑著說。「當我在比賽中開始吃力時，我總是想，至少我不是困在倫敦的辦公桌後面。」我點點頭，但我不確定這是不是能讓我撐很遠的想法。在那些最黑暗的時刻，當我在半山腰上，雙腿不聽使喚時，我反而覺得我寧願付出任何代價，只要立刻被帶回到倫敦的辦公桌旁邊。我再次懷疑，自己是否真心是個超馬跑者？

「我也學到痛會來了又走，」她補充說：「我知道它會過去。不用和它對抗，讓它痛完，不用在意它——它想要人們的注意。疼痛真的很需要有人關注它，跟狗一樣。不理它，它就會乖一點。」

***

14. — 馬法頓（Maffatone）是一位超馬教練，這種飲食基本上也是一種低碳水高脂肪飲食法。

現在我有UTMB點數了，我開始努力做一些扎實的訓練。現在我很高興發現，自從跑過庇里牛斯山的「死亡下坡」，我跑下陡斜小徑的速度變得快多了。每當我在達特穆爾國家公園或濱海道跑步，我猶豫的腳步、差點滑倒和漫天咒罵的日子已經消失無蹤了，現在的我能夠享受快步下山的喜悅。那其實是每次跑步時最棒的一部分，享受快感的時段。有一天在溼地跑時，在厚厚的雪中，我像滑雪一樣飛快下了一個長下坡後，自己狂笑不已。

既然我會下坡了，我決定出發到湖區（Lake District），做一個週末的高地路跑。這是英國原始的高地路跑場景，在全世界以其樸實、善良的社區，以及悠久的歷史而聞名。

當然，我從來就是不辭辛勞的，所以星期五在倫敦工作到很晚後，我回家補了幾小時的睡眠，然後在凌晨三點出發，開車北上到坎布里亞（Cumbria）。我在早上八點，杜登谷（Duddon Valley）高地路跑開始前的一小時抵達。據說，這項賽事是高地路跑的經典。有一場十八英里的長跑，和一場約九英里的短距離跑。我的車子停在凹凸不平的田野，四周是古老石牆，當我從車子裡踏出來時，穿著螢光夾克、導引我停車位置的人走過來。

「還有很多時間，」他說：「報到處在村街底的大廳。」他看得出我是新血。「第一次來跑？」他問。我告訴他這是我的第一場高地路跑。

「這樣啊，那麼，我想你是跑短的嘍？」我想告訴他我剛跑完庇里牛斯山一百英里，但我沒有說出來。畢竟，身為高地路跑的新手，而且因為我明天還要跑另一場比賽，我的確是要跑短矩離那一場。

一個小時左右後，我和大約其他八十名跑者在曠野中鬆散地站成一列。整個四周，我們將要登上的山脈都披上了一層濃霧。開賽的人警告我們，最後一個下坡要靠右側，其他我們要走的路由我們決定。「而且路上沒有供水，因為通常會提供水的那位農夫去參加婚禮了。」他透過他的擴音器說。擴音器突然發出刺耳聲，他把擴音器放下來，才發現他其實不需要用到它，因為他就站在我們旁邊。

「好了，準備好了嗎？」接著，他吹了哨子，我們就出發了。

我早就知道高地路跑會在陡峭的山巒中跑上跑下，但是我不知道具備導航路線與地形的能力有多關鍵。尤其是像今天這種大霧瀰漫的日子。

當參賽的跑者開始散開後，我發現路上沒有指標，我想我最大的希望是跟著一個看起來知道方向的人。我偷聽到有個人說他在二〇〇七年時第一次參加這場比賽。那就對了，我要跟著他。

當我們在霧嵐中跌跌撞撞，努力沿著山側慢慢往上爬時，他不斷檢查他的地圖，把地圖拿在他面前。過了一段時間，我開始懷疑他是否在意我一直跟著他。有時候我跑在他前面一陣子然後停下來，假裝查看我的地圖——其實我壓根不知道我身在何處——讓他再次超過我。但是最後，我決定向他坦白。

我告訴他，這是我第一場高地路跑，我不知道路，所以跟著他。他看著我，粗聲粗氣地說：「只要你不是在超過五十歲組？」

很幸運地，我還沒超過五十，是相對年輕的四十四歲。我把搞不清方向怪罪給大霧。當我向他保證，說到成績，我不會在終點時超過他，他聽了似乎高興一點。

原來，高地路跑部分的技巧與挑戰是選擇你的「路線」，或者說你穿越岩石、深溝與陡坡的路徑。只盲目跟著某個人，似乎不太符合這種精神。

如果你參賽是為了贏得比賽，這尤其會是個痛點。「這種情況會發生，」他跟我說：「我們都知道有人這麼做。」我感覺這麼做的人不會是高地路跑的常客。

在這場比賽裡，我不久後就跟丟了，剩下的路程我跌跌撞撞地跟著朦朧的跑者身影，盡全力保持不顯眼的距離，直到我們下降到最後一個下坡，脫離雲層，回到我們兩個小時之前出發的田野。我的骨頭還沒散掉。

當天晚上坐在湖邊的一間酒吧，當地的跑者班・亞伯戴爾努（Ben Abdelnoor）告訴我，當決定要跟著另一個人時，所採用的比賽策略，也是這項運動的一部分。他說，有的人會停下來綁鞋帶，讓跟著的人被迫超過，然後他們就飛快地往另一個方向跑走。

高地跑者瑞奇．萊夫特（Ricky Lightfoot）說他就是靠著超過他一直跟著的一位當地跑者，贏了最近的一場比賽。

「這不是贏得比賽最好的方法，」他承認：「但是，拿出我的地圖，呆站著眼看著他消失比較好，還是跟著他比較好？」

萊夫特說，偉大的喬斯．奈勒（Joss Naylor）——一位高地路跑傳奇人物，我週末在湖區經過的每一場比賽、咖啡廳或酒吧，都聽到人們在談論他——有時候會故意跑最困難的地形，因為他知道在這種地方沒有人能夠跟得上他，或者會藏身在一個石塊後面，讓跟著他的人找不到。

另一位當地的跑者柯林．杜爾森（Colin Dulson），之前與喬斯．奈勒的女兒結婚，杜爾森年輕時為了要追奈勒的女兒，有很多與奈勒一起跑步的精采故事。

「有時我在週日早晨過去吃午餐，他會說：『想先跑個步嗎？』然後他會帶我在高地上跑個三十英里。我快累死了。我猜他是在測試我。有一次我們跑完後，一位傢伙剛好經過，看到喬斯，這位瘦骨嶙峋的老人正在扶我這個大塊頭坐進他的車裡。他看得一頭霧水。」

高地路跑的部分精神，是要相當了解這些山脈，因此對當地人有利。住在湖區中心安布賽德（Ambleside）的亞伯戴爾努說：「這種比賽的一部分樂趣是在事先偵察路線，找到一些好走的路。而不只是在比賽當天帶著一個GPX檔案現身，然後從頭到尾跟著你的手錶。」

最近幾場比賽禁止使用GPS裝置協助導航後，一場爭議在高地路跑界吵了起來。亞伯戴爾努說，這項禁令對於保留高地路跑的獨特性很需要。

整個週末，我沒有遇到不同意這項禁令的人，雖然萊夫特說他看得出爭議的兩面，在於GPS裝置對於非本地人較友善。「有些在蘇格蘭的比賽，我根本沒有機會去偵察。」他說：「如果可以下載路線到我的手錶，比賽就簡單多了。」

但這樣就不夠光采。高地路跑以它的草根精神為傲，不矯飾的風格——就像那位農夫去參加婚禮，便意味路上沒有供水。像GPS這樣花俏的工具，在這裡從來不可能成為一種受歡迎的附加物。

「參賽只要三英磅，然後你會在終點得到一些柳橙汁或一片蛋糕，」亞伯戴爾努說：「就這樣。」

「你不會全副武裝現身，」亞伯戴爾努補充說：「如果我身上有比賽包、登山杖和壓力襪，可能會被私刑處理。」他開玩笑說。

不，這是一個穿著俱樂部背心、短褲的地方，還有一個塞進必要的防水夾克與手套的腰包。每個人似乎都互相認識，是一種友善的、社區般的氛圍，每個人身體硬朗，有著像樹幹一樣的雙腿，臉上帶著大大的笑容。當我告訴一位高地跑者說，我明天還要跑另一場高地路跑賽，他點點頭說：「典型的高地路跑週末。」

確實，隔天我在「科尼斯頓隘谷賽」（Coniston Gullies race）看到許多相同的面孔。這場比賽不需要導航，比較像我想像中的高地路跑。你跑上一座山，爬上將近三百公尺，轉身，直接往回向下衝。整場比賽的距離只比一英里多一點，將能測試我新發現的下坡技巧。

上山時，我的頭只能看地上，地勢很陡，我和旁邊每個人一樣，得手腳並用。我覺得自己勢如破竹——至少我的心和兩條腿是如此——但是當我登頂時，轉身發現自己幾乎是最後一名。

我從坡頂順著山緣朝下看時，一時覺得頭昏眼花。「噢，天啊。」在我開始施展我的快步跳躍技巧時，我心裡這麼想。我預期至少可以超過幾位較年長的跑者——他們當中許多人已經五、六十歲——但每個在我前面的人在碎石堆上彈跳幾下後，就無影無蹤了。最後我的成績是倒數第三名，在這場一英里的比賽裡，比冠軍選手幾乎慢了十分鐘。這場比賽可說是又忙亂，又精采。

前一晚在酒吧時，我告訴亞伯戴爾努我在法國學習下坡的經驗——雖然我顯然還有進步的空間。他說，這讓他想起一位湖區的教練，他以前常帶他的運動員上山，一次帶一個，然後用一個彈力繩把他們和自己綁在一起。之後，他會全力衝下山坡，而其他人得站穩腳步跟上。他說這些時，一邊笑著，但我可以想像這和我的經驗很類似。跌斷脖子的風險也許能讓他們的心思更專注，直到大腦中的某樣東西也重新調整了。雖然我還達不到高地跑者的標準，這顯然對我很有幫助。

***

有一位住在我們家不遠，而且相當了解白朗峰賽的跑者，是達米安．霍爾（Damian Hall）。我展開這場超馬之旅時，他有點是我的靈感來源。因為他在快四十歲時開始以記者的身分參加超級馬拉松，以便找一些題材來寫，然後他發現他對這項運動還滿擅長的。當我比較我們在較短距離跑步的成績，非常接近，所以我暗想也許我最後也可以跑得和他一樣好。只是到目前為止，這件事還沒有成真。

UTMB的長度與困難度，和南法一百英里耐力賽相當，他第一次跑UTMB時，用了二十六小時完賽（相較於我是三十九小時）。二〇一六年他重返比賽，進步到二十五小時，排名十九。對一位記者而言，這個成績相當亮眼。

之後是二〇一七年，在這場史上最偉大的越野超馬賽裡，達米安以二十二小時的成績拿到第十二名。我看見他計畫在二〇一八年再度參加UTMB，而且他積極訓練，把目標放在前十名。這是一項很崇高的目標，因為他在菁英跑者的起跑名單上，排名遠落在第五十名，但是他對這場比賽非常了解。為了得到一些內行人的建議，我安排一個在他星期五早上的「晨遊」加入他，他喜歡這麼稱呼他在布雷肯比肯斯山脈（Brecon Beacons）六小時的跑步練習。

所以，我凌晨四點就準備好開跑了，這是達米安從巴斯（Bath）郊外的家出發的時間，他邀我前一晚去睡他們家的沙發。我到的時候，他的太太和小孩已經睡著了；他準備了床單和羽絨被，我們兩個輕聲細語，以免吵醒他們。我跟他說，我很緊張，怕跟不上他，但是他告訴我不用擔心。「你沒問題的。」他說，彷彿這擔心很多餘。彷彿他不是真正的菁英超馬跑者。我感覺他還不認為自己是那個等級的，而比較像是不斷在比賽的大日子走好運，而且膽識過人的業餘選手。但是能在UTMB跑出第十二名，這可不是開玩笑的。我最好多睡一點。

***

我聽到他樓上的鬧鐘響了，然後有東西掉在地板上。我趕緊起身，坐在沙發邊，把自己的頭搖醒。達米安下樓來。「早安。」他語調輕鬆地說。他泡了一些茶，幫我找一件多的內著——「外面看起來有點冷」——然後我們就出發了。

我們開了兩小時的車到達一個停車場，旁邊的巨大山丘還埋在雲層裡。我們下了車，吞下幾塊餅乾和堅果。之後我們便拖著步伐出發，感覺輕鬆愉快。

接下來的六個小時，我們在雲層包圍、溼氣濃重的山丘裡跑步和聊天。最後，我們跑了二十三英里，超過兩千四百公尺的下坡。這是一段下坡跑。

達米安是為了一篇雜誌的文章而參加第一場超級馬拉松，他說他立刻就愛上它了。他很驚訝聽到我說，等這一切都結束的時候，我有點期待重新回到路跑。「聽了真傷心，」他半開玩笑地說：「我從來沒有遇過開始跑超馬的人，之後想回去跑路跑。」

這樣啊，我告訴他，我兩個都喜歡。但有時候我盼望純粹跑步的感覺，不用帶背包、食物，沒有顛簸，不用走路。當我們站在其中一個山頭上時，正下著傾盆大雨，我們全身都溼透了，這時已經跑了四小時。我問他，他出門這樣跑好幾英里是純粹享受跑步本身，還是為了可以在UTMB中跑出好成績？

他看著我，彷彿這是一個弔詭的問題。彷彿我話中有話。「我想我喜歡跑步，」他說：「但是我真的喜歡嗎？還是我只是這麼告訴我自己？」我們繼續跑。

我決定要繼續盤問他。我們多的是時間。「是什麼讓你一再回來跑？」我問他：「你喜歡的超馬是怎樣？」

他再次不太確定。他說，他的太太告訴他，當他談起超馬時，聽起來像是一個上癮者。他不是第一個被這樣說的超馬跑者。我們啪噠啪噠爬上雅各天梯（Jacob's Ladder）、登上佩尼范峰（Pen-y-Fan），眼前是更寬廣的雲霧瀰漫的空寂景象。

「我猜，我是被人人可以像個英雄的概念所吸引。」他停了一下說：「從小一直跟著我的故事是羅賓漢和亞瑟王。然後，變成大人後，我喜歡探險家史考特（Scott）和謝克爾頓（Shackleton）的故事。」

「聽起來可能很可笑，但我在《星際大戰》裡最喜歡的一幕，是路克在整夜的暴風雨後倖存下來，然後爬進某種野獸的肚子裡取暖那一段。」

我告訴達米安我在法國有過的幻覺，然後我們比較了彼此心神失常的故事。達米安聽過一些他那個年代的幻覺故事，但他最喜歡的是從愛爾蘭跑者蓋瑞·道爾頓（Gary Dalton）那裡聽到的一段。事情發生在「巨人之旅越野耐力賽」（Tor des Géants），這是一場超過兩百英里、穿越阿爾卑斯山的賽事。在比賽裡，蓋瑞不知怎地深信自己要負責設定跑道路線，而沿路的旗幟都擺錯了位置，所以他開始蒐集旗子。最後，他滿手都是旗子，然後他開始把它們插回地上，還對自己的表現洋洋得意。

天馬行空的聊天，時間過得很快，我們很快回到了車上。這是我做過最長的一次訓練跑，雖然我的兩條腿很疲累，但我成功跟上全世界頂尖的超馬跑者之一——雖然他不會承認他是。我開始覺得也許我最後也可以達成不錯的目標。在UTMB之前，我還有兩場比賽，第一場是沿著多塞特（Dorset）濱海步道的四十五英里賽。這是我展開超馬之旅以來，第一次回到可預見的距離。四十五英里如今應該像微風一樣輕鬆。

***

這場比從英格蘭南部韋茅斯（Weymouth）附近，突出於英吉利海峽的波特蘭島（Isle of Portland）上的波特蘭比爾（Portland Bill）燈塔出發。太陽已經露臉了，而且從鳴槍開始，我就衝在前面，精神奕奕。我是札克·米勒，放開煞車。也許我過於自信，但我打心底忍不住希望我可以竄進前五名，甚至在頒獎臺上有一個位置。我沒有大聲說出來，但有時候你就是會有那種預感，覺得今天會走好運。

我抵達第一個檢查點時，精神頗佳。就在抵達之前，我超過一個幾英里前飛快超過我的年輕人，當時我們正爬上嵌進懸崖上的一些較陡的階梯。我注意到他背了一個普通的旅行背包，不是跑步專用的，當他跑步時，背包左右甩動，他得抓住背包的帶子來減少背包晃動。當我經過他身邊時，他看起來很熱，而且跑得相當慢。「你還好嗎？」我問。

他看著我。「有點坡度，不是嗎！」他說，語氣中有一點被嚇到。我不知道該說什麼。除了一開始有一座大山丘，到目前為止大多還算平坦。丘陵都還在前面，而且是很高大的丘陵。

我當下相當確定，這個傢伙將無法完賽。我參加過的幾乎每一場超級馬拉松裡，都看過幾位資格不符的參賽者。我說這句話的意思，不是指他們跑太慢，而是他們顯然還沒對如此的長距離賽做好準備。他們帶了不對的裝備、他們出發的速度像是跑十公里賽、他們不知道他們該吃東西、不知道路線、不知道沿路有山丘。也許許多超馬跑者剛開始時都經歷過這些——像我在阿曼時，完全沒有做好沙地跑的準備。雖然明知道比賽就在沙漠裡。

但還有情況比我更糟的。像是出現在撒哈拉沙漠馬拉松的跑者，與其準備六天的食物，她只準備了偉特鮮奶油糖。比賽明確說明你每天需要多少卡路里，這些糖果符合這個標準。但是你不可能在沙漠裡待六天而只吃糖果，結果最後她連第一天都沒有撐完。

另一位跑者告訴我他參加七天的「亞馬遜叢林馬拉松」（Amazon Jungle Marathon）時，他從來沒有聽過超級馬拉松，也沒有跑超過十三英里。「我完全帶錯裝備，我的旅行背包在第一階段才跑了二十公尺就破了，我帶了錯的食物，我的跑步配備糟透了。我撐到了第四階段，然後退賽了。在起跑線的時候，我覺得像是走錯地方，到現在還覺得很難為情。」

當我問他當初怎麼會想要參賽，他笑著說：「我在一本雜誌上看到時，覺得來參賽是個很棒的想法。」

回到多塞特的比賽，當我超過那位和他的旅行背包奮戰的年輕人，開始進入丘陵了。我新學到的下坡能力幫助我攻城掠地，雖然上坡時還是很吃力。然而，在我抵達二十英里處位於盧沃斯灣（Lulworth Cove）的第二個補給站前，我的進展很穩健。我快速地沿著白堊步道下坡到檢查站。很快地裝滿水後，我就出發了。梅瑞爾塔說我看起來很強壯。我說，下一站見。一次一個補給站。走吧！

這時，賽道穿過一座岩石海邊，這不太是我預期的。在海岸的盡頭，我們爬上幾個階梯，上到懸崖的頂端，而爬到一半時，我的腿開始抽筋。我把腿伸直，抽筋似乎消失了，但眼看還有二十五英里時竟然發生這種事，我有些驚嚇。

我開始擔心，也放慢一點速度。也許我太忘情，跑太快了。出乎意料的事總會發生，而我想辦法告訴自己這很嚴重。這次是抽筋，但我不能在抽筋時跑步。我可能會被困在懸崖邊。繼續跑是不負責任的。我決定到下一個補給站時就要退賽了。這場比賽沒有UTMB點數，只是一次訓練跑。我現在快跑三十英里。這段路算是很不錯的訓練跑了。

當我爬最後幾個階梯，上到下一個檢查站所在的停車場，我的身體決定關閉這場交易，而且，我的腿抽筋比之前更痛。噢，老天，真是痛不欲生，我得在草地上坐下來。

一對男女走過來看我是否安好。

「你需要一點鹽。」男子說，隨手遞給我一些Hula Hoops洋芋片。我把它們吞咬下肚。「謝啦。」

「你有鹽錠嗎？」女子問。我總是有些東西沒帶到。我告訴她，我沒有。她走到她的車，拿了一小罐的錠片。「這個，拿一錠吧。」

我毫不遲疑地吞了一錠，然後她才給我看標籤。「我在超馬商店買的，」她說：「我一直都在服用。」

現在我不管了。抽筋的情況已經消失，我覺得好很多，所以我決定要繼續跑。

剩下大約十英里，我經過一個大門，發現海濱步道的標示牌指向內陸，與海岸反向。我四周看看，沒有看到其他任何跑者。主辦單位告訴我們要跟著海岸步道的標示，除非有另一個標示指向不同的方向。這裡沒有其他標示，但似乎有點奇怪。這時，另一位跑者也通過了這道門，開始朝海岸方向沿著步道往下跑。

「標示說是這個方向。」我說，一邊手指內陸，往一個大上坡。他停下來，然後折返回來。我們站在那裡看著這個標示。

「你說對了，」他說：「那麼，一定是那條路。」

我們一起走了一段，開始聊天，然後走到了一條馬路，周圍都沒有標示。我們決定右轉，回到海邊。但還是不太對。我們迷路了。我們看看手機，但還是沒辦法找到路。走到一個地方，我們進入一塊田野，到處邊跑邊找，直到我們發現走出這裡唯一的路，是我們進來的那條路。現在我們已經心煩意亂了。

最終我們發現一座城鎮，然後沿著繁忙的人行步道區跑。這天天氣很熱，我們得在一群開心吃著冰淇淋的週末觀光客中間穿梭。我們錯過了位在某個地方的一個補給站，大約三十分鐘前我就沒水了，所以我們在一間店裡停下來買水喝。我們看看地圖，想找出現在的位置。

這時候，另一位跑者正好經過，看見我們坐在步道邊。「終點在前面的山頭上。」他說，一邊手指著我們正前方的懸崖。就是那裡？我們走吧。這段路只有半英里，但我還有時間發揮我衝過終點的正字標記，跑上到最後一個山頭，沿路超過幾位跑者。跑過終線時，我看見梅瑞爾塔在幫我照相。

我看看運動錶。手錶顯示我們跑了四十五英里。雖然我們繞了一圈，看起來還是跑了正確的距離。一起和我迷路的那個人在幾分鐘後也跑過終點，我幫他加油，但是他看起來不太開心。後來他開始跟工作人員說話，和他們爭執。他認為我們抄了一段路，應該失去比賽資格。奇怪的是，工作人員並不在意。他們要求看我們的錶，告訴我們不用擔心。但我的朋友不死心。「這樣不對。」他一直重覆說。

我沒有多說什麼。如果我抄了一段路，那麼我不介意被宣告失去資格。但我不是存心故意的。我們沒有作弊。我們只是迷路了。結果我得到第五名，我相當滿意。這不是一場大型比賽，而且我把它當成訓練跑，所以不管怎樣都沒那麼重要，但我寧願這項成績算數，如果主辦單位這麼認為。

後來我想，我輕忽的態度是否透露了我在道德勇氣上的裂痕？我的朋友是否具有更堅強的公平、是非的觀念？還是他太不知變通？主辦單位也許只是不想旁生枝節，或者承認路線標示不清，導致選手跑錯路。不過也有可能因為走了內陸的路，我們少走了幾個陡峭的山坡。我應該和我的朋友團結一致，要求被取消資格嗎？

當我回想那些在超馬賽中作弊與服用禁藥的選手故事，還有如果你能對自己說出一個理由、閃避它，多數人就會作弊的想法時，這個插曲就變成一個有趣的問題。這裡的理由很簡單：我們還是跑了全部的距離，上下只差幾百公尺。而且我可以迴避這個問題，因為主辦單位也堅持我們不用理會它。但是我的標準在哪裡？我朋友的標準位置不同，距離法律條文更近，而我是在灰色地帶。我也回想到那顆鹽錠，以及我如何從一個完全的陌生人手上毫不質疑地接受它。但那時我正抽筋。我需要幫忙。事情真的這麼簡單嗎？

在我不斷追求良好跑步姿勢的過程中，有一種我不斷聽到的，是稱為「費登奎斯法」（Feldenkrais）的運動治療。雖然我的跟腱現在已經好多了，我認為，我的跑姿還不夠完美。我對費登奎斯法能提供的想法很感興趣，因此預約了一堂治療師——潔・古魯恩克（Jae Gruenke）的課，她的專長是將這種治療法運用在跑步上。

我和她在一個晴朗的天氣裡約在倫敦的柯芬園見面，一開始，她請我在她診所外面的街上來回跑。輕鬆地衝刺幾回後，看她還沒什麼反應，我覺得有需要向她說明一下我針對跑姿的部分長期下了很多工夫，所以跑姿相當不錯，以免她得費力地指出任何明顯的問題。但她露出一種欲言又止的表情，顯示她看出一堆問題了。

跑完後，我們進入診所，她為我上一堂她所謂的「滾動課」（rolling lesson），過程中我大多是屈膝躺在診療臺上，她以不同的方式從一側到另一側輕拉或滾動我的兩條腿。做完後，我們很快回到街上，她請我再來回跑。我得承認，我覺得很棒。之前，她請我注意聽我兩隻腳的聲音，作為一個參考點。我原本以為極為安靜，但確實是平穩低沉的聲音，而我現在似乎是安靜地擦過地面。真奇怪，在診療臺上一堂輕緩的滾動課後，怎麼會變這樣？

古魯恩克說，在費登奎斯法中，你不只是靠告訴別人如何改變動作來修正姿勢，因為動作發生在潛意識的層次。她說，在一生中，我們全都盡我們所能，發展出習慣，以達成我們需要的動作，而且不致於受傷，這是最重要的。如果我們突然想要改變這些，即使這項改變會更有效率，但是一直努力保護我們的神經系統會發出警示燈，使我們警覺起來，抗拒改變。例如，如果剛才她告訴我跑步的時候腳步輕一點，將會引發各種問題，因為我並非真的知道要改什麼才能做到，或者這些改變是否會導致任何疼痛或不適。費登奎斯課程所做的，是允許我的身體以覺得安全與舒服的方式，探索新的、更有效的動作，如此我的神經系統知道它們並不危險，可以採用。

古魯恩克告訴我，在課程中，她針對的是我骨盆的動作，她發現它的移動並未在最佳狀態，而變安靜的腳步只是骨盆轉動較順暢的副產品。「你也不一定只能輕觸地面，」她說：「你只是做了比較好的接觸動作。」

她說，我之前限制骨盆附近的動作，可能是源自某次受傷，但也很可能只是長期坐在電腦旁或跌坐在某個椅子上的結果。

課程結束後，當我在街上來回跑時，她告訴我的另一件事，是把我的兩隻手臂放在稍不同的位置，兩隻手稍微高一點。我試了，而且覺得很好。我覺得自己像是埃利烏德．基普喬蓋，而在這堂課後的數星期與數個月後，每次跑步我都保持這種手臂姿勢，一直覺得輕鬆而且自然。

「在這堂課之前，我不會告訴你要這麼做，」她說：「如果沒有這堂課，你可能會試，但會覺得怪怪的，而且一陣子後，你可能就會忘記，或可能放棄。但是這堂課後，你的整個身體動得不一樣了，手部較高的姿勢完美地搭配。所以，當我建議時，你可以立即這麼做。這樣很合理，而且感覺很順。」

有了所有新的技巧、運作順暢的跟腱和新而有力的基普喬蓋手臂，幾個星期後，我與一位姿勢教練見面，讓他檢核一下。我第一次遇到肖恩．班茲（Shane Benzie）是在伯克郡一間青年旅館與英國二十四小時跑步團一起的時候。當時他發表了一段演說，讓跑者對於他能幫助他們改善跑姿的一切方法大感興趣。他已與多位頂尖英國超馬跑者配合，備受好評。

我們在倫敦一座公園裡見面，他在我的兩腿上貼了感應片，並架起他的iPad攝影機，請我周圍跑一段路，他一邊拍我，同時記錄各式各樣的資料。然後，我們坐下來看看結果。

iPad上有一大堆數據和曲折的線條，但結果顯示我的姿勢相當不錯。他拍我跑下坡，下坡也很好。

「你的平衡特別優異。」他說，指出我左腳和右腳的跨步衝擊力相同，而且我腳步的運轉與起落很準確。我的兩隻手臂擺動的方式也是他想要的樣子。我確定，幾年前，這段影片一定是令人不忍卒睹的災難。但現在看起來，情況真的很順利。

當然，我不是完美的，而向班茲討教的過程中，我們發現一些進步的空間。他說，雖然我的步伐很棒，但有時候在瞬間太慢，意思是，我每一步都損失一點動能。他告訴我，當我跑步時，要把兩腳放下的速度加快一點。我試了，然後他再記錄一次，情況好一點。但這感覺要用點力，心理上和生理上都是。

我離開時，想著我會再試試，而我也真的這麼做了，但是我得有意識地做這項改變，這點讓我頗在意。我喜歡費登奎斯法與動作解剖法的方式，透過神經系統或是筋膜部分，比較作用在直覺層次來促進姿勢的調整。有意識地努力改變事情，感覺是比較不精準的方法。毫無疑問地，關鍵是要放輕鬆，在我隨性跑的時候練習，而不要以強迫的方式。如此一來，希望它能變成一種自然而且潛意識的動作。如古魯恩克所說，我的身體需要以它覺得安全的方式來體驗改變。我的中樞控制系統似乎不僅過度保護與健忘，而且也很敏感。

***

我到目前為止，還沒體驗過令人眼花撩亂的「世界越野跑巡迴賽」（Ultra Trail World Tour）熱鬧賽事，這是每年一系列的越野跑，在UTMB達到高點。直到現在，我大多是在小型比賽中磨練我的工夫，睡在運動中心、在一個曠野中的充氣拱門下完賽。但是現在，我已經準備好要在更大的舞臺大顯身手了，就從義大利多羅米提山（Dolomities）核心地帶的「拉法瑞多超級越野賽」（Lavaredo Ultra Trail）開始。

比賽前的一星期，科爾蒂納（Cortina）小鎮已經人聲鼎沸，到處是頭戴貨車司機帽、身上紋身、背著小後背包、身著跑步緊身褲的男男女女。我看見一對男女走過，在他們的手臂後側有成對的紋身，一隻手臂上刺著「測試」，另一隻手臂上是「人生」。

梅瑞爾塔在這裡顯得格格不入，她找到一家咖啡廳做些事，而我則四處閒晃，好好感受這裡的氛圍。我一眼看見派迪·歐里瑞，我之前在米沃克一百公里賽三十英里處的「心血管丘」頂遇過他。他告訴我，他正要去大廣場，那裡正在向群眾介紹菁英選手——他自己也包括在內。他得急忙穿過擠滿人群的廣場到臺前去，在那裡，跑者們會一次一位跳起來，向群眾揮手，露齒而笑，很酷地互相握手。我自己站在一邊，這時我聽見一個熟悉的聲音，轉頭看見札克．米勒在我身後。他正伸手在一個塑膠袋裡翻找，最後掏出一根紅蘿蔔，遞給他旁邊的一位女子，她把這支紅蘿蔔啃光了。這位是希拉蕊．艾倫，他的前女友。或者已經不是前女友了。「我們來看看這裡在做什麼。」當我稍後問他時，他這麼說。

札克和希拉蕊都是來科爾蒂納參加「短距離」比賽。主要的比賽，也就是我要參加的，是七十八英里賽，相當於一百二十公里，而他們的比賽只不過是五十公里的短跑。札克最近跑了世界越野錦標賽，而且，忠於他的原味，他快到終點前一直保持領先，最後很慘地倒下。所以，他還沒有準備好這麼快要參加另一場大型比賽。而希拉蕊只是很開心能跑一場比賽。

我上回與她在波德小鎮聊天之後大約三個月，她參加了挪威的「特羅姆瑟高山越野賽」（Tromsø Sky Race）。她在世界高山越野系列賽一路領先，若在特羅姆瑟的成績不錯，她將得到整體的世界冠軍。那裡的賽道被認為技術性極高，當她接近一個裸露山脊的山頂，踏在一顆石頭上時，下面的地基陷落了。

「我當時覺得我的骨頭斷了，然後覺得好像有人在我的胸部踹了一腳。」她說。結果她跌斷了兩隻手腕、三根肋骨、後背和一隻腳的骨頭，兩個腳踝扭傷得很嚴重，縫了很多針，包括她頭部也縫了幾針。過了好幾個月，她才能在不需別人的協助下自己走路；而在這場意外的十個月後，她就現身在加州一場大型的五十三公里高山越野賽起跑線上了。那是一星期前的事，現在她又在義大利參加另一場五十公里賽。

我問她，當醫生告訴她可能無法再跑步之後，不到一年就重新站上起跑線，是什麼感覺？

「我好緊張，」她說：「但是很興奮，而且超級害怕的。我告訴自己我只需要試試看，成績不重要。」最後，她得到了第六名。

有好幾個月她覺得很沮喪，不能跑步的日子，感覺起來像是自己缺了一部分。「彷彿我只是自己的空殼。但我也因為這次事件而重新發現我有多麼熱愛跑步，也讓我看清自己。」

在她受傷不能跑步的那段時間，希拉蕊寫了一個標題為「少了跑步，我是誰？」（Who Am I Without Running?）的部落格，在社群媒體上廣為分享，而且讓很多在越野道上的超馬跑者停下腳步。

「自從我不跑步後，我覺得彷彿失去了我的身分認同。」她寫道：「我……不顧一切地要證明，如果我可以重新跑步，也許可以修復我感覺到的這股空虛。」

「重建過程最大的影響是，我不再透過怪異的鏡頭來看我自己。我可以在五彩繽紛的跑步短褲與鞋子之下，看見一個更完整、更複雜的人。」

對於很多參與這項運動的人來說，在山裡跑已經成為展現自己的核心，他們無法想像沒有它的人生。戴夫．馬凱，我在科羅拉多遇到的那位受傷跑者，他想回去跑步的意志如此堅定，以致於他寧願請醫生為他截肢*。荒野的呼喚如此強烈，但是聽起來希拉蕊語帶保留：人生比這項單一活動寬廣很多。

她重回跑步界的故事被許多超馬界的人密切追蹤，所以，看見她健康無恙是一件很棒的事。最後，雖然列強環伺，希拉蕊與札克雙雙贏得他們在義大利的五十公里賽。希拉蕊是這項運動貨真價實的明星，她的臉張貼在科爾蒂亞隨處可見的海報與商店門口。

當主要比賽的菁英選手們從舞臺上下來，他們當中許多人走過來看希拉蕊和札克。我站在他們之中，感覺有點站錯位置——而且有點過胖。克萊兒．加拉佛也在那裡，我在波德時與她擦身而過。我和她打招呼，提到我們曾經透過電子郵件聯絡，說我正在寫一本書。

「噢，對，」她說：「你要記得提到環境問題。這是這項運動第一重要的問題。」克萊兒是一位堅定的鼓吹者，她相信把所有時間花在大自然裡的越野跑者應該站在最前線，支持保護自然的運動。「我們往往認為，這些步道本來就在那裡為我們而存在，它們將永遠被保存，絕對不會被賣給私人的吸血公司。」她說：「但這些威脅是真實的，而且正在美國發生。我們不能只是盲目地跑步，而對這個議題坐視不管。」

當所有的超馬明星都在這裡走動，一位手拿T恤和筆尋找簽名的女子也就不足為奇了。「抱歉。」她說。每個人都停止談話，轉過頭來看。「呃，你們哪一位是札克·米勒？」她問。當札克被指出後，她笑著說：「你可以在我的T恤上簽名嗎？」

***

雖然鎮上全是明星，有個人我特別想跟她說話。我一直希望能找到時間遇見她，所以不能讓這個機會溜走。我想辦法透過她的贊助商抓住她的代表，他們在她下榻的飯店安排了一場訪談。所以，一個小時後，我坐在飯店大廳等待。我可以看見她在空蕩蕩的餐廳另一頭，接受另一位記者的訪問。我是下一位。但是她很能聊，不讓記者離開。她想和他一起自拍。最後，她的隨扈人員得走過去提醒她我正在等候。我覺得不太好意思，因為他們似乎聊得很開心。

我坐下來，她對我微笑，彷彿我是她一位失聯已久的最好的朋友。「嗨。」她說，一邊對著我笑。

米拉·萊伊（Mira Rai）之前是尼泊爾的娃娃兵，她從家裡逃出，去參加毛派反抗軍推翻政府的起義行動。

「我想要做些事來養家。」她告訴我，她的表情如此專注與真誠，彷彿這是她不久前剛做的事。也許她已經講述這個故事一千次了，但是她仍然感覺到當中的痛。「在村裡，要活下去很難——吃的東西不夠，沒有錢上學。」

她十二歲就得輟學以幫助家裡，扛著沉重的米袋走好幾英里崎嶇的山路到當地的市場。十四歲時，她逃走了。

「我離開時，母親非常難過，」她說：「她派父親找我。但是他沒有找到我。」

二〇〇六年，戰爭結束了。米拉想要留在軍隊裡，但是在聯合國仲介的和平條約下，她的年紀太小，所以她得回到她的村莊。然而，她無法適應村莊生活，她想去加德滿都，與她在毛派反抗軍營中認識的空手道教練一起住。在加德滿都的那段時間，她經常出門跑步。有一天，她遇到一群跑者，便和他們一起跑。後來，他們邀請她參加那個週末舉行的五十公里賽。

「我不知道那是一場比賽，」她說：「他們說那只是訓練。每個人都背著跑步小背包和水，還有每樣裝備。我只有……很簡單，什麼都沒有。」她只穿了短褲、T恤和一雙千瘡百孔的鞋子。「但我開始跑，而且我贏了。」

她贏得了七千盧比，相當於四十五英磅，以及一雙Salomon的跑鞋。「我很開心得到這雙新鞋，」她說：「鞋子太大，但是我不在乎。」

理查．布爾（Richard Bull）是那天的賽事總監。他說，她滿臉笑容而且開心，他決定幫她安排參加一個月後在尼泊爾舉行的另一場比賽，一百一十二英里的「木斯塘越野賽」（Mustang Trail Race）。她又贏了。之後，她告訴他：「歐洲，我可以去嗎？先生？」

布爾說，他壓根沒想到她會是一位非常特別的跑者，但還是幫忙資助她參加在義大利與法國的兩場比賽。「我很擔心她去參賽，但只會有限的英語。」他說。於是他把她介紹給一位義大利女士，為她準備裝備、教她關於裝水和補給站的事。米拉贏了這兩場比賽。

「那真是超級令人振奮與驚異，」布爾說：「我哭了，不騙你。」

超馬世界深受米拉故事的吸引，Salomon簽下她成為贊助運動員。一年後，她成為一部得獎紀錄片的主角，片名就叫做《米拉》（*Mira*），二〇一七年，她更被提名為《國家地理雜誌》的「年度冒險家」。

「我好幸運。」她說。每當她回想起那些一路幫助她的人、贊助她第一場比賽的人、為她張羅事情的人，她就會說這句話，在我們短短的訪談中，她大約說了這句話二十次。

如今，她是她祖國的一位明星。「是啊，每個人都認得我。」她說，她的眼睛張得大大的，彷彿她還不敢相信。「以前在尼泊爾，沒有一個家庭會要他們的小孩從事運動。『運動不能討生活。』他們說。但是現在他們說：『學學米拉。』但是這很困難。越野賽跑仍然是沒有人贊助的運動。」

米拉說，她目前在加德滿都和一群年輕跑者一起生活與工作，大部分是女孩，努力讓她們去國外參加比賽。她也籌畫幾場在尼泊爾的越野賽。「我有一個計畫是支持女孩訓練以及學習英語，給她們機會。」她說：「很多跑者能力很強，可惜沒有機會。」

隨著這場在義大利的比賽接近，我想知道她是否能給我任何建議。我告訴她我跑步的時候，到了某個時間點，我的心總會叫我停下來，告訴我應該要棄賽。我問她是否會遇到相同的情況。

「不會！」她說，而且她對這個想法覺得很好笑。「我真的很喜歡繼續跑，繼續前進。我很樂在其中。」

我告訴她，有時候如果我看看錶，發現路程還很遠，會讓我想要放棄。

「噢，真糟糕！」她說，似乎感覺到我的痛。「千萬別看錶。只要顧著跑。不要想著你為什麼要跑。你只要想著，加油，我很自得其樂，或者，哇，我能在這裡跑步真是幸運。」

這是個很棒的觀點，雖然我可能很難複製它，但是我喜歡這種精神。我向她告辭，好讓她準備賽事，而我也把她的建議塞進我的後口袋，然後回到我的飯店。一旦比賽開始，身在群山之中時，也許它派得上用場。

***

飛往義大利的前一星期左右，我與一位記者同行，同時也是超馬跑者的基蘭．阿爾吉爾（Kieran Alger）在倫敦碰面，他曾經兩度參加拉法瑞多賽，也兩度中途棄賽。也許他可以幫我避免這場比賽中的一些陷阱。

「不要在第一個山頭跑太快，」他笑著說：「我以為那算是一座大山。那不是一座大山。」

他說，真正的大山在大約九十公里處，他兩次都沒能越過它。「我還記得自己坐在半山腰的一顆石頭上，在黑暗中，兩手抱著頭。人們經過時，我對著他們微笑，但自己完全在愁雲慘霧之中。」雖然經歷過這些挫折，他說他仍然很想回去試第三次。

「我覺得我很享受這種痛苦，」他說：「我其實好嫉妒你能出去跑這一場比賽。知道你去過那個地方，是很大的報償。」

他答應如果我在二十四小時內完賽，要請我喝一杯啤酒。我真的很喜歡這種隨意的時間目標，所以我們就達成協議了。我的目標是在二十四小時內完賽。

***

現在時間是晚上十點鐘，比賽起跑前的一小時，我站在科爾蒂納的大廣場上。雖然時間晚了，但這個地方熱鬧滾滾。和一千六百名跑者一樣，整個城鎮上的人都出動了。音樂震耳欲聾，人們在陽臺上載歌載舞。在路跑賽的起跑線，我通常覺得自己是少數認真的跑者，會盡量擠到最前面。但是在這裡，每個人看起來都很健美、來勢洶洶，眼神中一副捨我其誰的樣子。因為時間還很長，與其奮力擠到起跑線附近的人群中，我在一邊的陰暗角落找到一張長凳坐了下來。從後面開始跑對我會是一件好事，這樣可以避免我和菁英跑者一起衝出去，彷彿自己是英國國家大賽[15]中一匹沒有騎士的馬，以為自己在比賽，其實搞不清楚自己在做什麼。

15. — 國家大賽（Grand National）：每年在英國利物浦舉行的越野障礙賽馬比賽。

每個角落都有人在攝影、現場直播、發推特文。是的，在這個時刻，社群媒體很重要。他們想要吹噓一下。但是之後，過很久之後，就會比較少攝影、比較少發推文。很有趣的一點是，超馬這項運動的興起，至少部分要拜自我意識與自我表現的欲望之賜，因為很少運動能那麼無情地摧毀自我。

之後大約在比賽九十公里處，也就是基蘭警告過我的半山腰處，我經過一位年近三十的年輕傢伙。他全身上下看起來完全是超馬跑者的樣子，留著深色的鬍子、長髮、腿上有刺青，強健而細瘦的骨架上看得出有很多肌肉。但是他的光環黯淡了。他現在只能慢慢地步行，一幅無助而自憐的畫面。太陽正炙烤著，而他還有無情的三十公里要跑。也許我經過他時跑得稍快了一點，也許我太老，一位留著蓬鬆頭髮的蒼老英國作家。不管是什麼，當我跑過的時候，他嫌惡地把他的登山杖扔在地上，坐了下來，他的自我粉碎了。現在，推特或臉書上的讚也沒辦法激勵他了。如果他要成功完賽——我不知道他最後是否成功了——他必須要挖掘更多生理上與心理上的資源。一旦你在路上跌入黑暗的角落，當身邊的每件事都崩壞，你需要找到某樣真實的東西，讓你繼續前進。可能是愛或痛苦，但它必須是真實的。絕對不會是臉書上的讚。

但是回到起跑點，當這場比賽的主題曲〈黃金的狂喜〉（The Ecstasy of Gold）響徹這座小山城的大街小巷時，上千支發光的手機在夜空下高舉。同時間，加油聲與口哨、牛鈴聲此起彼落，嗚笛一響，我們舉步踏上離開小鎮的路，進入黑夜之中。

由於跑者人數太多，狹窄的賽道為之堵塞，我常常得被迫停下來走一段路。我們成一縱隊，安靜地上坡與下坡，一群被詛咒的人往前邁進。而且安靜的程度令人驚訝，尤其在這個人民很喜歡聊天的國家。但是，每一個人都在他自己的旅途上，下降到深井中，尋找與深藏自我的連結。這需要寂靜。

黎明在群山的巨石群中破曉，跑者開始分散開來。這時大家的心情輕鬆了一些。我沉浸在世界的壯美之中，興奮又激動。我記取米拉・萊伊的建議，想著我有多麼的幸運。

我落入了一種模式，在上坡時維持我的位置，即使是不很陡的坡也用健行的，就像落在隊伍後方的其他每個人一樣——然後，在下坡時超越其他跑者。這裡的山與庇里牛斯山區的山很類似，但這裡只有我飛快地超過每個人。其他人聽見我的腳步聲，像是跳躍的山區公羊，他們便讓到一旁。我聯想到的是一位瘋狂的當地人。但這次是我。這次感覺好輕鬆。輕快、敏捷的腳步，我回到了「死亡下坡」。

為了維持關注當下，我沒有打開手錶，大部分的時候，這樣很有效。一次一步，下一個補給站？先不要想。當然，我不是禪宗大師，還是有懷疑的時刻，游移在危機邊緣。在第一個下坡的時候，我感覺到膝蓋一陣尖銳刺骨的痛。絕對不行。它感覺起來如此真實，有一刻我認為我完了。然後它轉移到我的腳跟，然後我知道是我的心在作祟。它得使出更多伎倆。但是漸漸地，這次還不到絕望的時刻。就這樣而已，終於，這是一場沒有把我拖到懸崖邊然後一腳踢下去的超馬賽。相反地，時間漸漸過去，我維持在恆定的前進動作。

在某個時刻，我發現我也許能在天黑前完賽，在可怕的第二個夜晚前完賽。這個想法使我精神為之一振，我跑得更用力、更快。我一直預期我的腿在下坡時會吃不消，因為我的股四頭肌開始拉不直了。但從來沒有。事後回想起來，我在每一個檢查站的名次，在每個下坡時都向前推進一百名，從第一個檢查站的第九百名，直到終點時第三百六十六名。當我經過癱在地上、兩手抱著頭的跑者，我很清楚他們的痛苦。但這一次我完全撐住了，在勝利的這一邊。我知道踏錯一步、一時的軟弱，都可能完全使我崩毀。我需要維持專注、避免我自己陷落。這一次我做到了。我守住了我的界線。即使在一百一十公里後，剩下最後十公里全是下坡，我仍然跑得很好。當我快速跑過時，我可以看出其他人幾乎要討厭我了，彷彿我在炫耀。他們搖著頭，心裡想問，他的精神怎麼還這麼好？我和他們一樣納悶。

二十一小時後，我回到了科爾蒂納，天還亮著，衝過人群，與孩子們擊掌，飛躍過終點線，擁抱微笑的梅瑞爾塔，我全身充滿活力地完賽了。出發與回來都是抬頭挺胸的，這次沒有崩潰，沒有嗚咽，全身而退。終於，我開始能掌握這件事。我開始覺得在山裡跑好幾個小時是件輕鬆的事。我似乎慢慢地轉變成為一位超馬跑者了。

然而，我也不用把自己捧太高了。冠軍得主赫登．浩克斯（Hayden Hawks）在我之前九小時完賽。太不可思議了！

緊接賽後在科爾蒂納主廣場的一場動人訪談中，浩克斯說，比賽的前三十英里，他的狀況糟透了。「我想，呃，這不是個好日子。」他說：「但這是一堂課，絕對不要放棄。如果你覺得心情很低落，而且覺得你將無法達成目標，不要放棄，因為事情可能有轉圜。」

看來不論你有多厲害，這些比賽從來不是容易的事。但就是它們悲壯、挑戰的本質，迫使你深掘內心的方式，使這些比賽如此特別。

＊ 二〇一八年八月，戴夫．馬凱在美國達成他完成萊德維爾比賽系列（Leadville Race Series）的遠大目標，包括以些微超過二十四小時的時間跑完萊德維爾一百英里賽。

在超馬界，其中一種比賽是一種稱為「已知最快時間」（ＦＫＴ）的獨立領域。這種跑步沒有規則或比賽規定，不用現身報名或贏得點數，也不用付錢在某一天與其他成千上百人一起競逐，在一場ＦＫＴ中，你擁有你自己的世界——或是賽道。你可以在你想的時候開始；你孤獨一人，在大自然中自由自在。這是超馬中最原味的深入荒野精神，只有你自己挑戰山脈、沙漠，或是任何其他地方，測試自己的能耐。至少，有一陣子是這樣。

「ＦＫＴ那種自己跑以及隱約具顛覆性、暗自進行的特性，是主要吸引我的地方。」二〇一一年時，美國超馬跑者安東・克魯皮卡（Anton Krupicka）在他的部落格上這麼寫著：「這是一種在群山中非常原始，基本上無拘無束的存在，並且測試自己。」

二〇〇五年，超馬跑者彼得・巴克溫（Peter Bakwin）與巴茲・貝瑞爾（Buzz Burrell）建立了「已知最最快時間」的網站，讓這個用語受到更普遍的使用。相關活動在美國開始興盛，每年都有人在最具象徵性的步道上挑戰與立下新紀錄，例如穿越加州內華達山脈二百二十三英里的約翰・穆爾步道（John Muir Trail），以及長達二、一七五英里，史詩級的阿帕拉契步道（Appalachian Trail）。

參與一場ＦＫＴ的跑者都被期待要紀錄下他們的旅程，以證明他們確實打破紀錄，或者，如果他們選擇的這條路線沒有現存的紀錄，他們就建立一項新紀錄；但是這項運動非正式、輕鬆的本質，已含蓄地呈現在這項運動的名稱上：已知最快時間。有人可能跑過更快的時間，誰知道呢？

然而，ＦＫＴ網站上為任何想要建立新紀錄，並且被廣泛接受的人，提供了指導方針。它說：「針對受到大眾關注的知名路線，請事先發布你的計畫，並提供連結到『即時追蹤』……活動照片與旅途報告皆為標準流程。」

巴克溫說：「這些規定不是『證明』你做了什麼事。它們只是讓一個善良的人比較容易相信你。」

當然，在長距離步道上建立紀錄的歷史，早在二〇〇五年之前。例如英格蘭湖區的鮑伯・葛拉漢迴圈（Bob Graham Round）就是最著名的ＦＫＴ，比ＦＫＴ這個術語被發明之前早很多。一九三二年，民宿主人鮑伯・葛拉漢上上下下跑了四十二個山頭，跑過六十六英里路，花費時間不到二十四小時，建立了現在被認為是英國高地路跑的聖杯挑戰。一九八二年，傳奇跑者比利・布蘭德（Billy Bland）跑了同樣的路線，以十三小時五十三分立下了不可能的FKT。

當我在湖區的時候，我問高地跑者——班・亞伯戴爾努與柯林・杜爾森（Colin Dulson）是否認為有人可能打破比利・布蘭德的紀錄，畢竟這項紀錄已經維持超過三十五年了，雖然曾有成千上百的人嘗試過，都沒有成功。奇里安・喬內表示他想試看看，已經說了很久。過去很多位優秀的超馬跑者嘗試過，例如史考特・朱瑞克，但都還差很遠。

「當有人現身說要去挑戰鮑伯・葛拉漢紀錄，我會覺得很生氣，」亞伯戴爾努說：「這顯示這個人缺乏尊重。」幾乎和每一位高地跑者一樣，亞伯戴爾努也試過，跑完一回是十八小時。被大家吹捧可能打敗布蘭德成績的人，是當地的悍將瑞奇・萊夫特。至今他只試過一次，是在隆冬季節，這意謂他跑的時候不只天候惡劣，而且大多是在黑暗之中。

「我認為，如果我先在冬天跑一次，」他告訴我：「那麼，在夏天跑時就會輕鬆多了。這種想法很可笑，但我的心裡是這麼想的。」他這一趟跑了二十一小時。

「直到最近，人們都還認為要打破比利的紀錄是不可能的，」杜爾森說：「但是去年羅伯・傑伯（Rob Jebb）跑出十四小時的成績。而且賈絲敏・巴利斯刷新了女子紀錄，成績大約是十五小時。」

「是啊，人們開始認為也許這是可能的。」亞伯戴爾努說。

而且確實，這是一項證明。二〇一八年UTMB賽前的一個月，奇里安．喬內真的來到湖區，企圖對這項紀錄來一場驚奇挑戰。雖然這件事一直對媒體保密，避免太多人前來擋到路，喬內有一群當地的配速員輪流分段和他一起跑——這種跑步通常是這麼做的。他只要跟上。

這是跑步運動的歷史一刻，在奇里安第一次嘗試時，這位加泰隆尼亞的超級明星以十二小時五十二分，也就是超過一小時的成績，抵達位於凱西克（Keswick）的穆特廳（Moot Hall），打破了舊紀錄。在那裡迎接他的，除了一大群觀眾，也包括比利．布蘭德本人。碰到大門表示到達終點後，喬內與布蘭德一起坐在穆特廳的臺階上聊天，他們一起開了一瓶香檳，分享一、兩杯慶祝酒。就這樣，奇里安．喬內不可思議的傳奇故事又開啟了另一章。對於什麼才是可能、什麼是不可能的通則，似乎不適用在他身上。

***

為了讓自己也能抓住一些FKT的榮光，我想辦法加入一場由《跑者世界》雜誌所籌辦的活動，目標是為創下登上倫敦每一個行政區的最高峰紀錄。這比較是好玩，而不是真正認真運動員的挑戰，尤其我們是由大約二十個人接力完成的。當然，笑點在於某些行政區的最高點距離「山峰」的定義甚遠，唯一能做的就是在減速丘的中間插上一根想像的旗子，然後擺出一幅缺氧累壞的樣子自拍。最矮的山峰在塔村區（Tower Hamlets），只比海平面高出十六公尺。ＦＫＴ似乎愈來愈成主流，如今為模仿搞笑提供許多靈感。

雖然這項嘗試具「搞笑」本質，為了讓每個人順利而準時地抵達交棒地點，意謂這件事仍然得以某種程度的專業來進行。參加的人之中有多位認真的跑者，包括達米安．霍爾，他最近剛在英格蘭的西南海岸步道立下了一個ＦＫＴ紀錄，全程共跑了六百三十英里，爬過的海拔加起來超過珠穆朗瑪峰的三倍，只花了短短的十天。

整個倫敦迴圈涵蓋了一百五十英里，而且就像鮑伯．葛拉漢迴圈一樣，主要的目標是要在二十四小時內完成。就這樣，我自己再次於凌晨三點起了個大早，與我的跑友，也是我的同事凱特．卡特（Kate Carter）約在溫布敦公地（Wimbledon Common）裡，我們站在那裡等，像是兩個迷路的傻瓜，等著接力棒抵達。我們站在正確的位置嗎？很難說。當我們還在努力核對谷歌地圖上的位置，就聽見黑暗中傳來一陣呼喊：「哈囉？有人在嗎？」

整個行程不會太費力，我們一拿到裡面放了追蹤器的袋子就出發了，離開公園，穿過安靜的倫敦街道，穿過空蕩蕩的兩線車道，突然覺得這畢竟還是一項真實而嚴肅的任務。身為團隊的一員本身即有一種壓力，我們奮力跑向里奇蒙公園（Richmond Park）的路上，盡可能不要迷路。凱特對這一區比我熟悉，所以我其實只是跟著而已。我們跑了大約一小時，便把追蹤器交出去，一位突然不知從哪裡冒出來的攝影師為我們拍下急急忙忙、姿勢滑稽的照片。

好吧，這不像某些ＦＫＴ那麼了不起，但這是一條新的路線，日後也許有人會跑，試著建立他們自己的紀錄。後來那天晚上，我們約在一間酒吧，我們這群在ＦＫＴ領域的先鋒，最先將原本是深入荒野、考驗自己挑戰大自然的活動，變成一種城市的、團隊合作行動／開懷大笑，結束後還在酒吧裡吃吃喝喝。我很想知道安東．克魯皮卡會說什麼。

我參與的下一場紀錄挑戰比較忠於ＦＫＴ的原始精神。這是在我與達米安．霍爾於蘇格蘭布雷肯比肯斯山脈六小時的訓練跑後的幾天。我的山地跑弟弟戈文達想挑戰一個在加洛威丘陵（Galloway Hills）他認為很弱的ＦＫＴ。這是一個稱為「火環」（Ring of Fire）*的四十五英里長路線，他想要有人幫點忙。

因為戈文達從來沒有跑過超過一場馬拉松的距離，這算是一個很大的嘗試。還好他跑過這條路線其中幾個困難的路段——很多泥濘、沒有路徑的丘陵，那裡的地面可能出奇不意地垮掉，而且景觀看起來都一樣，導航會是個問題。我們的計畫是我先和他一起跑前面幾英里，然後稍晚和他碰頭，以便我們一起跑最後、也是最詭譎的十英里路程。唯一的問題是，我的股四頭肌在我與達米安練習跑之後，到現在還很廢。前一天我幾乎無法上下家裡的樓梯，但是我沒有說出來，不想造成他不必要的焦慮。

所以，我在黎明時送他出發，在起點時照了一張照片、記下正確的時間。然後那天下午，我和我們的太太與小孩在一個湖泊附近等他。這是一個大熱天，天空一片湛藍，倒映在水中，孩子們在湖裡開心地游泳嬉戲。這是多麼悠閒、田園詩般的景象，而我的兩條腿還感覺像是兩塊硬水泥，我偷偷地希望他到這裡的時候，就決定收工，打道回府。

隨著時鐘顯示已經超過他計畫來與我們會合的時間，我的希望指數增加了。過了半小時，然後是一小時。然後是兩小時。我們試著打電話給他，但不是他的手機掛了，就是收不到訊號。他原本希望在白天完成整個計畫，但現在看起來愈來愈不可能了。

最後，他終於出現了，步履蹣跚地向我們走來，臉上仍然堆滿笑容。我們為他遞上食物和飲水。他看起來開心極了，但沒有說出他下一步的計畫。我照理應該背起我的袋子、不要給他停下來的選項，甚至不能允許他去想。事後我覺得很糟，但我還是問了：「你要繼續嗎？」

這是個死亡之吻。當然他一直在想停下來這件事。他已經計畫好幾個小時了。身為他的親友團，我的工作是為他加油。但是我的腿。我不確定自己是否能跑得了十英里。我可能會成為一個累贅。

他看看眼前的景象。孩子們在水裡潑水，四周群山環繞，沉浸在寧靜詳和之中。萬籟俱寂。任何人怎麼可能繼續跑？

「我跑夠了，」他說：「很棒。我很喜歡。但我不行了。」

「你確定嗎？」我最多就只能說這些了：「如果你想繼續，我已經準備好出發了。」我最好乾脆開始幫他脫鞋、拿毛巾給他。

「不了，」他說：「我知道我是誰。」說完，他就停下來了。

這是一句很堪玩味的話。**我知道我是誰**。他熱愛敦促自己、接受挑戰，但是他不覺得有向他自己或其他任何人證明任何事的需要。

＊＊＊

早在奇里安．喬內現身打破鮑伯．葛拉漢迴圈之前很久，他就是將ＦＫＴ帶給更廣大觀眾的最重要人物。自從二〇一〇年開始，他的「我的人生高峰」計畫，攀登全世界最具代表性的的七座山峰，一直是雜誌編輯與電視製作人不可多得的報導題材，整個計畫被鉅細靡遺地記錄與拍攝下來，包括一系列的紀錄片與書籍。

一旦他起了頭，其他人就跟著，包括一堆片名像是《就是要破紀錄》（*Born to be Broken*）的電影，即是關於不可思議激勵人心的ＦＫＴ挑戰。但是，沒有人像喬內這樣。二〇一三年他那段挑戰上下馬特洪峰的影片，看起來就像是從〇〇七電影剪下來的。在影片中，他跑下雪坡，穿越極驚險的山脊頂端——不是慢慢地，而是在石塊上跳躍，他的手臂來回快速擺動，彷彿他只剩幾秒可以拯救世界。

一位雜誌編輯聽說了喬內的事蹟，打電話給我說，他想要一篇關於這波ＦＫＴ新現象的文章。「要確定你訪問到奇里安．喬內。」他說。

當我與喬內的媒體聯絡人取得聯繫時，問題來了，喬內正在珠穆朗瑪峰針對最後這座世界第一高峰的ＦＫＴ挑戰進行訓練。他們告訴我，他正在珠穆朗瑪峰的中途。失聯中。我多挖了些消息，驚訝地發現，喬內已如此神乎其技，竟然還有人一直跟在他後面，打破他立下的紀錄。這個人的名字是卡爾．艾格洛夫（Karl Egloff）。

艾格洛夫是一位來自厄瓜多首都基多的高山嚮導，父母親是瑞士人。有一段時間，他的工作是被派去陪一群健行客登上東非的吉力馬札羅山。下午時間，當團員們在睡覺時，他會出去跑步，直達山頂。「我做的事傳開了，所以我接到老闆的電話，」他說：「我以為我要被炒魷魚了，但他說他想要贊助我。」

雖然他曾經是國際高山自行車手，不是跑者，但他決定放手一搏，開始訓練。練習兩回後，他開始挑戰了。「我犯了很多錯誤，」他說：「我甚至沒有跑步服裝，我穿我的自行車衣。襪子也太厚了。」雖然如此，他上下吉力馬札羅山這條一般人通常花七天健行的路線，只花了六小時四十二分，以三十分鐘之差，打破了喬內的紀錄。

「我根本沒聽過奇里安，」他說：「後來，每個人都告訴我，我打破了奇里安的紀錄。所以我上網搜尋他的名字，然後我『哇嗚』了一聲。」我和他坐在大約一年前我帶喬內去的同一間倫敦餐廳裡。艾格洛夫對城市已經感到不自在，他的大背包放在他旁邊的座位上。但是他喜歡聊天，剛拍攝完他在瑞士的第一個電話談話節目專訪。至少那裡的人聽過他。

他的老闆從吉力馬札羅山的紀錄衍生的關注度得到了好處，他建議艾格洛夫下次去挑戰阿空加瓜峰，這是南美洲安第斯山脈的最高峰，也是喬內「我的人生高峰」計畫中的另一座山峰。這位西班牙人兩個月前才在那裡建立了一個ＦＫＴ紀錄，但這座山是艾格洛夫多次帶團的山，他對它瞭若指掌；他再次打破紀錄，這次是以一小時之差。

艾格洛夫擄獲了高山跑步社群驚駭的眼光，美國的《戶外》（*Outside*）雜誌發表了一篇文章，標題是：「卡爾．艾格洛夫到底是從哪裡來的？」

「奇里安是第一個為我的紀錄發推特文的人，」艾格洛夫說：「這使我的社群媒體為之瘋狂。電視臺的人跑到我家來。我嚇壞了。每個人都要我和奇里安一較長短，但他是跑者，而我是山地競賽者。」

打破這兩項紀錄後，艾格洛夫得到了一項裝備贊助，繼續挑戰另一座喬內的高峰，位於俄羅斯境內的厄爾布魯士峰（Elbrus）。加起來，艾格洛夫已經拿下奇里安七座高峰中的三項紀錄了。

然而，艾格洛夫並未打壞奇里安的計畫，這兩個人反而成了好朋友，甚至一度計畫一起打破白朗峰紀錄，但後來因為天氣惡劣而中止。我問艾格洛夫，如果他的紀錄比較多，為什麼只有最關注這項運動的人認識他，而喬內是全世界的大明星。他看著我，彷彿他也經常想這個問題。

「他是一個害羞的人，但他很年輕的時候就開始跑步，十四歲就已經參賽。而且他有一個龐大的行銷團隊。他的贊助商Salomon就像他的家人一樣。」

為了獲取一些公眾關注，艾格洛夫現在也聘請了一位行銷經理。明年他要挑戰喬內攀登第拿里峰的紀錄，最後他想要挑戰終極的紀錄：珠穆朗瑪峰。

由於在這些高山上競逐，艾格洛夫與喬內在登山界相遇，在這裡，FKT不是新的概念，但他們只簡單稱之為登頂紀錄（speed records）。然而透過重新包裝，喬內與他的團隊抓住了全世界媒體的目光。我們在倫敦喝茶的會面，是為《金融時報》針對他於珠穆朗瑪峰挑戰紀錄的採訪。他們想要全版關於他的專題報導。

然而，雖然媒體一陣狂熱，在我印象中，喬內是否確實在珠穆朗瑪峰打破任何紀錄，則是出奇地不明確。似乎只有上山的記錄，以及來回上山和下山的記錄，而且不同的記錄是來自不同的出發點。但就我所知，他並沒有打破任何紀錄。新聞透露的，以及他的贊助商發出的消息，是他在六天之內登上珠穆朗瑪峰兩次。這樣算一項紀錄嗎？我無法判斷，但是到處的標題都是這樣寫。

但不是每個人都很開心。一位名叫丹・豪伊特（Dan Howitt）的美國登山客開始在網路上質疑喬內是否真的登上了山頂。

起初我很驚訝竟然有人膽敢質疑喬內。如果任何人有能力完成超人的英勇事蹟，那一定是他。他已經一再地證明他的力量。當我們見面時，我甚至連想都沒想到要問他珠穆朗瑪峰挑戰的證明。像其他每個人一樣，我確定他完成了這件事。他是言行合一的人，一位活傳奇。我們見面時，他落落大方、風采迷人又謙虛，完全像是我聽到的那樣，很難在他身上挑出缺點。所以當我剛聽到這些質疑時，我以為他是被某位熱心過度的網路偵探盯上，畢竟隨著FKT愈來愈普及與興盛，這種人似乎愈來愈多。

然而，當豪伊特讀了我在《金融時報》上的文章，帶著他對喬內的指控報告直接與我連繫，我覺得至少得看一下。而我必須承認，這份報告相當具有說服力。

在二十二頁的詳細報告裡，豪伊特說，對每一次訓練跑、每場比賽和喬內「我的人生高峰」前幾次紀錄都如饑似渴的紀錄片工作人員，竟然在珠穆朗瑪峰頂，甚至峰頂附近的照片或短片都付之闕如。連早在一九五三年，當丹增．諾蓋（Tenzing Norgay）與愛德蒙．希拉里（Edmund Hillary）首次登上世界最高峰時，在峰頂的照片也是首要的事。「自一九五三年至今，照相與攝影技術已有長足的進步。」豪伊特指出。

除此之外，喬內自己的GPS檔案也不完整，顯示他並未登頂。這些檔案是自動上傳到Movescount網站，就像喬內所有其他的GPS追蹤活動一樣。

喬內公開回應豪伊特的指控，一項一項的說明。他說，GPS的資料不完整，是因為他手錶裡的電池因為寒冷以及他長時間獨自在山裡而沒電了。

豪伊特也質疑為什麼喬內沒有選擇攜帶衛星電話，他可以用來從山頂打電話，證明他已經抵達世界之巔。

喬內回應說，他的首要目標是獨自在山裡，切斷與外界的聯繫，靠自己做決定。「這是風格問題，」他在回應中說：「我可以組織一支遠征隊，路上有雪巴人……有攝影機……在山頂有美美的照片。我也可以從山頂打個衛星電話來『宣布』我攻頂了。但這次遠征的主要目的不是這些。而是讓我自己看看我是否能夠在沒有外部支援的情況下登上珠穆朗瑪峰……而且是靠我自己。」

這是一個令人欽佩的初心，而且在很多方面也真實反應ＦＫＴ的原始精神，放下比賽的全套裝備與群眾，隻身前往，一夫當關。然而，什麼證據都沒有，甚至連山頂的GoPro短片或是手機照片都沒有，這似乎有一點奇怪。如英國超馬跑者羅比．布里頓對我說的：「如果我要花所有的時間和精力去做一項很大的計畫，在緊要關頭，我會確認要有更多一點的證據。」

質疑聲還包括喬內選擇登頂的時間，不只豪伊特有疑問，另一位有無數次高山快速登頂紀錄的資深登山家也提出疑問；他說他不願意具名，不想被認為他在批評喬內。喬內說他第一次登頂的時間是在午夜，第二次是晚上九點半，但是豪伊特與這位登山家都指出，沒有人會選擇下午到夜晚登山，然後在這麼晚的時間攻頂，因為這樣很冷，而且很危險。針對這一點，再說一次，喬內不是一般的運動員，在他的辯解中，他說他原本打算早一點攻頂，但因為路上出現腸胃問題，所以拖慢了他的速度。

幾個月後，一位名叫安迪．塔范（Andy Tavin）獨立的調查員徵得同意，查看了喬內的GoPro攝影機裡的原始照片和影片——結果其實裡面是有一些內容的。塔范寫了一篇長達五十六頁的科學報告，結論是喬內第一次確實登頂了，但時間是午夜十二點三十二分，不是他說的午夜整。他接著總結說，支持第二次登頂的證據很少，即使真的有，很可能比喬內所宣稱的還要多兩小時。這位西班牙人再次回應，他的案例，再說一次，是他為自己做這件事，而且他沒有想到計時或照相的事，因為他正處於極端狀況，有其他優先要處理的事。

喬內是否在一星期內登上珠穆朗瑪峰兩次，或者臆測他如果沒有完成這件事，為什麼要宣稱做到了，這些都不是由我來判決。喬內是一位已經擁有足夠驗證的知名成功人物，足以略過一次失敗的登頂挑戰，他是一位總是開心為擊敗他或者打破他的紀錄的對手喝采的人。超馬社群當然全都站在他這一邊，這些懷疑雜音對他的名聲損傷有限。當我問ＦＫＴ網站的合夥建站人與巴茲．貝瑞爾對這整個事件的看法，他說：「我相信他（喬內）的風格與道德，和他的能力與訓練相符——他是他這一世代最佳的山地跑者，而且在每個方面都高度受到敬重。」

喬內的案例無疑證明了，當遊戲中的賭注持續升高時，任何打算從事驚人之舉的人都應該計畫蒐集一些明確的證據。在ＦＫＴ的國度，單是仰賴信任與善意的舊式思維，似乎已經不夠了。

* 這個「火環」與在安格爾西島舉行的同名比賽完全無關，後者是以主辦者昆廷最喜愛的歌曲（Ring of Fire）命名的。

接著就來到法國夏慕尼了，八月底的一整個星期，超馬世界聚集在白朗峰山腳下，參與他們的年度盛事。人們在販售超馬輕型背包、壓縮服裝與最新型石墨烯底鞋的攤子間來來往往。跑者們忙著領取比賽號碼、和朋友會面、吃比薩。每個人看起來都很纖瘦、有備而來，準備攻山了。我試著讓自己看起來融入一點。

我帶著梅瑞爾塔和孩子們來法國，他們是我的超級加油團。在夏慕尼城外搭好帳棚後，我們進城裡去，和湯姆與瑞秋在一間咖啡廳會面，他們剛從澳洲的拜倫灣（Byron Bay）飛過來，這裡有炸豆泥、豆腐堡、地瓜塊和好多食物。前幾個月瑞秋的父親被診斷出癌症後，湯姆與瑞秋一直都留在澳洲。他們差一點不回來參加比賽了，但她的父親堅持要她來，他知道她等了三年才得到這個機會，對她的意義有多麼重大。

「他一直說癌症是他的UTMB。」她說：「他會說，『這一定像是在夜晚跑步的感覺，這時候你看不見四周有什麼。』」

瑞秋試著跟父親說，她不需要來參賽，她要陪他留在澳洲。「但是他不讓我說完這句話。」她說。

瑞秋的父母住在布里斯本外的一座小島上，那裡沒有商店也沒有道路。每樣東西都使用太陽能，他們種自己吃的菜。「那裡有很多袋鼠，」湯姆說：「但一座山都沒有。」所以比賽前的三個月，他們都在平坦的沙灘上訓練。最後，湯姆已經把跑在最前面和其他好手一較高下的希望丟到一邊，決定和瑞秋一起跑了。

他們抵達夏慕尼不久，就接到瑞秋母親的電話，說她希望他們回去，因為瑞秋的父親被緊急送往醫院，準備第二次手術。「但是我覺得如果我回去，」瑞秋說：「他會很氣惱我沒有跑，所以我說不回去，我會留下來。我會為他而跑。」

午餐後，我在鎮上散步，三不五時就看到一位菁英跑者也在閒逛。他們站起來似乎比其他人高出六十公分，從頭到腳都是來自贊助商的最新行頭。包括義大利拉法瑞多超級越野賽的冠軍赫登·浩克斯，很多人把他攔下來和他用力握手，要和他自拍。這個星期在這座法國小鎮，頂尖超馬跑者就像搖滾明星一樣，到處受到注目。粉絲們所有的談話圍繞著奇里安·

喬內與吉姆・沃斯里之間的另一場較勁。法蘭西瓦・達安去年擊敗他們兩位拿到冠軍（喬內得到第二名，沃斯里第五名），今年達安沒有參賽，但這兩位今年似乎好運當頭，贏了多場比賽。每個人都想沾他們一點光——一張照片、一個簽名、一個握手。

「如果我想去哪裡，又不想被發現，」當我在一場菁英運動員記者會上追到沃斯里，他這麼告訴我：「有個技巧是不要在出門時穿我的Hoka裝備。這樣一來，大家會看著我，但是覺得不太確定。」他說他走小路繞一大圈，避開了夏慕尼鎮中心。「如果下雨，」他說：「當然連身衣帽就戴起來了。」

當我問他比賽前的體能，他告訴我，他剛從一個訓練營回來，那是他曾經體驗過的最好訓練。他說，他剛在科羅拉多州錫爾弗頓（Silverton）郊外山上的一個帳棚住了六個星期。「訓練營很少是完美的，」他說：「但這次的很完美。」他在山上的六個星期裡，平均每星期跑二百二十五公里，爬一萬五千公尺。這些數字很驚人。

「能達成最佳表現讓我覺得很棒。在我狀況最好的日子，我可以擊敗任何人。」

沃斯里的戰鬥語言很出名，結果不總是很順利，但現在他有了一些紀錄來支持他。

「當我剛出發時，」他說：「人們會想，『老兄，你又說大話了。』但現在大家認識我了，這些話聽起來不那麼瘋狂。但我從來不想要炒作新聞，我只是試著誠實且率直，而不是胡言亂語。」

ＵＴＭＢ前的幾個月，他終於做到了他兩年來一直宣稱要做的事，打破美國西部一百公里賽的賽道紀錄——而且他成功的這一天是這項比賽史上最熱的幾次之一。他甚至在比賽後段時，在賽道上遭遇一頭熊。這個地方恰好就是他在二〇一六年參賽時轉錯彎的地方。二〇一七年時，他因為腸胃問題，沒跑這麼遠，所以當二〇一八年他轉對了彎，卻看到這頭熊時，他說他當下的反應是：「你一定是在開玩笑吧！」

「我等了兩年才回到那裡，」他說：「如果是訓練跑，我會轉身跑另一條路。但這不是訓練跑。」這頭熊的兩隻幼熊爬上了步道上的一棵樹，所以母熊沒有打算走開。他試著大叫、丟石頭，但都沒有用。

「然後我就想，『搞什麼鬼啊。』」熊的身體姿勢看起來沒那麼具攻擊性，而且跑了十三個小時後，我不想前功盡棄。」所以，他用盡洪荒之力，直接從牠旁邊跑過。

「我記得心裡想，最壞的情況是，至少這會是一篇好故事：最後是一頭熊讓他停下來了。」

當沃斯里駐在洛磯山上的帳棚裡時，喬內雖然在不到六個月之前因為滑雪意外斷了腿，依然到處參賽，而且贏得比賽。他剛立下了鮑伯．葛拉漢迴圈的出色紀錄，而且在ＵＴＭＢ

開跑的五天之前，當其他每個人都開始減少訓練，為比賽養精蓄銳，喬內還去義大利參加三十二英里、非常需要技巧與高難度的「基馬盃」（Trofeo Kima）高山越野賽。他贏了，而且又打破了賽道紀錄。

他的恢復能力似乎非常驚人。去年拿到ＵＴＭＢ第二名後一個星期，當幾乎每位跑者都還在為他們的腳冰敷，他就前往參加在蘇格蘭舉辦、競爭激烈的格蘭寇（Glen Coe）高山越野賽，一樣技壓群雄。而且在格蘭寇賽的前一天，為了短程熱身，他跑上了本尼維斯山。

另一位在夏慕尼這裡如假包換的Ａ咖，名列喬內與沃斯里雙雄之爭後面的，是札克・米勒。比賽前幾天的一個晚上，我設法在他一位贊助商Buff的房子裡與他見面。Buff的行銷主任讓我進了鎮中心外圍一間豪華的小木屋，我看見札克正坐在一張皮沙發上，與他的另一位贊助商代表一起過濾他的營養計畫，像是一位學生在下課後還要攝取額外的營養。

「我很不會計畫，所以我正在做功課，試著了解我的營養計畫。」他告訴我。每個人喜歡札克的一點，就是他很純粹地跑。他沒有策略，只是把他的腳踩下去，仰賴他的心和意志撐過難關。但是，在努力成為第一位贏得ＵＴＭＢ冠軍的美國人過程中，他在細節上下工夫。

「我真的很喜歡像是North Face 50（在加州舉行的五十英里賽，他曾兩度贏得冠軍）那種比賽，」他說：「你只要在上場時塗上一點凝膠，就可以跑了。但是在UTMB，需要多一點計畫。」

Buff的團隊大部分是來自巴塞隆納總公司的西班牙人。他們擺出了一桌自助晚餐與烤肉，我受邀留下來。一起在這裡的還有製片比利．楊（Billy Yang），他正在拍攝札克為了贏得UTMB所做的努力。雖然所有的焦點也許都在札克身上，他並不太喜歡這樣，寧願可以悄悄坐在一邊說話，讓屋子裡其他的笑語和逗趣從他身邊溜過。

當我們站在那裡等取菜，我問他在比賽中是否曾經有懷疑的時刻，他的心會告訴他，他無法繼續，或者他需要慢下來。我很少聽到菁英跑者談到這些，好奇他們是否只是一直專注在實際情況上，或者他們像我們其他人一樣，也得花一段時間擊退魔鬼？

「當然。」他說，他拿肉和沙拉把盤子堆得高高地，然後在長桌底找了一個位子坐下來。我隨便拿了一些食物，趕緊坐在他旁邊。「但是我跑步的時候，我對自己很嚴格。」他說：「在去年的North Face 50，我和赫登．浩克斯與提姆．弗瑞克斯（Tim Freriks）跑在最前面，而他們開始拉遠和我的距離。那裡正是前一年我開始往前衝的地方。所以我有點像是對自己大喊說：『不！不可以。追上那兩個傢伙。』當然，一部分的我很痛，想讓他們跑遠算了，想要放棄，但大部分的我想要追上前。這是一種固執，我猜。」他最後追上了浩克斯，但沒有追上弗瑞克斯，拿到第二名。

為什麼他這麼想贏？我有點故意地問他。打心底，是什麼驅使他？

長桌的另一邊，啤酒在非跑者之間觥籌交錯，談話聲愈來愈大聲，夾雜著歡笑聲。

「自我占了很大的部分，我猜。」他說：「勝利的感覺、大家的恭維、關注，這是容易上癮的。而你想要更多，因為這不會持久。」

這是一個和他的跑步一樣誠實的答案。在比利．楊的影片裡，一個更深思熟慮的札克說，驅使他的是對於他做的每件事情全力以赴的渴望。他說，這只是他的本性，從他孩提時代開始，他就是如此。當然，這兩個答案可以同時存在，並不衝突。我從這趟超馬之旅中學到的一件事是，要單一指出我們為什麼從事這項看似瘋狂的運動，幾乎是不可能的。真正的原因似乎超越我們能給出的理由。當然，我們想要得到勝利，我們想完賽，我們想全力以赴，我們想找出我們的極限，我們想要人們覺得驕傲。所有這些都是。但沒有一個能好好解釋。這是一個深不可測的衝動，一種深層、原始的呼喚，在那荒野，直接面對毀滅，然後穿越到另一邊。而當我們完成這件事情時所得到的感覺，是容易上癮的。

聊這些事的時間過得很快，我發現時間幾乎已經晚上十一點了。我向他道別，離開溫暖又舒服的Buff之家，回到我們山裡寒冷的露營地；梅瑞爾塔與孩子們都已經睡了，他們還不確定他們在整趟旅程的角色是什麼。

***

比賽的前一天，檢查好我的裝備、拿好我的號碼牌，我在城裡閒晃，趁我想找的每個人都在同一個地方時，盡可能遇到更多的人。我第一站是一間咖啡廳，與這項運動真正的明日之星，英國跑者湯姆・伊凡斯（Tom Evans）一起。湯姆在英國軍隊服役，幾年前，他坐在倫敦一間酒吧裡，聽見兩位朋友口沫橫飛地講述他們在撒哈拉沙漠馬拉松的故事，以及他們的表現有多優異。也許是有一點天真，他說：「是啊，還不賴，但你們前面還有二百九十人。」這兩位朋友覺得被冒犯了，回他說，如果他認為他可以表現得更好，他明年應該去跑。所以他就去了。

他從任何角度都不認為自己是一位認真的跑者，他只是盡他可能地跑。「如果我有一小時，我就跑一小時。」他說：「我沒有任何的教練，或遵循任何訓練時間表之類的。」在沒有任何特別的超馬或沙漠訓練的情況下，他現身在沙漠裡，而且得到第三名——這是四年來第一位非北非人站在領獎臺上。他後來繼續在二〇一八年的世界越野錦標賽拿到第三名，打敗了這項運動幾位赫赫有名的選手。他快速崛起的名聲與他和Hoka達成的微小贊助協議不成正比，但他最近和一位頂尖的運動經紀人簽了約——大衛．貝克漢的前經紀人——而且他還受到軍方的支持，接受訓練以參加比賽，所以他對跑步這件事的態度相當輕鬆。

稍晚他的經紀人告訴我他被湯姆吸引的原因，除了他的突出天分之外，還有他的年齡——他二十六歲。「（對一位超馬跑者來說）湯姆出奇地年輕，而且他有數位優勢。」他告訴我，他想以與貝克漢合作的模式和湯姆合作，用幾年的時間來建立品牌。「我們已經在計畫二〇二〇年、二〇二一年了。」他說。這對超馬運動而言，是令人陶醉的說法，但是這位經紀人說，他相信這項運動將會持續成長。「這項運動裡有很多大品牌。」他說。

確實，我在夏慕尼遇到湯姆的那一天，能量飲料公司紅牛（Red Bull）宣布他們簽下他進入他們贊助超馬跑者的名冊裡。如果他在這次的ＵＴＭＢ系列賽中表現優異——他將參加六十三英里的「庫爾馬耶烏爾—尚佩克斯—夏慕尼半環線賽」（Courmayeur Champex Chamonix，簡稱ＣＣＣ）——我確定他的經紀人將可望看見Hoka會再重新審視他們要付給他的錢。

當我和湯姆坐在咖啡廳裡時，另一位菁英跑者提姆．弗瑞克斯——在North Face 50賽中擊敗札克的傢伙——也走進來和我們坐在一起，並且點了相同的一大片素食派和沙拉。他是湯姆的隊友，用過餐後，他們得和Hoka贊助名冊上的其他人一起簽約。我們慢慢穿過人群，走向戶外展區突出的Hoka攤位，那裡已經排了等待簽名的長龍。他們兩人加入了Hoka其他多為美國籍的明星後，我就和他們分開了；這些明星包括吉姆．沃斯里、赫登．浩克斯和瑪格達．布里特，布里特曾經在米沃克一百公里賽時載我回家。這時人群蜂擁而至，推擠著搶進簽名照片，或是與他們的偶像說上一、兩句問候或玩笑話。

我離開他們，前往一個較小型、大致上較英國式的Inov-8聚會。Inov-8是一家總部設在湖區的公司，長年耕耘於高地路跑以及適合各種天氣、經濟實惠的英式越野跑步的服飾和鞋子。我到他們攤位的時候，原本燦爛的陽光很適時地下起一陣英式的微雨。當人們聚在一起準備參加一次短距離團跑，很難在裡面找到明星。不像Hoka攤位的明星一字排開，在這裡他們比較低調。其中一位是高地路跑傳奇妮可．史賓克斯（Nicky Spinks），她是鮑伯．葛拉漢迴圈一次跑兩圈的全體紀錄（含男子與女子）保持人。她不是來參加UTMB的，而是來這裡為這個品牌的大明星擔任加油團員；這位大明星正是我的朋友達米安．霍爾。

「還好嗎？」他看到我時這麼問，笑得很開心。達米安今年有一支拍攝團隊跟著他，拍攝他希望在UTMB跑出前十名的夢想。縱觀菁英群，有很多問題可以問。他在正式的ITRA排名系統中排名第五十，但是這比他去年跑的名次多出許多——他去年跑出第十二名。他們正在拍他的片名叫做《陪跑人》（*Underdog*）。

達米安笑著告訴我，他對那些「跑得很快的傢伙」——他這麼稱那些在比賽中被看好的選手——毫無勝算。「除非他們搞砸了，當然我希望他們搞砸。」他說。他向每個聽他說話的人說，他不是一位全職運動員，他已經四十幾歲了，有小孩，而且他不住在山裡。「我喜歡保持這種心態。」看起來故作低調，他開玩笑地說：「這樣能讓壓力解除。」

廠商向大約三十名的一群人介紹達米安，這些人是來和他與妮可一起跑步，並且試穿Inov-8的新款鞋。湯姆．佩恩也在那裡。湯姆也是Inov-8的運動員，而且從某些方面來看，比起達米安，他跑得更快，資歷更完整。但是除了住在山裡，他從來沒有跑出像達米安去年一樣的成績。在二〇一六年的「奧西耶爾—尚佩克斯—夏慕尼賽」（Orsières-Champex-Chamonix，簡稱ＯＣＣ）——ＵＴＭＢ週裡較短距離的一項比賽——他跑出第二十四名，前半段跑得很奮力，還與最後的冠軍薩維爾．提維納爾並肩跑。這一直是湯姆參加大型比賽的模式，一開始跑得很用力，後來在結束前落後。我確定這是因為他相信他和其他傢伙一樣在馬拉松中跑得很快，然而，山地畢竟是一頭不一樣的野獸。

今年由於訓練不足，湯姆無法在超馬界中的排名進步，所以他和我們這些平凡人一起站在後面，看起來有點垂頭喪氣。雖然他還不到四十歲。他的黃金時期還沒過。ＵＴＭＢ結束後，他計畫在路跑上跑出一些好成績——目標瞄準打破英國四十歲以上馬拉松以及五十公里的紀錄。這些都是值得努力的目標，而且能為他贏得一些掌聲，但我忍不住希望有一天他能在夏慕尼這裡有好的表現，在越野賽的群星中找到他該有的位置。

介紹完後，達米安帶領我們全部人出發，在雨中跑了一小段路。當我們爬上一個陡坡時，湯姆像一隻山羊一樣靈活跳著，這時達米安跟我聊到他的UTMB播歌清單，在比賽不好跑的時候，他想聽的歌。「有哪些歌？」我問：「當然大部分是菲爾．柯林斯（Phil Collins）和凱特．布希（Kate Bush）的。」他帶著解嘲與無防衛的笑說。

***

當我們解散到各自安靜的角落，為比賽重振旗鼓時，我還有時間在賽前混亂的夏慕尼抓到一個人來採訪。因為時間已經晚了，我和伊凡斯會面的咖啡廳已經打烊，所以我看見伊莉莎貝．巴恩斯和她的男朋友桑德．亞姆達爾像兩位巨人一樣站在店門口。隔壁是另一間咖啡廳，我們走進去坐下來。伊莉莎貝點了茶和覆盆子。這是一個很微妙的組合。

她告訴我她在多場比賽遇到桑德——包括我們在阿曼第一次見面後隔年的比賽——後來

他們一起在瑞典跑過很多地方。「當跑友。」她說。對此，桑德忍不住笑了。「嗯，也許桑德有不一樣的想法，」她說：「但是我們之間一拍即合。」

所以，當她繼續從跑步中休息恢復期間，還是來到夏慕尼來為桑德加油，他說他的目標是在二十四小時內完賽，他希望這樣的成績可以搶進前二十名。

我祝他好運，然後，隨著我所有的會面與訪談結束，我回到我的露營地，今晚是披薩夜。我們在寒涼的夜晚，手拿著披薩坐在板凳上，群山像是巨大的背景布幕掛在我們的四周，孩子們想到明天早上要去騎馬，非常興奮。我的比賽對他們來說，還是很抽象的概念。

我需要睡點覺。幸運地，一旦黑夜降臨，在營地沒什麼事好做，所以我最後一次在我的睡墊上安頓下來，竟然足足沉睡了八小時。星期五早上醒來，比賽日到了，我的兩腿感覺比長期以來更清爽有力。我準備好了。我可以的。

這時，我的手機響了。

嗶。我拿到我的手機，看看跳出來的簡訊：「ＵＴＭＢ天氣轉壞：壞天氣持續到週六下午，非常寒冷、風大，體感溫度攝氏零下十度。必備天寒裝備。」

整個山谷裡的跑者讀到這則訊息，全都打了一個寒顫。隨著群山被聚集數天的烏雲罩頂，比賽的大挑戰一步步接近，而且帶著不祥的預兆。但現在情況更糟。糟透了。下雨意謂著泥濘、溼滑的下坡、溼透的衣服，還有夜晚零下十度。

「我是風暴。」我對自己輕聲說，努力如此相信。

「你收到簡訊了嗎？」星期五下午稍晚，當我踏進瑞秋與湯姆位於夏慕尼中心的迷你公寓時，瑞秋問我。他們邀請我在比賽前過來——比賽在晚上六點鐘開始——還提議我們一起出發。這個主意很好。當然我們可以一起出發，這樣我不會一開始衝太快。但是現在的我比之前我們跑南法一百英里時強健許多。我這次打算跑快一點。當時我還是菜鳥。現在我是一名超馬跑者了。如果我可以關注當下，保持頭腦冷靜，一百英里不算太遠。我已經學到教訓了。只要順勢下坡、平穩上坡、快速經過補給站，一切就沒問題了。

「三十小時以內，」當我告訴達米安我還沒確定我的目標時間時，他建議：「你應該做得到。」彷彿這是一件容易的事。這個數字在我的大腦中確立下來，而我開始把UTMB想成是相當於三個小時內的馬拉松。雖然相當了不起，但還在我的能力所及。我的雙腿有拉法瑞多賽的經驗，在山裡跑了二十一小時、七十八英里，仍然很強壯。這只要再多二十七英里，比一個馬拉松多一點點。我可以在九小時內跑完那一段。

瑞秋整個人很緊張，在她的床上跳來跳去，一再查看她筆電上的氣象預報。有過在庇里牛斯山上的失溫經驗，又在焦熱的澳洲小島上待了兩個月，她對天氣的恐懼可想而知。這種寒冷與潮溼不是理想的天氣。湯姆則溫和地笑著，說氣象報告說週六稍晚會轉好，但他似乎也有一點焦躁。他努力決定起跑時到底該穿幾層衣服。但是又不斷改變心意。

外面雨已經下下來了，所以我們拉上防雨外套的拉鍊，再上一下洗手間後，就出門到走廊上，三個匆忙的探險者進入了未知。我們按捺住高亢的情緒，走到街上，一路走到起跑點。

起跑點已經人聲鼎沸，擠滿了跑者，大家轉來轉去，在起跑拱門後方找好位置。湯姆一路擠到中間去。他習慣於菁英跑者的作風，擠到前面去。我們兩個跟著。一旦就定位，只剩等待。

市政廳俯瞰著廣場，每個窗戶外都有一個陽臺，每個陽臺上都站滿了看熱鬧的人們。

「那是我們結婚的地方。」湯姆指著市政廳說。夏慕尼與跑步深植在他們的故事裡。瑞秋回想起她在倫敦遇到湯姆的情景。「我們被分到不同的組，我很沮喪，因為沒有和任何一位朋友一組。」她看著他笑著說：「但那裡似乎有一個怪人看起來很興奮。」湯姆對這段記憶只顧著傻笑。「後來，我不記得他是誰了。我一直問我朋友：『這位湯姆．佩恩是誰？他一直傳訊息到我的臉書。』」對他們兩人來說，一起站在UTMB的這一刻，是長時間以來的美夢成真，而當他們的手緊緊握在一起的時候，我努力不要讓自己覺得像是一個不速之客。但是我也是他們故事中的一部分，所以湯姆把我拉過去，和他們一起照了一張相。我已經開始感動起來了。

廣場四周的大螢幕上呈現菁英跑者站在最前面。他們的姿態在我們中間像天神一般。吉姆．沃斯里看起來很沉著，手上像握著兩支長矛般的登山杖。鏡頭停在奇里安．喬內，他面帶笑容，一派輕鬆的樣子。還有美國選手提姆．托爾弗森（Tim Tollefson），他正與薩維爾．

提維納爾說笑。接著是札克，他修剪了鬍子，雖然下著雨，身上只穿著短褲和T恤。他看起來有些煩躁而且興奮。我偷看到伊莉莎貝的男友桑德站在他後面，比其他人高出一截。挪威王。每個人似乎都像是某個行星的領袖，正參加一場跨星系的超級人類高峰會。湯姆應該也在那裡的。在菁英群有他的位置，但是他和我們其他人一起站在後面，這些將餵給群山的炮灰。然而，我們全都有自己值得寫出來的故事。對湯姆而言，這場比賽是為了瑞秋。她正躺在醫院的父親將會在線上跟上她的每一步。

當我站在群眾之中，打心底感覺到身體裡油然而生的信心。這一切似乎如此簡單。我只要專注在此時此刻，像僧侶一樣。想到這一招能奏效，就像在義大利時一樣，就覺得這彷彿是個祕密武器。只有我的心能擊敗我，而我得學習駕馭它。現在正是這麼做的時候。

這時，一位帶著一把電吉他的男子適時地走上起跑線上的大舞臺，彈出這場比賽的主題曲——范吉利斯的〈征服天堂〉（Conquest of Paradise）——刺耳而高亢的第一個音符。當歌聲揚起，吉他的重覆樂段融合懾人的經典張力，烏雲在群山間翻滾。當我站在眾人之中，獨自面對群山、撲面而來的雨，我感覺到一股震動，感覺到腎上腺素在我的身體裡流竄。我是風暴。

啪。在會場的喧囂聲中，這個聲音近乎無聲，但起跑槍聲已經響了。我們要出發了。最前面的人被嚇了一下，他們在大螢幕上愣了幾秒，才開始跑。

我們還留在原地。等人潮魚貫通過需要一些時間。湯姆笑了。他從來沒有在一場比賽裡站在那麼後面起跑。我們揮拳加油、互拍對方的背，然後慢慢地，起先是用走的，後來一點一點慢跑，我們開始離開夏慕尼的街道，進入了山區。

***

沒多久，我就看不見湯姆和瑞秋了。我讓自己隨心所欲地沿著一段相對平坦的小下坡跑了最初的八公里，比賽路線沿著一條河穿過夏慕尼河谷。有機會的時候我便超過幾個人，但通常人太擠，我得緊急煞車。當我斷斷續續地跑，要追上動能似乎對我的股四頭肌造成壓力，令人沮喪，因為我原本已經準備好要跑快一點。但時間還早，我告訴自己，只要順其自然。

鎮上和村裡都是刺耳的牛鈴聲，微醉的人們用各種語言為我們加油。*Allez, allez!*（法語）……*Vamos!*（西班牙語）……*Gambate*（日語）……加油，芬恩！我的背號上有我的名字。有人選到我為我加油，感覺很棒。我報以微笑，一派輕鬆。「謝謝。」我說。我不累，我很享受。

第一個上坡在賽前的地圖上看起來很小，但這是一個登上山頂的長途跋涉。我拿出我的手杖，加入穩定前進的人龍，成一縱隊，只要在隊伍中維持我的位置。我終於學會使用手杖，也看出為什麼這些比賽大部分的跑者會攜帶手杖。這就像是在爬上最陡的坡時有了一個好助手，雖然下坡時我把它們收起來，覺得它們只會擋路。我在下坡時就像個高地跑者，自由落下，輕鬆地跳著。我不需要手杖。

偶爾當我們上坡時，賽道蜿蜒過一些樹林或是一座假山頂，然後繼續往上，出乎意料地，這段路比我預期的更陡、更高、更無窮盡。每一次這都像是在我的背包上加些重量，導致我的步伐更無力。

「找到你的力量。」我告訴我自己，彷彿內心有一位歐比王・肯諾比[16]正在跟我說話。這似乎有點效果。我繼續前進。

16. 歐比王・肯諾比（Obi Wan Kenobi）：電影《星際大戰》主角天行者路克的師父。

最後終於到達山頂了，還要下山四公里才到下一個檢查站。現在天色暗了，但我一直在期待第一個大下坡來施展我的下坡技巧。雖然這個坡比我期待的更陡——恐怖地陡，尤其是在雨中。地上全是泥巴和溼草地，石頭稜角分明。我試著跳躍和滑下，但我得停下來。最後，我沒有比任何人快，到山下時我的股四頭肌快斷了，真是一種解脫。

時間一個鐘頭、一個鐘頭地過了，一段段的時間來了又走了，點心、補給站、洗手間在這些早期階段穿插出現。我遇到肚子痛的問題，我有點擔心，我得在每個我可以找到的臨時廁所停下來。我一直想著在我停下來的時候，湯姆和瑞秋是否已經超過我，或者他們還在我後面？但是我要專注此時此刻、關注當下，這意味我不能在手機上追蹤任何人，包括我自己、湯姆和瑞秋。只有我和這條岩石非常多的路徑，而現在即將爬進夜裡了。

第二個坡是比賽中最長的一道坡，在兩個半小時裡，我們在漆黑的雨中迂迴，往上通過不同的風景。每一次我都以為我們一定是接近山頂了，但路還繼續，更往上。在某個時間點，我停下來往後看了一眼，看見一串電燈沿著之字型的山徑綿延了數英里，這是一個走向毀滅的步兵部隊。明白即將到來的毀滅，我們在詭異的安靜中走著，沒有人說話，只有黑暗中嚓嚓作響的腳步聲，以及手杖敲在地面上的喀喀聲。

我開始期待早晨，希望看見東西。屆時我就能釋放我的下坡能力。眼前我只願不要跌倒，所以我繼續煞車，轉向另一個下坡，叫我的兩腿讓自己慢下來。這條路太擠，無法盡情跑。堅持下去，不要節外生枝，靜候時機。耐心。找到你的力量。

***

同一時間，在最前面，男子比賽已經如火如荼地展開。在最開始平坦的八公里，吉姆・沃斯里取得領先態勢，快得像是跑五千公尺賽，其他人落在後面，有一分鐘左右的差距。然而，在第一個大上坡，沃斯里就被奇里安・喬內與札克・米勒追上，他們三位與後面的跑者拉開了距離。比賽的短片顯示奇里安沿途與人們有說有笑，一副輕鬆自在的樣子，而他的兩位美國勁敵則全神貫注，努力向前。

賽前詢問這兩位美國人對奇里安・喬內這位強勁對手的看法，結果很耐人尋味。相較於沃斯里這位以好勝聞名，總是關注於贏得比賽，而且好大喜功，喬內則以平常心出名。如果他沒有得到冠軍——如去年他只得到第二名——他似乎從來都不在意，而且顯然一樣開心地祝賀對手的勝利。今年比賽前的記者會上，喬內對於自己來挑戰第四次的ＵＴＭＢ冠軍紀錄相當低調，說他只是喜歡參加不同型態的比賽。對他來說，這只是另一天在山裡跑的日子。

沃斯里對他的說法不完全買單。「我認為他的層次比他表現出來的更多。」他告訴我：「不斷回來參加這種比賽，而且繼續得到冠軍，這需要超級好勝的傢伙才做得到。」

札克甚至發展出一種理論來解釋喬內的高超能力。

「體適能與力量就像爬階梯一樣，」他說：「你爬得愈多，你的身體就能應付愈多，你的身體就能恢復愈快，之後你能做的就更多……如此循環下去。但是階梯有一項規則。你不能踩空一階。嗯，除非是靠藥物，但我們不做那種事。所以，當我在山裡跑得愈多，就會愈強壯，恢復得更快。但奇里安已經在那階梯上很多年了，從他十六歲那年起。」

不論是什麼原因，喬內在前面的階段似乎一帆風順。當他們在黎明之前下山到義大利的庫爾馬耶烏爾，在我的非常、非常前面，這時吉姆．沃斯里似乎傷得最多，而且開始落後。

札克後來告訴我，當他上到塞涅關口（Col de la Signe）要進入義大利時，他突然發現沃斯里落隊了。「我問奇里安，『吉姆呢？』他四周看看，說『我不知道。』」

在下到庫爾馬耶烏爾路上愈跑愈慢，而且被其他跑者超越後，沃斯里在補給站整整停留了二十分鐘，試著要恢復。「我原本希望攝取一些咖啡因後會有幫助，但比賽的感覺沒有回來。」他後來這麼告訴《跑者世界》雜誌。他回到比賽時，名次大約是第二十名，之後他又走了幾個小時，最終還是退賽。

同時間，另一位美國熱門選手是前兩年都拿到第三名的提姆・托爾弗森，他跌了一跤後，膝蓋裂了長長的一道傷口，但他仍然緊跟在最前面的兩位跑者之後，臉上一直是咬牙苦撐的表情。

看起來一副輕鬆樣，一路在領先群攻城掠地的是法國人薩維爾・提維納爾，他之前也曾兩度贏得ＵＴＭＢ。他在最近的美國硬石一百耐力賽跑在前面，然而在九十一英里處時有人遞水給他喝，因此他被判失格。這似乎是一個嚴酷的懲罰，據說提維納爾因此更決心要在這場ＵＴＭＢ好好表現以雪恥。也許他充滿了要擊敗美國人的一股氣。在比賽前的訪談中，他不想多說什麼，但顯然對於硬石賽被判失格的事件仍然耿耿於懷。

＊＊＊

天破曉了，對我而言，這是在庫爾馬耶烏爾前的十三公里，也就是前往孔巴爾湖（Lac Combal）的下坡。現在雨停了，步道似乎乾了一些，我終於開始在下坡時占了一些優勢，輕鬆地跳躍超過一些人。超過其他選手帶給我能量，抵達補給站時，我覺得自己已經移動到比賽的另一個部分。與其卡在長長的隊伍中，這裡的跑者比較少，而且他們似乎跑得比較快。

沒有人在補給站流連，我們只是抓了一些食物，像飢餓的沙鼠一樣把食物塞進嘴巴裡。我那時候不知道我已經進入兩千五百名參加者中的前一千名了，而隨著前面的選手陸續棄賽，我的名次快速上升。

從這裡開始，就是一個相對短的上坡，接著一個長長的陡斜下坡到庫爾馬耶烏爾與中點。湯姆和瑞秋的目標是在三十四小時內完賽，他們說打算在中午之前抵達庫爾馬耶烏爾。現在還沒早上七點。我開始算數學。真拚命，我比預定行程超前許多。我掏出我的手杖。三十小時的目標在望。我加快腳步上坡，白朗峰在我身後自寒冷的早晨中漸漸顯現山形，巨大的冰河懸在那裡，一半垂下，突出的岩塊有如一座巨大城堡的角樓。但是我正蠶食土地。我拿下你的山，把它們吞下，然後再吐出來。

然而，突然我的一支手杖打不開。它們是折疊式的，需要用力甩開來，但其中一支甩不開。我拉了幾次都沒用。但我現在正完全處於英雄模式。沒關係，我就用一支。我把壞掉的那支手杖收回我的背包，繼續前進。沒有任何東西能阻擋我。

其實靠一支手杖也是可行的。仍然很有幫助。我還滿喜歡這樣。我覺得自己像是個牧羊人，大步穿行過群山。這正是我做的事。我看著這些超馬跑者手拿兩支手杖，吃力地爬上山，奮力地跑向某個隨機的目標。我很同情他們以及他們怪異的行為。

做白日夢幫助我繼續前進，但它也讓我明白，我對整個超馬世界和它的全套裝備還不完全自在。我仍然覺得這一切太複雜，與純粹的跑步相差太遠，失去了可以拋開一切的自由，那種只要關心步伐，隨兩腿的速度從甲地跑到乙地的自在。

我一路幻想牧羊人的綺思，到達了山頂。這時，太陽已經完全出來，步道乾了，我的背晒得暖和，微風順著我的帆吹，我飛快地下到了庫爾馬耶烏爾。

快到山下，在最後一個、最陡峭的路段之前有一個補給站，那裡有一支搖滾樂團正全力演出，這時候是早上八點鐘。我原本計畫下午五點在一個叫做尚佩克斯湖（Champex Lac）的地方與梅瑞爾塔和孩子們碰面。還有三十五公里。我打電話給她。

「嘿，我健步如飛，」她問的時候我這麼說。我可以聽見自己語氣中的興奮與能量：「我比預定行程快了三小時。你們最好早一點到尚佩克斯湖，否則會和我錯過。」

「你聽起來精神很好，」她說：「我希望你沒有太勉強。」

「不會，我很好。前面有一個下坡，所以我該走了。這是我的強項。待會兒見！」語畢，我繼續跑。

下到尚佩克斯的最後一段路是整條路線中最陡、最技術性的，步道上爬滿了樹根，形成很大的落差。這裡又乾又多塵土，我現在覺得自己像是「飆風天王」（Dukes of Hazzard），沿路跳著、呼嘯著。我忍不住想，也許我太誇張了，但我試著稍微控制我的步伐，煞一點車，但這使我的腿更吃力。這些一直煞車的肌肉因為比賽剛開始那段路而疲乏，所以我發現把它們放開、跑快一點，感覺比較舒服。在這種比賽裡，人們說股四頭肌會廢掉。「如果做對了，」喬·凱利對我說：「你的股四頭肌應該不會到這種地步。它們只有在你一直煞車時才會廢掉。」

所以我繼續移動、跳、跑下坡，而不要煞車。如湖區的高地跑者說：「關掉煞車，即關掉大腦。」他們是對的，快一點比較輕鬆。

所以，我在十五小時內像風一樣地吹到了半途的庫爾馬耶烏爾。這裡有一個補給袋在等我。一件乾淨的T恤、襪子和鞋子。我打算要很快。再上一次洗手間。我的胃似乎覺得好一點了。我一路微笑，與人們擊掌。到目前為止，我覺得狀況好得不得了。

***

同時間，前線男子賽的戲碼正不斷展開。奇里安·喬內退賽了。原來他在比賽前幾個小時被一隻蜜蜂螫了，產生過敏反應。由於擔心會用到任何含禁藥的藥品，團隊裡的醫生用了一種他從來沒試過的藥物。比賽後他說，直到庫爾馬耶烏爾前，他都覺得還好，但是當他在補給站之後爬上坡，開始產生嚴重的過敏反應，呼吸困難、覺得胸痛、噁心。最後，因為認為繼續跑相當危險，只好決定退賽。

兩位巨人先後退賽，剩下札克留在前面，以他無與倫比的風格奮力向前跑，全程都呼嚕嚕地用力呼吸。然而，通過全線最高點後，他被提維納爾追上，而且從拉法爾里（La Fouly）的補給站到尚佩克斯湖，這兩個人並肩跑，互有消長。

「以後見之明來看，我太激動，衝太用力了。」札克在後來的星期天夜晚，我們坐在夏慕尼的一間酒吧外時他告訴我。這是他第三次挑戰UTMB，不管怎樣，他說他這次覺得比前幾次的狀況好。但是在他們兩人衝向尚佩克斯湖的戲劇性影片中，兩人的對比很顯著——札克跑得很吃力，而提維納爾似乎馭風而行，靜靜等待他的時機，先讓札克領在前頭，如果他想。

坐在尚佩克斯湖的補給站裡，札克看起來累壞了，而提維納爾站在隔壁的桌子旁邊，看起來沉著而且精神頗佳，一邊喝水、換上衣。札克不斷以茫然的表情瞄著他。他離開補給站時，步伐有些踉蹌，而提維納爾則領頭跑遠了。接下來的幾個小時，札克上腿部的傷開始愈來愈痛，他說在此之前還能忍受，最後，他得停下來。後來，他由一架直升機載離山區。

「我不想被直升機載下山，」他懊惱地說：「感覺不需要。我的意思是，我還可以走路。提姆也不想。」托爾弗森再次跌倒後，也被撤離。前面的慘烈廝殺下，現在只剩提維納爾一名大將還在跑。

身為札克加油團的希拉蕊．艾倫事後告訴我：「他真的相信他會贏。我也相信他會，尤其是前半段呈現出來的樣子。他帶著如此的滿腔熱情跑，但我想他的熱情占了上風，他太早衝刺了。」

她說，他進到尚佩克斯湖補給站時覺得很茫然。他的腳抽筋，無法吃東西，也幾乎不能跑。「我想他當時就知道他的比賽已經結束了。」

所有這些廝殺，最後的形勢對達米安．霍爾最有利，他和平常一樣穩定前進，縱橫全場。到了上午九點，他已經爬到第七名，而且仍然很穩健，和每個想要拍他的人說笑、拿著條給他們、喝幾杯茶，說他多麼喜愛這樣的「英國式」天氣，他的耳機裡一遍又一遍地重覆菲爾．柯林斯和凱特．布希的歌曲。

***

離開庫爾馬耶烏爾後，我覺得疲憊而僵硬。我坐下來太久了。長板凳很難找到，最後我在一個名叫馬丁的英國傢伙對面坐下來，他認得我。他曾經在倫敦聽一場我談驛傳接力（ekiden running）在日本社會的演講。他告訴我，前一年他在尚佩克斯湖前割傷了腳踝，受到細菌感染，只得退出比賽。所以他回來完成他開始做的事。這是經常聽到的故事，沒有完賽的人覺得一定要回來，他們拒絕被比賽擊倒。當塵埃落定時，悔恨開始浮上表面。**我起步時應該慢一點的，我該吃多一點的**。未能完賽的理由一一被分析，而在白天溫和的日光下，要搞定這件事看起來很簡單。對於痛苦、掙扎、對心智的折磨、懷疑、絕望，全都忘光了。**下次我要喝多一點，我要把速度配好一點**。對馬丁來說，問題出在他的頭燈。去年他的頭燈太暗，他跌倒了。不論如何，他這次看起來若有所思。我到的時候，他告訴我，他已經在補給站坐一個小時了。

「我該走了，」他說：「我不知道為什麼我還在這裡。」

「嗯，你會很早到，」我說：「已經半途了。」

他看著我。

「但還沒真的到半路，」他說：「我的意思是，他們叫它半途，但才八十公里。」

彷彿肚子受到重擊。我努力保持鎮定，但我突然急躁起來。當我坐在這間體育館時，時間分秒流逝。我拿了一杯湯，但太燙了，沒辦法喝。我的四周都是人，他們或是換襪子，或是翻遍袋子找東西。我該走了。所以，真正的中點還要五公里。而且全部是上坡。總之，我到那裡時可能接近中午——也是湯姆和瑞秋對半途的目標。

庫爾馬耶烏爾外的山丘很陡，這是我在比賽裡第一次覺得真正的、沉重的疲累。我不斷回想在拉法瑞多與南法的比賽，但似乎總是想到最壞的，以及似乎永無止境的漫漫長路。我的心四分五裂；我如僧侶般的專注消失了。我想起桑德說他最大的問題一直是以為終點很快就到了。當時坐在夏慕尼的咖啡店時，我問他為什麼這會是個問題？想到終點不是應該更激勵他嗎？他不太能解釋為什麼這會是個問題。但我現在看出原因了。我一直想著終點，但那不是一個好的念頭，因為終點還很遙遠，而剩下的距離綿延不絕，有如無法越過的風暴竄起，它刺骨的風將你往後推，讓你想拉緊外套，坐下來休息。

本質上，這是一個相同的老問題：這把你帶離此刻。我需要重新專注。我試著把自己接到某一首音樂，但這變成是另一件得處理的事，所以我乾脆把耳機拿下，繼續往前走。

難熬的幾個鐘頭過後，我抵達了位於阿爾努瓦茲（Arnouvaz）的補給站，這裡是比賽路線的九十五公里處，也是爬上沿線最高點的上坡起點，傳說中的大費雷山口（Grand Col Ferret）。當我總算走進大型白色營帳抓些食物，一位工作人員把他的一隻手舉起來。

「芬恩，從這裡開始，長綁腿是強制性的。上面非常冷，零下十度。」

下到阿爾努瓦茲後，我不斷望著前方高聳入雲的山脈，天空中的烏雲怒集，奔騰過嶙峋的山頭。想到要爬上零下十度的山頭，就令人膽顫心驚。但我必須接受它，而且繼續前進。

整個營帳裡都是在處理綁腿、防水套和帽子的人。我把每樣東西都穿上，趕忙出門，緊跟著一長列小小的人龍，努力地往上爬、往上爬，直到他們變成色點，消失在雲層中。很難相信我的兩條腿可以帶我上這麼高的山，但是我開始慢慢地、穩定地前進，步步維艱。彷彿無止無盡。

偶爾，我突然有一股能量，腳程變快，可以走較陡、較少人走的部分。但這種情況並不長久。

在山頂上，我們進入雲層裡，四周風起雲湧。強勁的風似乎想把我吹翻下眼前的懸崖。我很高興我不是晚上在這裡，若是在夜晚，致命的邊緣更不可見。我頂著風，穿越到山頂的稜脊，在那裡，有一個人莫名其妙地坐在一個玻璃箱裡。我很渴，所以比手畫腳地跟他說我要喝水，他帶著一瓶水踏出來。我謝謝他，然後開始從另一側下山。

我下山的兩腿現在很疲累了，不論我快走與否，還是有些進展。但是我又走了一小時，才抵達山谷裡的拉法爾里村。現在是晚上六點鐘。我已經走了二十四小時了。我撐著最後一段平坦的路走進補給站，但一點用都沒有。一根保險絲斷了，我的兩隻腳散了。我幾乎無法走路。

補給站是一個小穀倉，裡面擠滿了人，有幾張長板凳和桌子。我吃力地走進去找到一個座位。

「哈囉。」

我抬頭看。我又坐在馬丁旁邊了。

「我似乎沒辦法離開這個地方了。」他說。他看起來有些精神恍惚了。我倒在我的位子上。我在其他補給站的旺盛精力已經消失無蹤了。我只想停下來。想躺下來。

「好消息是，」馬丁說：「我們距離關門時間還很久。」

我看著牆上的標示。五個小時後，這裡的賽道就關閉了，還沒跑到這裡的人就算失格。直到現在，我還沒想到關門時間。終點的關門時間是四十六個半小時。我打算到時候和我的兒子奧西恩一起吃東西、睡覺、下棋、恢復體力，然後買一堆冰淇淋。他為什麼要講到關門時間？但我愈想到這件事，愈明白自己距離三十小時的目標愈來愈遠。

「哦，現在又下雨了。」馬丁說，一邊盯著穀倉外面。我看看外面鋪天蓋地的烏雲，打了一下寒顫。我還有超過七十公里要跑。在地圖上是三個大山坡。我問馬丁它們看起來怎麼樣。

「嗯，不太妙。相當困難，」他說：「比賽中相當困難的路段之一。我最好趕快出發了。」說完他站起身來。

「加油。」我努力鼓起一些熱情說：「去把它跑完！」

他離開時，我覺得全身無力。穀倉裡立著一塊大螢幕，正大聲播放著親友們預錄的祝福訊息。母親與孩子們坐在白色沙發上，用法語或義大利語呼喊和咯咯笑著。我需要睡覺。我想起蓋瑞．吉林說，殺死你的是缺乏睡眠。即使是兩分鐘很沉的小睡也很有幫助。幾位日籍跑者把頭趴在他們桌上的袋子上，坐著睡了。我拉起我的袋子放到桌上，把頭趴在上面。

穀倉裡人聲鼎沸。我張開眼睛。無法入睡。但我也無法移動。一位跑者站在旁邊，用俄語和他的妻子說話。她似乎有點煩躁。一位年約十六歲的工作人員走過來試著告訴她，她不能留在這裡。

「我不行了。我要停下來了。」這位俄羅斯人說。他的妻子沉著臉。

「你想棄賽？」男孩有點困惑地問。

我像孩子一樣地望著這一切，太累了，沒辦法看別的地方。但這個念頭如岩石般停留在我的大腦裡。我要退出。這個想法很甜美。我可以現在就結束它，拉一下逃生索。如此簡單。

這位俄羅斯男子摘下他的號碼牌，交給這位男孩。他的妻子看起來很反感，但他只是聳聳肩。我知道他的感覺。誰在乎？你到了一個只有你能決定的時刻。我想起拉札魯斯・雷克（Lazarus Lake）在一部關於巴克禮馬拉松的影片裡，當大部分的跑者已經退出時說的話。「每個人，」他說：「在某個點之後，有他自己對於成功或失敗的定義。」

我在十八個月內跑了八場超級馬拉松。每一場都完賽。我可以DNF——不完賽——一場。還可以。我發現我幾乎一小時沒動了。我掏出手機，打電話給梅瑞爾塔。她一定和孩子們在尚佩克斯湖等很久了。我懷疑他們是否還在那裡。我想像孩子們會很無聊、暴躁，她得帶他們回去夏慕尼。想到我今天早上打電話請他們提早到時，我說我可能在下午一點前到。現在已經幾乎晚上七點鐘了，我還差十四公里。但是電話打不通。我現在在瑞士。它不屬於歐盟的一部分，所以不在免費漫遊的系統裡。我的手機告訴我，我得下載一個應用程式，然後更改我的設定。我把手機放回口袋。我試著思考。還有十四公里，但是到尚佩克斯湖大部分是和緩的下坡。我用走的，三個小時可以走到。然後我就可以停了。可以在那裡結束這場超馬歷險記，在日落時分，在湖畔與我美好的家人們會合。那會是比較好的結局。如果我可以撐到一百二十公里，夠盡力了。我不可能永遠是英雄。那不是我。我不需要向任何人證明任何事。我想起戈文達在火環的FKT挑戰停下來時說的話。「我知道我是誰。」他說。是的，我不會被這場比賽定義。這不過是場比賽。不論我完賽與否，我還是一樣的我。

所以，我把自己從板凳上挖起來，把背包背起來。只剩十四公里。走吧。

走出門進入比賽時，我感覺到一股英雄氣概。幾個人給我掌聲。「太帥了！」他們說。他們不知道我只要再跑十四公里。

跑了兩分鐘，我幾乎想折返了。突然間，即使只是走路——想到要走這麼遠——都覺得難以承受。我想，他們會載我去尚佩克斯湖。有人會載我去。

但是雨已經停了。更多人鼓掌。總之，我轉身回去面對正確的路，然後繼續。

我知道梅瑞爾塔會嘗試叫我繼續。她會提醒我上次在圖廳的比賽那一次我也覺得這麼慘，但是我復活了。那場比賽的最後，我是用衝刺的。那天我說，我絕對不會再接受我完了、我不能復活。**但是**，我對她、對我自己說，但是，但是，但是……在倫敦的跑道上復活，或者是也發生在安格爾西島的海岸復活，或者是在加州海岸山脈最後十英里的復活，是很大的不同。現在我還有七十公里，在崇山峻嶺中，即將進入無眠的第二晚，而且是在冰凍的氣溫之下。我想起在南法第二個夜晚出現的幻覺。我曾經體驗過。我不需要再體驗一次。想到那件事，就令我毛骨悚然。如果我走錯到山的另一邊怎麼辦？

我努力不要想這些，但我曾經讀到一本書，是寫關於一個男子受訓去跑一場大型超級馬拉松。書的最後，他去參加了，但是退賽了。他沒有受傷，或者死掉，就只因為他的心無法繼續。我讀到那裡，心想，怎麼這麼令人失望。你怎麼可以寫一本關於超馬的書，帶我踏上這趟旅程，然後就戛然而止？這讓我很生氣。我永遠知道，我的書不會這樣結束。但是，讀者們，我很抱歉。我太疲累了。我的兩條腿廢了。你了解的，我希望。當我走路時，我很抱歉要說，但這真的是我唯一的想法：誰在乎？這只是一本該死的書。我的人身安全太重要了。我很抱歉。

當我繼續沿著美麗的費雷山谷前進，我絆到了一塊樹根，我的兩腿差點被我壓垮了。現在每件事都清楚了。下坡的每一步都要了我正解體的股四頭肌的命。而且這還是緩坡，我想像在夜晚跟蹌跌落一個陡坡的情景。這樣很不負責任。我只能棄賽，別無選擇。

有一段時間，我懷疑自己是否只是充滿負面情緒，讓我的心控制了我，讓我的懷疑削弱我。「找到你的力量。」我告訴我自己，而且我開始跑。忘掉前面的七十公里，忘掉夜晚，只要專注在這裡，此時此刻。有幾分鐘的時間，腿部的痛減緩了。我跑著。噢，也許。只是也許。

我繼續跑。但是，不，這股疲憊鋪天蓋地而來。這不是想像出來的痛，我真的筋疲力盡了。心也許會加諸限制，但在某一個點，你一定會碰到一個真正的極限。我正站在忍耐度的邊緣。我已經來到懸崖邊，這條路的盡頭。這是一趟精采的旅途，但這裡是它結束的地方。

就這樣決定了。我百分之百確定。我要在尚佩克斯湖停下來。我看不出梅瑞爾塔要怎麼爭辯。她不會想要我死掉。這樣不值得。

在我四周跑的人似乎一樣疲累，我加入了一小群人，一起健行最後的幾英里路，爬到位於下一座山懸崖下方一塊平地上的補給站。知道那裡是我這場比賽的終點，我找到了一點力量前進，但我開始為周遭的選手難過。當然，他們也要在這裡退賽。如果他們繼續，他們得到明天早上才會完賽。他們當然無法面對這樣的情況，不是嗎？我相信他們全部都會停下來。瘋了才會繼續。我又絆到了另一塊樹根。看吧，我告訴自己。

就像這場被上帝遺棄的比賽中的每一個爬坡，這個爬坡比我預期的更長。在昏暗的燈光中，我一直看到建築物從樹林中隱隱若現。但它們根本不是建築物。只是更多的樹木和岩石。

最後，我們從樹林中冒出來，走上了柏油路。他們在那裡，梅瑞爾塔、我的女兒烏瑪，還有奧西恩，一起站在路邊。我舉起雙臂在空中揮舞。這是我的終點。「耶！」我大叫：「終於！」

他們盯著我看，卻不發一語。出了什麼問題？

不是他們。是三位女士，想著我在做什麼。

「對不起，我以為你們是其他人。」我一邊說，一邊很努力地不要癱倒下來。

「亞德哈羅南德！」傳來一個叫聲。是真的嗎？是的，是梅瑞爾塔和奧西恩。我吃力地走著。他們攙住我，一人一邊。

「我要在這裡停下來了，」我哽咽地說：「我沒辦法繼續了。」

「你做得很棒，爹地。」奧西恩說。我低下頭看著他。這句話真貼心。

「沒有很棒，」我說：「我太累了。我的兩條腿沒力了。」

「我們先到補給站吧，」梅瑞爾塔哄著我說：「拿些東西吃。」

「不，妳不懂。這跟以前不一樣。」我跟她說這和倫敦的跑道不一樣。這裡很危險。但是她帶我進去補給站，讓我坐下來，然後出去找女兒。

我看著坐在我旁邊的傢伙。是馬丁。

「哈囉！」

「嘿，你還好嗎？」

「我要停下來了，」我告訴他：「我幾乎不能走路了。」

「你受傷了嗎？」

「沒有。但我的股四頭肌散了。完全散了。我幾乎沒辦法下山一步。」這不完全是真的，我知道。但差不多了。他看起來比之前更茫然，只盯著我看。

「是啊，這條路真難走。」他說：「但是……」他遲疑了一下，看著我說：「只是，你不會想要明天早上醒來，然後想：『我那時候應該可以繼續的。』」

「不會，真的，我不會。」我不認為我會忘記現在的痛。「我真的完全不行了。」

他同情地點點頭。「嗯，好吧，如果情況是這樣。」

梅瑞爾塔回來了。「來看看孩子們吧。」她說著，然後帶我離開了。

***

尚佩克斯湖補給站是一個巨大的帳篷，有一排一排的長椅。這個用餐大廳熙來攘往、氣氛緊繃、充滿後末日氛圍，在這一切的中間，在家庭區裡，有我人生的三盞燈。

我一拐一拐地走向他們，他們全把我抱得緊緊地。當我找到一個空間坐下來，他們不停地跟我說，我做得有多棒。烏瑪輕輕摸著我的手臂，緊抓著不放。奧西恩又抱了我一次。

「你可以的，爹地。」烏瑪說。

「我不行了。」我搖搖頭說，忍住不哭出來。

「你可以，」奧西恩說：「我們知道你可以。」

我忍不住眼淚了。我開始抽噎。

「有時候停下來是可以的，」我說：「有時候你無法做到，沒關係。」

我看見對面的人正在看我們，被烏瑪和奧西恩的體貼感動。烏瑪把我抱得更緊了。

「沒關係，」她安慰我說：「你很了不起。」

梅瑞爾塔問我要不要咖啡、湯，或任何東西。但全部都完了。什麼都沒有用。

「你可以睡一覺，然後看看醒來覺得怎麼樣。他們這裡有床。」

時間已經很晚了。「如果我睡覺，只會變得更僵硬，」我說：「唯一可能有用的是按摩。」

即使我說這些，我知道我是給他們一絲錯誤的希望。梅瑞爾塔離開去看看有沒有按摩帳。但是這場瘋狂的比賽還有四十英里，而且是在嚴寒的夜晚、幻影幢幢，獨自在山裡。我想到就害怕，而按摩無法消去這些。這樣不好，比賽結束了。

我最大的女兒萊拉今年十四歲，從我抵達到現在，她都靜靜地不發一語。我想她應該是站在我這邊，也認為整件事很荒謬，只想趕快離開這裡，回到夏慕尼。

「妳認為呢，萊拉？」

她看著我，忖度如何用字遣詞。

「湯姆和瑞秋呢？」她說：「他們應該快到了。你可以跟他們一起跑。」

湯姆和瑞秋。我整個把他們忘了。他們還在跑嗎？我的心底有東西閃了一下。我做個深呼吸。這是我沒想過的選項。相信萊拉，她總是有不同的想法。跟湯姆和瑞秋一起跑會比較安全。但他們還在跑嗎？梅瑞爾塔回來了。她找到了一個按摩帳。她說，她上一次查看比賽的時候，湯姆和瑞秋在我後面三十分鐘。他們應該隨時會到。她把我扶起來，領著我去按摩帳。在裡面，我小心翼翼地躺在一張擔架上，一位復健師按壓與按摩我死掉的股四頭肌，還叫另一位復健師過來幫忙，一人按摩一隻腿，連我閉上眼睛時，醫療營帳的白燈都還在旋轉。

我眼睛張開時，見到湯姆．佩恩站在我旁邊。他看起來很狂野，像頭獅子。他抓了我的手，握在手中。

「我們一起完賽。」他說。當他繼續握著我的手時，我可以感覺到如此的力量，如此的一股能量流竄進入我的身體。

「你可以和我們一起跑。我們一起把它跑完。」

湯姆之前跑過這條路。他不是盲目做決定。我和他在一起會很安全。噢，天啊，我在想什麼？我真的要再出門，去到邊緣極點？

湯姆離開了。換梅瑞爾塔進來，她溫柔地看著我，等著我說出來。按摩結束了。我站起身。我的兩腿確實好多了。

「好吧，」我說：「我繼續。」

***

早在我抵達尚佩克斯湖之前，跑在前面的選手已經回到夏慕尼的家、梳洗完畢，享用晚餐了。札克退賽後，薩維爾．提維納爾輕鬆地跑到終點，拿到他第三個UTMB冠軍跑進終點之前，他在他的頭上淋了一些水，讓人聯想到他先前在硬石賽中被判失格的事件。他是一位沉默寡言的人，看起來只有十四歲，但他是一位強硬的競爭者，用他的勝利表達他的不滿。

「一副一點水就可以影響一百英里賽結果的樣子。」他事後說。但是當他沉浸在夏慕尼的勝利中，這些如今全煙消雲散了。

之前的幾小時，打不倒的達米安．霍爾繼續他輕快的步伐，以二十二小跑完全場，得到第五名。這匹黑馬完成了他的夢想。這位快四十歲才開始參加超級馬拉松的前記者，突然間就在這項運動最上面的同溫層遊走。也許是我想像的，但是隔天他受訪時，似乎沾染了一些超馬明星的架勢與風範，不像之前帶點謙遜的英國風格。他戴起卡車帽看起來更帥了。

***

同時間，我們的三人小探險隊正回到比賽，進入第二晚，我們一路談笑風生，忘了前面的挑戰，在彼此之間找到力量。

我們一起爬上黑暗的山巒。我們爬上爬下的，當之中有一個人需要停下來，我們全停下來等，瑞秋一度甚至在步道上睡了五分鐘，她的頭枕在一個平坦的石頭上。湯姆設定他的鬧鐘，我們兩個坐著等。

這條路比我害怕的還要長、還要陡，每踏一步，我的兩腿都在嗚咽，但湯姆哄我們、鼓勵我們，即使睡眠不足的後遺症也發生在他身上。

我們兩個一直出現同樣的幻覺，一直看到四周都有建築物；小屋、度假屋、帳棚，甚至電話亭。每次有一個建築物出現時，我就想：「這個東西在這裡做什麼？」在這深山裡，似乎不太可能。但看起來如此真實。

每一次，距離幾步就要摸到它時，都同樣愈來愈看清它其實不在那裡。奇怪的是，在我明白那是一個幻覺，不是一個建築物時，卻也想不出它真正是什麼。每一次，它似乎先變形成一個建築物扭曲、損壞的殼；我經過時伸手摸它一下，才明白那是一塊石頭或一棵樹。但它看起來還是很奇怪。

幾個小時後，下到下一個大型補給站，我發現自己落後愈來愈多，愈走愈慢。我覺得我絆住了湯姆和瑞秋，所以請他們先走。他們救了我，我現在可以自己撐下去了。危機已經解除。所有讓我想要停下來的念頭已經消失了。我認命地慢慢、疲憊地踽踽獨行，相信我最後會走到。我知道瑞秋的父親在澳洲用網路跟著她，她想要父親以她為榮。

而我自己的父母呢，他們正在英國的布萊頓（Brighton）參加一個派對，叫每個在場的人把手機登入，追蹤我的進度。一輩子沒有聽過UTMB或是超級馬拉松的人，一時間都風靡著螢幕上的一個點。我聽說我每到下一個檢查站，他們全會歡呼大叫，用他們的啤酒和葡萄酒慶賀我的進展。

湯姆和瑞秋同意先走。我看著他們消失在樹林間，我又再次獨自一人在黑暗中登山了。眼前的路陡得太誇張，是這場比賽中最困難的路段。但我已經過了被擊倒的階段。我全部的存在只專注在移動。這是痛穴所在，超馬跑者期待在這裡去經歷、去挖掘，希望找到他們組成的元素。我是由緩慢、磨人的動作組成的，沒有重量，沒有思想。時間不再存在，不再有意義。我慢慢地挖掘，不尋找任何東西，只知道我必須繼續。一切出奇地平靜。

我一路往上，往上，緩慢地腳步，用我的兩支手杖——壞掉的那支又可以用了——插進泥土裡，像一頭疲憊且受傷的瀕死野獸。但我仍然繼續前進，我身體裡的某個東西拒絕躺下來死去。

在半山腰的某處，我決定在一塊石頭上坐下來休息片刻，恢復正常呼吸。我留意不要耽擱太久。經由我的移動，疲憊、寒冷、僵硬全都被我擱置一旁了。

萬籟俱寂中，從深遠的黑暗裡，傳來窸窣聲。我看見燈光、好幾雙腿、逐漸接近，呈之字形來回，一個接著一個。他們像一列食屍鬼一樣從我身邊走過，一共有五個人，一步一步強迫他們自己前進。其中一人招呼我加入他們。只是一個簡單的手勢，很快地揮一下手。他沒有力氣做更多動作了。**加入我們**，這個手勢說。**救救你自己**。

所以，我把自己拉起來，加在隊伍後面，跟著他們的節奏。在山頂上，我們從樹林中走出來，這時正是第三天的破曉。群山顯露出它們的高聳壯麗，襯著天空的湛藍，山谷裡則是雲霧蜿蜒繚繞。今天群山看起來溫和許多，晴朗的天空也沉靜許多。看起來，風暴已經過了。

下坡的路上，我還能走，不是很快，但身體也還沒散掉。跳躍會痛，我試著把重量壓在手杖上，以解救我的兩條腿。我們下到一段石頭路，進入更大的森林。當我小心翼翼地在樹林間走，我看見路邊的石塊上坐著一個失魂落魄的人，撐在他的手杖上。是馬丁。

「嘿。」我說。他看著我，一臉茫然。

「噢，你還在。」他說。

他的腳脛很痛，他說他移動很困難。一定是的，否則我不會追上他。我不知道要怎麼幫忙。「繼續走吧，」他說：「我可以撐過去。」

當我們下到山谷時，天氣愈來愈暖和。牛鈴和人們的加油歡呼聲穿過樹林傳來。補給站愈來愈近了。但從來不如你以為的那麼近。總是還要遠一點。又一個下坡，接著走另一條路。總是還有更長的路，直到你開始絕望。然後還有更多的路要走。直到你放棄希望。然後，你到了。

法洛西訥（Vallorcine）是最後一個大型補給站。從這裡到終點是十九公里。我走進去，像僵屍一樣，四周看看。現在是早上八點鐘，我已經在這場比賽裡將近三十八小時了。而坐在暖氣前面地板上的，正是湯姆和瑞秋。他們看起來有點苦惱而且茫然。

「不是最後一段路最難走嗎？」瑞秋說：「太恐怖了。」

我不知道她指的是什麼樣的一段路。整段路都大同小異，高高低低的。但她的兩條腿已經散了，不聽使喚。這是我在拉法爾里的感覺。但現在只剩最後一個爬坡了。她會成功的。她的父親看著她。我們最後一次重新聚在一起，再次出發。

我們又走了五個小時，才踏上回到夏慕尼的路。瑞秋現在比我更筋疲力竭，但我們走了這麼地遠，我們是一個團隊，我們會一起達成目標。我們三個並肩跑過鎮上，真的跑。我覺得異常輕鬆。不是很快，但邊跑邊說話，很輕鬆，彷彿我只是看著自己慢跑。

當我們進入最後一段路，夾道滿是加油歡呼的群眾。我有一點不好意思花了這麼長的時間，但群眾依然熱烈慶祝。我們愈接近終點，歡呼愈大聲。我們互相咧嘴笑著。冠軍抵達的二十二個小時後，觀眾仍繼續歡呼著。實在太令人感動了。

然後我看到他們了，烏瑪和奧西恩，他們在等我。

「過來，過來。」我叫他們。我的團隊。奧西恩抓住我的手，烏瑪跑到另一邊，靠著湯姆。我們手牽手，五個人，一起跑過這條歡呼隧道。彷彿我們贏了。

然後，終於到了，終點。我們高舉雙臂走過終點線。我們成功了。從黑暗的深淵底下，我們活著爬出來了。梅瑞爾塔在那裡、萊拉，還有湯姆和瑞秋的朋友。我們化成了擁抱、歡笑和照片。經歷所有這一切之後，總算，結束了。我們不必再跑了。沒有其他地方要去。我們到了。

那天下午稍晚，我與湯姆和瑞秋坐在終點後方草地上喝啤酒，我們都沒有多說什麼，只是好好地感受這個午後。人們來回閒晃，仍有跑者跑過終點，每個人都享受他自己與群眾的一刻。之後，我們回到營地。我仍然在夢遊中，仍然有幻覺，奧西恩覺得很有趣。當我們從淋浴區走回去時，我輕輕地把他從一頭母牛旁邊拉開。「什麼母牛？」他搖搖頭說，然後看看我是不是認真的。當他看到他的兩個姊妹，他隔著營地大叫說：「嘿！爸爸還有幻覺。」然後他又看著我問：「你現在可以看到什麼？」

淋浴時，我聽見有人進門，走進另一個小房間打開收音機。我站在那裡聽著，半顫抖著，沖澡的水一點都不如我希望的溫暖與飽滿的水量。有人在露營地的淋浴間帶收音機進來，也嚇了我一跳。它正播放著比吉斯（Bee Gees），但不久後我發現是同一首歌重覆地播放。不只是同一首歌，而且還是一首歌裡的同一段。我再仔細聽，想要聽歌詞。愈來愈用力聽，直到我發現那根本不是比吉斯的歌，只是淋浴間的水聲。

我想起基蘭．阿爾吉爾告訴過我，他參加義大利的拉法瑞多超馬中途棄賽後，站在飯店裡刷牙，當時心想，他應該可以完賽的。只要他當時繼續跑。痛苦的記憶可以消散地如此之快。

在尚佩克斯湖最後一個補給站我見到全家人時，梅瑞爾塔也說了很多。她說，如果我退賽，之後一定會後悔的。

我真的不會後悔，當時我這麼想。我會知道我不可能完賽的。我會記得我有多麼崩壞。在那個當下，一切似乎如此成定局。

但是，沒錯，我幾乎立刻就會後悔了。那天晚上睡覺時，我打心底會知道，我可以繼續的。我沒有受傷。我沒有生病。想到其他人還在山裡，我會非常扼腕地躺在那裡。知道湯姆和瑞秋還在走。那位馬丁，即使兩眼昏花而茫然，仍然奮力前進，困在補給站，但仍在參賽中。最後，他也完賽了，花了四十五個半小時。

回顧這場比賽，立刻浮現我垮掉的時刻。在拉法爾里，當那位俄羅斯人退賽給了我這個想法，當時我其實還縱橫全場，而且是在我在整個比賽裡成績最佳的時候——大約第八百名。但不知什麼原因，每件事在那裡都反轉了。我的心在我的防衛卸下時，用一個快速的二過一傳球，占了上風。早先因為賽道擁擠不斷煞車，要了我股四頭肌的命。在拉法瑞多賽時，我可以自在地跑，所以這種情況並未發生。但在這裡，我別無選擇。而我還有超過七十公里要走。這對已經廢了的腿太過無法承受。提到關門時間進一步把我擊倒。再一次又是時間削弱了我。把我從此時此刻帶走。但致命的一擊是第二晚危險、死亡的風險。現在回想起來，一切似乎如此戲劇性，但我的心知道，我太固執，下手太輕無法擊潰我。它必須直接用使人倒地不起的一擊：死亡！

幾個星期後，我們拿它開玩笑。孩子們模仿我怎麼哀嚎：「我要死了！」但這不是惡意的。他們也知道繼續跑不是一件容易的事。剩下的七十公里，是汪洋大海。

直到湯姆到來，駛著他小小的划槳船，情況似乎有了一線生機。我沒有預期這整個經驗教導我那麼多關於朋友的力量、眾人的力量、同伴的力量。

在拉法爾里的深淵裡，我寄了一則簡訊給我的家人：「大家好，我至少還有三個小時遠，幾乎無法移動。不知該怎麼辦。我正在一個叫做拉法爾里的補給站。我想可能在這裡睡五分鐘。手機快沒電了。救命！！」

這則訊息從未發送出去。

回頭讀它，這是一個孤獨掙扎中的人。亟需幫忙。幸運地，在下一站時救星來到，但這讓我回想起在火環賽時，我曾經獨自一人煎熬努力。如果要在我整個超馬之旅中選一個最低點，那將是在安格爾西島第二天結束時，我爬著進去我的睡袋，整晚躺在市政廳一堆桌子下發抖忍痛的時候。不是因為那是我最艱難的時刻，或是最痛的時間點，而是當時我必須獨自面對一切。

人類是社會的動物，獨自一人時感覺到害怕與軟弱是一種原始與根本的反應，我需要從湯姆與瑞秋身上吸取力量，從我的家人身上得到愛與關懷。「你可以和我們一起跑。我們一起把它跑完。」湯姆這麼說。這一刻把我從邊緣拖回來。這句話似乎使我充滿了力量。每件事都安心了。如果我們成隊一起跑，野狼也不會發動攻擊。

***

UTMB結束後幾個星期，我聯絡到得到第五名的達米安．霍爾。我問他，現在他是全世界頂尖的超馬跑者之一，生活有沒有什麼變化？他笑了。「嗯，我是有被《威爾特郡先驅報》[17]採訪。」他說。

他提到有幾個贊助商低調與他聯繫，但他並不期望會有人生大轉彎的提案，而且他很高興繼續當個有膽量的非全職跑者。

我問他在比賽當中，是否遇到任何低谷或內心掙扎。因為某些原因，我想像他平穩地從白天跑到夜晚，一路順風，沒有意外。畢竟，他只跑了二十二小時。但是當然，一百英里賽的過程中絕對不會毫無意外。

他說，比起前三次參加UTMB，他這次起跑時比以前努力，當群眾中間有人說他大約在第三十名的時候，他覺得自己跑得還不錯。

「我的法語不好，所以我可能聽錯了，」他說：「但我以為我大約是在第十五名，所以我有一點受打擊。在這之後約一小時，我相當沮喪。」

打起精神後，他超過了正吃力跑的吉姆．沃斯里，當時他正在往庫爾馬耶烏爾的下坡，到中點之前。「他甚至站到旁邊讓我過。」達米安說，即使他追過了沃斯里，依然流露出他對這位美國人的敬畏。「這太令人興奮了。這確實使我快馬加鞭。」

快到終點時，他追上了另一位他的英雄札克．米勒。「其實那之前的幾天，我剛好在纜車上撞見札克。」他說：「當時很好笑，因為我們兩個都正好被攝影團隊跟著。」

他說他超過了正在爬上坡的札克。「我不認為他認得出我，」他說：「他的兩眼呆滯無神，提到要停下來。通常我會鼓勵別人繼續，即使是對手，但他的情況看起來很糟，我想：『沒錯，你到上面不安全。』」

我問達米安他的歷屆跑步名次：剛開始是三十、十九、十二，現在是第五。他能跑更好嗎？會再回來參賽嗎？

他說他不知道，不過他明年一定不會參賽，因為他答應妻子會跳過一年。「今年對我的家人來說，是不好過的一年，」他說：「我犧牲了很多。我錯過朋友的婚禮、我父親的七十歲生日。現在我不必再接受這些碎念了。我可以無憾地不用再跑，而對我的成就感到滿意。」

「而且，這顯示出如果你對某件事很執著，如果你真的對它認真、全力以赴，你就可以達成目標。這當中很有成就感。」

17. —《威爾特郡先驅報》（*Wiltshire Gazette and Herald*）：為威爾特郡地方報。

比賽裡其他我認識的跑者中，伊莉莎貝的伴侶桑德．亞姆達爾，以及從加州來的瑪格達．布里特，他們都退賽了。這是一場能把最好的跑者擊倒的比賽。

另一位似乎銳不可擋的選手，是英國軍人湯姆．伊凡斯。他參加距離較短的ＣＣＣ賽，但那依然是一個極為競爭的場域，他抱回第一名，在最後一個下坡超過中國跑者祈敏。我肯定Hoka會急著給他一個更優渥的新合約。

＊＊＊

所以，回到德文郡的家，也是這兩年超級馬拉松旅程的結束。人們總會問我的第一個問題是，我是否打算繼續，再參加其他的超馬賽？剛結束ＵＴＭＢ——或者說剛經歷拉法爾里與尚佩克斯湖那段路——我寧願斷手斷腳，也不肯再跑另一場超級馬拉松了。但也許像是女人容易忘記分娩時的痛楚一樣，比賽時的痛苦很快就消失了。即使在每個山頭上，也是如此。每一個長上坡都似乎永遠無止境，愈來愈難走，直到我認為這條路太瘋狂、愚蠢——它仍然會繼續。然而，一旦你到了山頂，開始往另一邊下山，如果你回頭看，你會想：「其實也沒那麼糟。」

所以，UTMB結束後一、兩天，我想著也許我可以再參加一場超馬。不是一百英里，也許是短一點的。有的人忘得更快。瑞秋說，她已經在期待另一場一百英里賽，期待為明年的UTMB收集點數。那些疼痛呢？我問她。妳真的想要再經歷一次？

「我不認為那是受苦，」她說：「超馬的體驗到八十公里才開始。起跑時，我精力旺盛，但是等到我疲累的時候，每件事都退卻，只剩下我和跑步。這是我喜愛超馬之處，感覺到呼吸、移動，體驗世界在你腳下。這讓人充滿力量。」

這讓我想起日本比叡山的馬拉松僧侶，他們在一千天裡跑一千場馬拉松。

「持續不斷地移動背後的概念是，」一位僧侶向我解釋說：「讓你的心智、自我、身體，每個部位都精疲力盡，直到什麼都沒有留下。然後，有個東西，啪，」（他比出一個泡泡破掉的樣子）「有個東西出現，填滿這個空隙。」

他說，這個東西「是我們生活表面之下巨大的意識，超越我們平日尋常經驗的限制。與宇宙合一的感知。」他說。

第二天破曉後，我真的開始體驗到一種平靜感，與世界合一的感覺。我當時感覺到彷彿自己可以永遠走下去。手錶急迫的呼喚、得在某個時間抵達夏慕尼的必要，現在都消失了，所有存在的只有此時此刻，我的兩腳踩在地上的聲音，山中安靜的呢喃。最後一天，安然明白我將會完賽時，我放鬆了，最後的十五英里左右，那真的是一段美妙而愉快的經驗。

最後，超級馬拉松不只是跑一段很遠的路。從某方面來看，它甚至不是跑步。UTMB的幾天後，我看了札克．米勒和薩維爾．提維納爾一起坐在尚佩克斯湖的補給站裡的影片，當時比賽進入七十五英里。他們臉上的緊繃程度簡直不可思議。其他人和他們說話、幫他們打理袋子，但他們已經出神了。我當時也是相同的狀態。在超級馬拉松裡，尤其是一百英里或更長的賽事，你會進入一種在你生命其他時刻都不會遇到的地方或是狀態。那種極端的筋疲力盡，你只想著活下來，努力維持一口氣。當然，你有一個出路，你知道你可以停下來，但是若要繼續，你得面對極端的現實。

在大部分的時間裡，我們活在一個建構好的世界，當中每件事物都被設計規畫讓我們過舒適的生活、遠離粗糙的人生。但我們演化到能夠存活在一個通常是艱困、不容易、危險的環境，而且內心底期盼與祖先的存在產生連結。我想到喬治．蒙貝特（George Monbiot）的書《野性》（*Feral*）裡，他講到我們的現代世界如何與大自然隔絕，而在我們心底仍深埋著體驗野生世界的需求。他描述他用長矛刺魚、撿到一隻他在河邊發現的死鹿，並把牠扛在背上的事。他說，這兩件事都喚醒了他內在的「基因記憶」，他野性本能活起來的感覺，甚至讓他想要發出吼聲。

這是身為一個人類，而且這帶來一種存在的強烈感受，在日常生活極少被注意到。通常我們被綁住處理現實問題、在我們周遭建構的世界逡巡，探索它的所有角色、人際關係與娛樂、對心智的餘興活動。然而，在山裡待了二十四小時後，這些東西都不復存在了。生命的所有任務變得簡單且單一：只要到達終點。繼續前進，沒有其他。在這裡，唯一對心的干擾是手錶。而且它根本幫不上忙。這是我把它停掉的原因。

我記得自己剛開始思考超級馬拉松、開始尋找打算參加的比賽那個時候。我想要結果，而不是過程。我想要成為那個勝利抵達終點的人，雙手高舉、通過考驗。但是為了抵達那裡，我得經歷的被擊潰狀態令我懼怕。即使在尚佩克斯湖，它仍然令我恐懼。然而，那是最棒的部分。如卡爾提克在圖廳的跑道賽時告訴我的，那是事情開始變得有趣的時候。之後，當你完賽了，你得到了成就感與滿足感，但在某方面，相較於你身處風暴中心時感覺到全身充滿活力，這是一種失落，一種反高潮。

瑞秋告訴我她第一次參加ＵＴＭＢ嘉年華賽，一場距離較短、稱為ＴＤＳ的比賽時，當她快接近終點夏慕尼，她可以聽見鎮上的聲音，聽見人們在遠處歡呼，她開始不自覺地放慢速度，她坐下來，她用走的。「我不想要比賽結束。」她說。

比賽過程並非真的很享受，但是在危機正中心，每件事都如此真實，你變得注意到你的脆弱、你的力量，而最終，在生存邊緣，你變得完全感知你的存在。而就在這時，在痛穴深處，如他們一直告訴我的，正是有趣的部分真正開始的時刻。

致謝

首先，我要大大感謝梅瑞爾塔在我出門訓練、比賽、飛往世界各地進行研究時，固守家庭的堡壘。同時，也感謝她超讚的陪伴，以及冷靜、沉穩的加油團工作。也感謝她是我在每一次比賽結束時，最想見到的人。

謝謝我的孩子們，萊拉、烏瑪和奧西恩，謝謝他們在我危機時刻的善良和可愛。

謝謝我的父母無盡的關愛。

謝謝我的弟弟吉瓦和戈文達的鼓勵。只可惜戈文達在我第一次長距離越野比賽中擊敗我，有點壞了這些鼓勵。

謝謝貝蒂（Betty）與羅賓（Robin）似乎無止盡的支持與善心。我永遠感銘在心。

謝謝湯姆．佩恩，這位優秀的選手，同時也是以各種方式幫助我的貴人；謝謝瑞秋的洞見，並且讓我這位不速之客搭上她的列車，一起離開尚佩克斯湖。

感謝伊莉莎貝．巴恩斯在這趟歷險的早期為我指引方向。

感謝達米安．霍爾在大雨泥濘中跟蹌陪跑六小時。

感謝提亞．伯丁頓（Tia Boddington）與加州米沃克一百公里賽的每一個人，尤其是蓋瑞與莉莉．吉林在他們位於米爾谷的美屋照顧我。也謝謝哈爾．羅森柏格（Hal Rosenberg）載我去參賽，謝謝瑪格．達布里特載我回家。

感謝德爾班好客的克雷格．丹尼爾（Craig Dennill）帶我深入認識同志超級馬拉松賽。也謝謝鮑伯．德拉默特分享他的故事與人脈。

感謝科尼爾斯．戴維斯與我一起參與東非超馬跑者的奇想——若非他的能量與驅力，這個想法根本無法起飛。

感謝喬．凱利這位智多星對我的計畫一直保持興趣。感謝蓋瑞．沃爾德治好我的跟腱傷。感謝大衛．溫斯達克協助蓋瑞醫治我的跟腱。感謝潔．古魯恩克引介了「費登奎斯法」與跑步的關係。感謝肖恩．班茲花時間為我找出進步的空間。

感謝湯姆．克雷格這位優秀傑出的教練，他的課程與鼓舞幫助我從頭到尾走過這一趟旅程。

感謝札克．米勒、他的姊姊艾許莉與姊夫納坦，謝謝他們讓我在科羅拉多山上的巴爾營地度過美妙的幾個日子。

感謝安格爾西島火環賽的昆廷與賓（Bing）。謝謝蘿莉．摩根以她精采的故事陪伴我快速跑過數英里。

感謝在倫敦南部的圖廳舉辦自我超越二十四小時賽的珊卡拉．史密斯與計圈人員。

感謝凱特．卡特陪我訓練跑，並且協助從許多這些超馬賽整理比賽結果。

感謝羅比．布里頓為我串起世界各地的人脈，而且勇敢表達這項運動的黑暗面。

感謝我的經紀人歐里．曼森（Oli Munson）持續的慧眼，感謝Faber出版社的Laura Hassan與Fred Baty選擇了這本作品，並將它編輯成書。

感謝所有撥出時間和我談論超級馬拉松的人，感謝以下這些從他們的生活中特別撥空提供各式協助的人：Charlotte Etridge、傑森．庫普、法蘭西斯．鮑溫、蕾絲波．奇美悠、Centurion Running的James Elson、Eric Schranz、Michaela O'Sullivan與Andrew Venning、Anke Esser、Kirsty Reade與Pete Aylward、Invo-8 的Lee Procter、班．亞伯戴爾努、Deborah Vincent、波德的Juan Esteban Usubillaga、《超馬雜誌》的安迪．納塔爾、Malcolm Anderson、Jessica Vinluan 與Jonathan Litchfield。

THE RISE OF THE ULTRA RUNNERS by Adharanand Finn

ISBN：978-957-13-7920-3
Printed in Taiwan

身體文化 147

超馬跑者的崛起：人類耐力與意志的極限挑戰

作者：亞德哈羅南德．芬恩（Adharanand Finn）｜**譯者**：游淑峰｜**主編**：湯宗勳｜**特約編輯**：沈如瑩｜**美術設計**：陳恩安｜**企劃**：王聖惠｜**董事長**：趙政岷｜**出版者**：時報文化出版企業股份有限公司／10803台北市和平西路三段240號1-7樓／發行專線：02-2306-6842／讀者服務專線：0800-231-705．02-2304-7103／讀者服務傳真：02-2304-6858／郵撥：19344724 時報文化出版公司／信箱：台北郵政79-99信箱｜**時報悅讀網**：www.readingtimes.com.tw｜**電子郵箱**：new@readingtimes.com.tw｜**法律顧問**：理律法律事務所／陳長文律師、李念祖律師｜**印刷**：盈昌印刷有限公司｜**一版一刷**：2019年10月18日｜**定價**：新台幣550元｜**版權所有．翻印必究**（缺頁或破損的書，請寄回更換）

超馬跑者的崛起：人類耐力與意志的極限挑戰｜亞德哈羅南德．芬恩（Adharanand Finn）著；游淑峰 譯.--一版.--臺北市:時報文化，2019.10；448面；14.8×21公分.--（身體文化；147）｜譯自：The Rise of the Ultra Runners : A Journey to the Edge of Human Endurance｜ISBN 978-957-13-7920-3（平裝）｜1.馬拉松賽跑 2.長跑 3.運動員｜528.9468｜108013123